精神障害者のグローバルな草の根運動

連帯の中の多様性

伊東香純

生活書院

精神障害者のグローバルな草の根運動——連帯の中の多様性

目次

第1章　はじめに

第2章　世界組織の発足

第3章　欧州の組織の発足

第4章　組織の名称をめぐる議論

第5章　精神医療のユーザー、サバイバーは精神障害者か

第6章　東欧地域における欧州のネットワークの活動

第7章　対立したままでの連帯

第8章 アジア、アフリカ、中南米地域からの参加

第9章　おわりに

第1章　はじめに

1　本書の目的

本書の目的は、なぜ、また、どのように精神障害者がグローバルな規模で連帯し、世界組織として活動してきたのかを明らかにすることである。

世界の精神障害者のおかれている状況は多様である。近代的な精神医療体制が普及したことのある地域では、精神医学的診断が精神障害者とそうでない人を分ける重要な基準となってきた。ただし、同じ診断名がついていても地域によって、また診断者によって、診断基準が異なっていることが実験や調査によって示されている。さらに、診断に基づいて、脱施設化が進んだ後に地域治療命令が制定された地域で非自発的に医療を受けている人もいれば、人口当たりの精神病床数の多い地域で精神病院に長期に渡って拘禁されている人もいる。他方で、精神医療体制の普及していない地域には、近代精神医学の診断とは異なるラベルを貼られて檻や鎖で拘束されている人も、非西洋的な医療を受けている人も、何の支援もないまま放っておかれている人もいる。

精神障害者は、このような状況に対して、さまざまな形で異議を表明してきた。このような活動についての調査は、ほとんどの地域について不十分である。しかしそれでも、精神医療を改良した上で利用することを目指す運動や、廃絶した上で新しい制度を自分たちの手で作ることを目指す運動があり、両者はときに対立していたことがこれまでに指摘されている。また、精神障害者だけで組織を構成したり運営したりすることを重視する運動もあれば、多様な立場の人の参加を重視したりメンバーが流動的だったりする運動もある。

これほどおかれている状況もそれに対する主張も多様な精神障害者は、一九九一年に世界規模の組織を結成した。たしかに、大勢で協力して運動の規模を大きくした方が社会を変革しやすいと想像できる。しかし、精神障害者の世界組織は、医療者や家族などとの合同の組織から独立する形で発足した。より大きな規模で多くの資源を持つ活動歴の長い組織から、離れていったということである。つまり、単に運動の規模の拡大を目指して世界組織を作ったわけではないといえる。

世界規模の組織の活動には、各地方規模の組織と比較してより大きな障壁があるように思われる。地理的により離れているため、組織のメンバー同士が会うためには、金銭的、時間的、体力的負担がより大きいはずである。また、メンバー同士の文化の違いがより顕著である。文化として最も重要なものの一つは言語であり、コミュニケーションの困難は同じ言語圏の運動と比較して特に増大すると考えられる。さらに、各地の精神障害をめぐる法律や医療体系、家族制度は、その成立の仕方を含めてかなり異なっているのだから、それぞれの状況に的を絞りその改善に向けた活動をした方が効率的であるように思われる。

本書は、このように活動上の困難が容易に想像されるにもかかわらず、精神障害者が世界組織として活動してきたことに注目し、その組織の歴史を記述する。これは、各地のエリアスタディーズを収集して分析する研究とは異なる。本書の目的は、世界中の精神障害者の状況や世界中の社会運動を網羅的に万遍なく明らかにすることではない。本書で焦点を当てたいのは、おかれている状況もそれに対する主張も異なる精神障害者が一つの組織の中でどのように活動してきたのかである。

2 研究の対象

精神障害者のグローバルな草の根運動を検討するための方法として本書は、世界精神医療ユーザー、サバイバーネットワーク（World Network of Users and Survivors of Psychiatry: WNUSP）を主な対象とする。WNUSPは、精神医療のユーザー、サバイバーの個人及び組織の世界組織である。ユーザー、サバイバーとは、自身を「狂気及び／あるいは精神保健の問題を経験している、及び／あるいは精神医療サービスを利用しているあるいはそこから生還した」（WNUSP 2019）と自己認識する人を指す。WNUSPを主な研究対象とする理由は、WNUSPが世界の広い地域で活発な活動を続けている唯一の組織だからである。WNUSPの他にも精神障害者の世界組織を名乗っている団体はあるが、西洋の一部の地域にしか会員がいなかったり、メーリングリストやウェブサイトを通じて情報を発信する活動が主であり会員同士の相互交流がほとんどなかったりする組織が大半を占めている。これに対してWNUSPは、二〇〇四年時点で世界五〇か国以上に会員がおり、数年に一度総会を開催したり障害者権利条約起草の作業部会に参加したりといった活動を展開してきた。また、本書では、ＷＮＵＳＰと同じく一九九一年に発足し、一九九〇年代においては特にＷＮＵＳＰの活動に影響を与えた、欧州規模の精神障害者の組織（European Network of (Ex-) Users and Survivors of Psychiatry: ENUSP）の活動も検討の対象とする。

ＷＮＵＳＰは、六つの目的を掲げて活動している。その目的の二つ目は、「ユーザー、サバイバーに関係する問題に影響を及ぼすために国際的な代表者、相談者となること」である。しかし、ＷＮＵＳＰの活動は、国際的な意思決定に影響を与えることのみを意図しているわけではない。「各国のユーザー／サバイバーの全国組織の発展を促進すること」や「世界中のユーザー／サバイバーの組織が有効に情報交換をおこなえるようファシリテートすること」、「世界中の精神医療のユーザー、サバイバーの個人のネットワーキングの機会を創造すること」も目的としている（WNUSP no date b: 1）。このように国から個人までさまざまなレベルで、ユーザー、サバイバーの個人や組織の結びつきを作り、自分たちの権利の実現のために活動することを目的としている点で、ＷＮＵＳＰは草の根的に活動する社会運動組織と呼べると考えた。

本書では、ＷＮＵＳＰの発足から、二〇〇四年のＥＮＵＳＰとの合同の総会までを検討の対象とする。期間選択の理由は、二〇〇〇年代中盤を、ＷＮＵＳＰの活動が大きく転換した時期と位置づけられるためである。ＷＮＵＳＰは、精神科医が牽引してきた医療専門職などとの合同の組織から独立する形で発足した。このため、特に一九九〇年代には、ＷＮＵＳＰの活動に参加していたのは西欧や北米などの西洋的な精神医療の普及した地域の精神障害者であった。しかし、二〇〇〇年代に入って、ＷＮＵＳＰは活動資金を獲得できるようになったり、障害者運動において世界的な交流が活発化したりして、二〇〇四年のＷＮＵＳＰの総会ではアジア、アフリカ、南米地域からの参加者が急増した。また、二〇〇二年から策定のための特別委員会が開始され二〇〇六年の国連総会で採択された障害者権利条約の策定において、ＷＮＵＳＰは、市民社会の議論をリードした。これは、ＷＮＵＳＰが国際的な障害者運動に存在感を示す突破口になったとされる。

このようなＷＮＵＳＰの活動状況を踏まえて本書では、ＷＮＵＳＰの参加者や国際的な位置づけが大きく転換する以前の歴史を記述することにした。ＷＮＵＳＰ及びＥＮＵＳＰの発足の準備が始まってから、二〇〇四年にＷＮＵＳＰとＥＮＵＳＰの合同での総会が開催されるまでの活動の経緯から、なぜ大陸規模、世界規模の組織が必要とされたのか、状況や主張の異なりに対してどのように対応してきたのかを整理する。二〇〇四年以降のＷＮＵＳＰの活動を分析するためには、アジア、アフリカ、北米、中南米にも調査地域を拡大する必要がある。しかし、後述のように本書は、主に欧州におけるフィールド調査に基づいている。このため、ＷＮＵＳＰの二〇〇四年以降の活動の調査、分析は今後の課題としたい。

3　用語について

精神障害者の運動では、集合的アイデンティティとして、ユーザー、サバイバー、元患者、コンシューマー、「精神病」者、狂人など、さまざまな用語が使われてきた（第4章）。本書では、このような多様なアイデンティティの元に活動してきた人々を包括的に指す用語として精神障害（psychosocial disability）を使う。ＷＮＵＳＰは、この用語を次のように定義している。

「精神障害（psychosocial disability）」という用語は以下のようなことを表現する方法である。

＊「精神病」というレッテルを貼られる経験や状態の医学モデルよりも社会モデル。

＊その人の生活の状態の内的及び外的要因が、通常よりも多くの支援や配慮を必要とする人には影響しうるという認識。

＊必ずしも機能障害（impairment）として経験されるものではない社会的、感情的、知的、精神的な状態や経験への懲罰的、病理学的、パターナリズム的な反応が障害をつくる（are disabling）という認識。

＊強制的な入院や入所、強制的な投薬や電気ショック、精神外科、拘束（restraints）、身体拘束（straitjackets）、隔離、強制的に裸にしたり施設の衣服を着せたりといった品位を傷つける実践が、障害に基づく暴力や差別の形態であり、二次的な障害を生む結果となる身体的及び精神的な傷の要因ともなるという認識。

＊障害者としての自己認識はもっていないけれど、精神病というレッテルを貼られたり、特定の精神医学的診断をもっているものとして扱われたりしている人たちのインクルージョン。

（IDA CRPD Forum 2008: 47-48）

本書における精神障害者の中には、ＷＮＵＳＰやＥＮＵＳＰのメンバーのように、ユーザー、サバイバーなどのアイデンティティを持って社会運動をしていない人も含んでいる。また、精神医学的診断の有無は、精神障害者に含まれるか否かを決定しない。ただし、先行研究や文書史料、インタビューにおいて著者や話者によって使われている用語は、敢えて選択してその用語を使っている場合が少なくないと考えられるため、文脈がわかるよう、それらを参照する場合にはそのまま使用する。

4　先行研究の検討

本節では、先行研究において精神障害者がどのような人たちとして扱われてきたのか、説明されてきたのか、また、精神障害者の活動がどのように位置づけられ、意味づけられてきたのかを整理する。それを通じて、先行研究が注目してこなかった精神障害者の活動を指摘し、本書の視角を提示する。

4-1　精神障害を治療、管理する実践についての先行研究

精神障害に関する歴史記述の多くは、障害を治療したり管理したりする近代精神医療の専門職や家族の実践及びその基盤をなす考え方を対象としている。まずは、もっとも蓄積のあるこれらの研究を整理する。具体的には、第一に近代精神医療の専門職の歴史の研究、第二に近代医療とは異なる方法による治療の実践と研究、第三に医療人類学分野の研究を扱う。これらの研究において、近代精神医療はさまざまな視点から批判したり相対化したりされているものの、精神障害をもつ本人は、精神医療の実践の受動的な対象として扱われてきた。あるいは、精神障害者の活動が検討される場合でも、多くの研究においてその活動は、症状のコントロールに役立ったり居場所となったりするなど、個人が社会に適応するために有用な実践として扱われてきた。

4-1-1　近代精神医療の専門職の歴史

近代精神医療のかつての実践や現状は、さまざまに批判されてきた。しかし、多くの批判は、かつてはあまり良くない実践がおこなわれていたのだが、現在は失敗を克服しその反省を踏まえて改善されており、今後さらに改善の余地があるという進歩の物語の上にある。過去の状況に対する批判は、現在の実践の正当化のためにおこなわれているといえる。たとえば、米国の医学史学者のショーター（Edward Shorter）は、一九世紀以降の近代精神医療の歴史を一九九七年に次のようにまとめている。

> 一九世紀の始めには、無能な生物学的精神科医がいたが、間もなく精神分析家と精神療法家が、精神障害は小児期の不幸な出来事と成人になってからのストレスに由来することを立証して、生物学に夢中になっていたものを打ち負かした。（中略）／一九五〇年代と一九九〇年代の間に、精神医学において革命が起こった。無意識の葛藤が精神障害の原因だとする色褪せた真実が放棄され、研究のスポットライトは脳自体に向けられることになった。（中略）二〇世紀の終わりに中心になる知的現実があるとすれば、それは、脳の生化学が遺伝的に影響を及ぼす精神障害を治療する点で、精神医学への生物学的アプローチが大いに成功を収めたことである。過去半世紀にわたって精神医学の歴史を支配してきたフロイトの考えは、今日では、冬の最後の雪のように消えつつある。したがって、時代は新しい様相を求めるようになってきた。
>
> （Shorter 1997=1999: 9）

また、特に薬物療法について、米国のジャーナリストのウィタカー（Robert Whitaker）は、「精神疾患治療に革命的な進歩をもたらした薬物療法の登場というイメージ」を「アメリカ社会の大半が信じている」という（Whitaker 2010=2012: 306）。小泉義之は、日本の「精神医学史・精神医療史は、いまだに進歩史観にとらわれたままである。その立場を問わず、とらわれたままである」と述べている。その上で、一九六九年の学会改革を屈曲点として「基本的に正しき方向へと上向きに進歩してきたものとして描かれ続けている」歴史観に疑問を呈している。また、「米国や英国、フランスやイタリアの動向」についても、「屈曲点のことをそれなりに考慮しながらもそれを呑みこんでしまうような進歩史観が大勢を占めているように見える」と評している（小泉 2013: 205-207）。このように精神医療の歴史に対する認識は、進歩史観が支配的であるといえる。

しかし、精神医療の進歩史観を共有していないように思われる歴史記述もされるようになってきている（Porter 2002=2006; 岡田 2002）。特に米国の医学史学者のスカル（Andrew Scull）は、古代からの狂気の歴史を記述した上で、二一世紀の精神医学について、「生死という最も基礎的な水準で、進歩どころかまさに退歩とでもいうべき事態が生じている」（Scull 2016=2019: 447）と指摘している。日本について橋本明は、明治期、大正期における各地の治療の場所について調査している。その上で、当時の治療からその後の私宅監置や近代精神医療による治療への変化について、「医療の西欧近代化が進めば進むほど、神社仏閣、滝場、温泉、宿屋などの自然・社会環境と治療・看護行為とが密接に結び付いた『場所』から、私宅監置室や病院・施設といった家族関係や地域社会から閉ざされ、切り離された均質な『空間』へと、患者処遇の舞台がシフトしていった」（橋本 2010: i）と変化を説明している。また、立岩真也は、一九六〇年代から七〇年代の日本における「造反派」と呼ばれる「大学、医学部、学会の構造を問題にし、そして質の悪い医療、悪辣な病院を批判・糾弾し、保安処分に対する反対運動に力を注いだ」医学生や精神科医たちの歴史を記述し、造反派は「有理」であったと述べている（立岩 2013: 9）。ここでは、「本人」たちのことについては記していないとされている（立岩 2013: 25）。これらの研究において記述されているのは、精神障害者を処遇する技術や理論の実践の歴史であり、精神障害者はそれらの実践の対象とされている。

ウィタカーは、米国における薬物療法の宣伝のされ方や実験の報告のされ方などを調査し、その結果として人々の信念に反して、「薬が原因で人生を台無しにする精神疾患が蔓延した経緯」を明らかにした（Whitaker 2010=2012: 537）。ウィタカーは、「薬が原因で人生を台無し」にされた人やその周囲の人々に実際に会って話をきき、個人の人生の経緯を記したり、アメリカ精神医学会や家族会に対する精神障害者による抗議活動に言及したりしている。しかし、基本的には、精神医学者や製薬会社に関する記述が中心であり、精神障害者の集合的な行動にはほとんど言及していない。

4-1-2　近代精神医療に批判的な実践

近代精神医療サービス体制が普及した地域でも、近代精神医療に批判的な視点から近代精神医療とは異なる実践がおこなわれており、そのような実践を対象とした研究には一定の蓄積がある。一九六〇年代のロンドンでは、レイン（Ronald D. Laing）やクーパー（David G. Cooper）といった当時の精神医療の実践に疑問を持つ精神科医などによって、精神病院とは異なる運営体制を持つ施設における治療実験が実施された。そのような施設の中でも有名なヴィラ21やキングスレイホールでは、治療者と患者が対等な関係にあることを目指し、施設の出入りやそこでの過ごし方を各自が自由に決められるようにしていた（第3章）。また、同時期、米国のカリフォルニア州では、精神科医のモッシャー（Loren Mosher）が、ソテリアプロジェクトと名づけた実験を行った。ソテリアプロジェクトは、比較的若年の精神障害者と支援者が少人数で共に生活し、薬物の使用を避けつつ治療を試みる実験であった（第2章）。これらのいずれの実験でも、一般的な精神病院における治療と比較して患者の病気は再発しにくいとの結果が得られているとされる。

このような実践は、一九七〇年代に入るといっそう広がった。イタリアのトリエステでは、一九六〇年代から始まった脱施設化の動きがより活発になり、世界保健機関をはじめ世界的な注目を集めた。その他、米国の五大湖地域のウィスコンシン州における、退院後の精神障害者を多職種の専門職が連携して支援する包括型地域生活支援（ＡＣＴ）や、フィンランドの西ラップランド地方における、対話を中心とした治療法によって薬物療法や入院治療の多用を避けるオープンダイアローグなどが、他の地域でも効果の高い治療法として知られるようになり同様の実践の導入が進められている（村上・斉藤 2016）。これらの実践は、近代精神医療の特に薬物療法や長期に渡る入院治療に批判的ではあるものの、病気の治療を目的としており、そのためのより効果的な方法として近代精神医療とは異なる方法を提案している。このためこれらの研究においても、精神障害者は治療の対象として扱われている。

これに対して、精神障害をもつ本人であるという立場や経験を活かした実践も検討されている。たとえば、米国では、精神障害を経験した仲間（ピア）としての支援者をピアスペシャリストとして資格化しており、一部の地域ではピアスペシャリストによる支援がメディケイド制度の保障の対象となっている。ピアスペシャリストは、精神医療施設における治療に限らずリハビリテーション施設やドロップインセンターのプログラムなど広範囲の活動に携わっており、その実態について全米的な調査がおこなわれている（Salzer et al. 2010）。また、ピアスペシャリストによる支援についてクライエントの意見を調査した結果、その支援がクライエントの精神的健康（mental health）を改善したとの研究もある（Cabral 2014）。

さらに、集団での実践についての研究も進められている。自助グループ活動として有名なのは、アルコール依存症者によるアルコホーリクスアノニマスである。アルコホーリクスアノニマスの影響を受けた、精神障害者の自助的なグループ活動のプログラムとして、オーストラリアを中心におこなわれているグロウ（Grow）がある。精神的福利（psychological well being）に対するグロウの活動の影響を、観察やインタビューによって調査した研究では、グロウの参加者が困難な状況にあるとき、グロウのコミュニティが支えや励ましになっていることを明らかにした。その上でこの調査では、グロウのような自助グループは、専門職の治療の補足的な役割を果たすだけでなく、リカバリーの道のりにとって不可欠なものであると結論づけている（Finn et al. 2009）。これらの実践や研究において精神障害者は、変化を与える主体として位置づけられている。しかし、その活動は、社会を変革することを目指すものではなく、個人の変化を支援するものとして位置づけられている。この点で、このような自助的な実践は、精神医療と価値観を共有しており、このような実践の検討では精神障害者の社会運動の規範や価値観を明らかにすることはできない。

4-1-3　医療人類学

近代医療の進歩史観を相対化を担ってきた学問分野として医療人類学がある。精神医療と植民政策の歴史について、マホーン（Sloan Mahone）とヴォーン（Megan Vaughan）らは、特にフランス、オランダ、英国とその植民地となったアフリカ、アジア、カリブ海地域の国を対象に検討している。そこでは、被植民者の生活様式や植民地支配に対する抵抗が病理化されたことや、向精神薬に関する実験において植民地の人々が被験者とされたことなどを明らかにするとともに、支配の仕方の多様性や植民政策終了前後の宗主国と植民地の精神医療の実践の関係性にも注意を喚起している（Mahone and Vaughan eds. 2007）。また、鈴木晃仁は、戦前の日本における精神医療の変化について、西洋化が変化の主要な原動力とはいえないにもかかわらず、拘禁状況での虐待の曝露、中央政府による主導、精神医療の専門職の登場という点が、約一世紀前の英国の状況と同様であることを指摘した（Suzuki 2003）。クラインマン（Arthur Kleinman）は、一九八〇年代の中国において神経衰弱症とうつ病の関係を調査する研究をおこなった。その結果、中国において神経衰弱症と診断されている患者は、米国の診断基準を用いるとうつ病や不安障害と診断できることを明らかにした。また、中国の患者は、自分の病を身体的要因が原因だと見做す傾向にあり、これは中国文化においては精神の病は強烈なスティグマを帯びているためであると説明した。このような研究からクラインマンは、西洋社会の疾患カテゴリーを、異なる社会的世界を持つ人々に当てはめて解釈することを「カテゴリー錯誤」として批判した（Kleinman 1988=1996, 1988=2012）。

また、障害者の処遇に関しても、低開発地域は発展途上であるという見方を相対化しようとする研究がなされている。戸田美佳子は、カメルーン熱帯林に暮らすバカという民族の身体障害者の生活を観察し、そこでのケアは（1）要求があるときだけそれに答えるという最小限の扶助をおこなう、（2）配慮が顕在化しない、という二つの特徴をもつことを示した。その上で、障害者の介助制度が確立していない地域でも、障害者はケアを得ながら「一人前」として労働していると主張している（戸田 2015）。

医療人類学は、先進開発地域の近代医療の実践は進んでいるが、低開発地域の「土着」の健康実践は遅れているという単線的な見方を、主に微視的なフィールド調査を用いて相対化してきた。そして、近代医療が植民地支配のツールとして使われていることや、非西洋世界の人々が西洋世界とは疾患や障害に関して異なる概念を用いていることを明らかにしてきた。しかし、これらの研究の主な対象とされてきたのは医療実践であり、各地の実践をその地域の政治的文化的文脈を踏まえて説明することに重点がある。そこでは西洋地域の人々は主として西洋的な医療実践を普及させる人々として描かれ、西洋的な医療に異議を唱えてきた西洋の人々と低開発地域の人々の連帯による社会運動には十分注目されてこなかった。

4-2 障害学の分野の先行研究

医療福祉サービスの対象としての障害者という見方を批判する分野として障害学がある。長瀬修は、障害学を、「個人のインペアメント（損傷）の治療を至上命題とする医療、『障害者すなわち障害者福祉の対象』という枠組みからの脱却を目指す」（長瀬 1999: 11）試みと説明している。本項では、障害学の分野の先行研究を検討し、障害学の主な研究対象が身体障害者の運動であってきたこと、精神障害者の運動と身体障害者の運動は常にともに活動してきたわけではないため、身体障害者の運動の研究によっては精神障害者の運動の主張や組織構造は十分に明らかにできないことを述べる。

長瀬は、障害学の研究は「歴史の分野でこれまで隠されてきた障害者の存在を明らかにする」と述べる。それは、「従来の歴史に障害者も付け加えるだけでなく、従来の歴史が非障害者の視点から見た歴史であったことをあらわにする取り組みである」という（長瀬 1999: 12）。このように障害学は、障害者の歴史が隠されてきたという問題意識を明確に持ってきた。マッドスタディーズも、生物学的還元主義の医学モデルに基礎をおく精神医学に批判的であり、狂気とみなされた人やその支援者などによる抵抗の主張や歴史を描くことを重視している（Menzies et al. 2013: 1-3）。本書は、このような既存の分野と問題意識を共有した上で、精神障害者の運動の歴史を記述する。精神障害に関する問題を考える上で、精神障害者は精神障害に関わる政策や法律、社会的慣行や偏見の影響をもっとも被ってきた人たちである。このため、精神障害者の社会運動における議論を記述することは、偏った先行研究の不足を補うというだけでなく、そのような研究の偏りの理由を明らかにし、さらなる研究の重要性を指摘するという積極的な意義があると考える。

杉野昭博は、二〇〇七年当時の障害学の状況を次のように説明している。

> 一九八二年に故アーヴィング・ケネス・ゾラたちによってアメリカで創始されたDisability Studies（障害学）は、その後イギリスでもマイケル・オリバーを中心として大きく発展し、アメリカの*Disability Studies Quarterly*（DSQ）とイギリスの*Disability and Society*という二つの学術雑誌を核として、国際的にも新たな学術領域として認知されつつある。（杉野 2007: 1）

また、「障害学の理論的洗練をめざすということは、とりもなおさず、『障害の社会モデル』の理論射程の幅と深さを理解することである」という（杉野 2007: 5）。田中耕一郎は、「社会モデル生成の起源にあった」団体として、また、「社会モデルの提唱によって国際的な障害者運動・障害者政策・障害学に多大な影響を与えた」団体として、英国の「隔離に反対する身体障害者連盟（UPIAS）」を取り上げ、その一九七三年の結成から一九九〇年に「ＵＰＩＡＳは死んだ」と題された記事が出されるまでの経緯を検討している（田中耕一郎 2017: 10-11）。障害学の代表的な論者とされる、米国のゾラ（Irving Kenneth Zola）はポリオの後遺症による身体障害者、英国のオリバー（Michael Oliver）は脊髄損傷者のともに活動家であり、障害の社会モデルはＵＰＩＡＳの活動に多くを負っている。このため、障害の社会モデルは、特にその理論形成の初期においては身体障害の社会モデルであった。

この説明モデルに対して白田幸治は、障害の社会モデルは精神障害にそのまま応用することはできず、精神障害の社会モデルは精神障害者の解放にはつながらないと指摘している（白田 2014）。しかし、障害の社会モデルは身体障害以外の障害にも適用できるのではないか、適用することによって障害者の経験や問題解決の方策をよりよく説明できるのではないか、との関心に基づく研究が、さまざまな障害種別について進められてきた。このような研究は、精神障害の分野でも徐々になされるようになってきている。

ソーシャルワーカーであり精神障害に関する社会的な要素への注目を促進する「社会的視点ネットワーク（Social Perspective Network）」の設立者でもあるテウ（Jerry Tew）は、障害の社会モデルと同様の考え方をするユーザー、サバイバーによる運動として、リカバリーの運動をあげる。ここでのリカバリーの運動は、米国のサバイバーの運動に起源があるものとされ、リカバリーの運動の活動家の中には米国内の自立生活運動から着想を得ている人もいるという。ただし、障害の社会モデルは、米国の障害政策においてはそれほど影響力がないと説明されている。しかし、医学的に病気が治癒したかどうかに焦点を当てず、また、リカバリーにはさまざまな社会的要因が作用すると主張する点で、リカバリーの運動と自立生活運動は共通していると説明されている（Tew 2005, 2015）。障害学の理論家で障害の心理社会的モデルの提唱者であるランカスター大学のリーヴィ（Donna Reeve）は、構造的な障害者差別としてアクセシブルでない職場や情報などを挙げ、障害の心理感情的な側面として「構造的な障害の経験への反応」「他者との社会的相互作用」「内面化された抑圧」の三つを挙げている。その中でも内面化された抑圧は、それが心理感情的な福利や人の在り方に直接に影響を与える点でもっとも重要であるとされている（Reeve 2004, 2015: 100）。とくに内面化された抑圧の問題を解決するための方法としてあげられているのは、英国の精神障害者の全国組織である「サバイバーは発言する（Survivors Speak Out: SSO）」やヒアリングボイスネットワークのような精神障害をもつ本人たちの組織である。それらの組織の活動は、他者からの否定的なメッセージや態度に対する抵抗を助け、肯定的なアイデンティティを作ってきたと説明されている（Reeve 2015: 102-103）。

これに対して、精神障害者の運動が必ずしも障害者運動の一員として活動してきたわけではないことを指摘する研究もある。ここでは、偶々ともに活動してこなかったのではなく、どちらかあるいは両方の運動がともに活動することを意図的に避けていたと述べられている。英国のＳＳＯの活動を牽引してきたベレスフォード（Peter Beresford）は、障害者運動にもサバイバーの運動にも関わってきたサバイバーであり研究者であるという立場から、英国における精神医療のユーザー、サバイバーや精神的苦痛をもつ人たちの運動と、障害者の運動の共通点と相違点を分析している。英国のユーザー、サバイバーの運動は消費者として改革を目指すのに対し、障害者の運動は市民として権利擁護やエンパワメントを目指すより急進的な運動であると、両者の差異が説明される場合があるが、このような説明は単純化しすぎていると批判する。その上で、英国の精神障害の運動家には、自分たちを障害者運動の一部であると考える人もそうではないと考える人もいると述べる。その理由は、障害者になることが更なるスティグマにつながると思われるからであり、障害者運動の側にも同様の理由で精神医療サービスのユーザーの運動を一員としたくないと思っている人もいる。ただし、明確な思想的根拠を持って障害者運動の一員になることを否定している人は英国ではほとんどおらず、理由は複雑で不明確であると説明されている。その他、ユーザーの運動に関連する動きとして、米国発祥のリカバリーの運動、国内の社会的視点ネットワーク、神経学的多様性（neurodiversity）の運動、カナダ発祥のマッドスタディーズといった社会運動を指摘している（Beresford 2015）。ベレスフォードと同じくSSOで活動してきたプラム（Anna Plumb）は、障害者が機能障害／障害に続く差別に焦点を当てたり、医学的診断から環境へと注目を移したりするのは、彼らにとっては適切ではあるけれども、ユーザー、サバイバーにはより広い視点が必要であると述べる。ユーザー、サバイバーの運動は、自分たちの苦痛や狂気を生じさせる環境や、精神医学的診断それ自体にも抵抗する必要があるとする（Plumb 2015: 185）。

自閉症との診断を持ちリーズ大学で研究をしつつ障害者運動にも関わるグレイビー（Steve Gravy）は、障害の社会モデルを形成した障害者の運動は、その初期にはUPIAS中心とした身体障害者によって担われ、その後、ろう者や学習障害者が合流したと説明する。また、その障害者運動に対するサバイバーの運動からの反応は多様であった（mixed）と述べ、障害（disability）とは別のものとしての機能障害の概念が両運動を隔てる主要な障壁であってきたと指摘する。その上で、両運動を媒介する運動になりうるものとして、自閉症スペクトラム、読み書き障害、協調運動障害、注意欠陥多動性障害などと診断された人たちによる神経学的多様性の運動について説明している（Gravy 2015: 232）。

また、障害種別をこえた障害者運動の連帯に焦点を当てた研究もある。ドリージャー（Diane Driedger）は、障害種別をこえた障害者の国際組織である「障害者インターナショナル（Disabled Peoples' International: DPI）」の発足の過程を明らかにしている。DPIは、医療福祉専門職との合同の組織であるリハビリテーションインターナショナルから障害者だけが独立する形で一九八一年に発足した。発足当初、DPIの運営には精神障害者はほとんど関わっていなかったという（Driedger 1989=2000: 130-131）。

4-3　精神障害者の社会運動を対象とした先行研究

本節では、精神障害者の社会運動を対象とした先行研究を検討する。具体的には、第一に米国と英国の運動、第二にそれ以外の地域の運動、第三に大陸規模、世界規模の運動である。精神障害者の社会運動に関する先行研究は、主に英国と米国の運動を分析の対象としてきた。その他の地域については、まだ通史は描かれるには至っていないものの、いくつかの重要な出来事についての考察はなされ始めている。しかし、これらの研究は、国内の運動、あるいはより狭い地方の運動を研究の対象としており、その運動の主張に注目しその地域の制度を参照しつつ分析している。このため、運動のトランスナショナルな側面には、あまり注目されていない。これらに対して、未だ僅かではあるものの、大陸規模、世界規模の運動の記述がある。これらは、主にその運動の担い手によるものであり、断片的な記述にとどまっている。

4-3-1　米国と英国

モリソン（Linda J. Morrison）は、アイデンティティの政治に注目しながら、一九七〇年代から九〇年代にかけての米国の精神障害者の社会運動を分析した。モリソンは、コンシューマー／サバイバー／元患者の運動は、自身のうちに経験しているアイデンティティと、精神医学的診断や診断に対する社会の反応によるアイデンティティを区別する必要があるという点で、他の社会運動のアイデンティティの政治よりも複雑な立場に置かれていると説明する。モリソンは、運動の分析の結果として、この運動が、精神医学的診断は有害で本人のさまざまな適格性を失わせるものであり、その診断を理由とした治療も有害で危険なものであって、診断によって有害な介入がなされていると主張したことを明らかにした。その上で、この運動のアイデンティティの政治として、精神医学の診断者の適格性を否定したこと、精神医学的診断と有害な介入との結びつきを否定したこと、狂気を誇りにしたり狂気の意味を再定義したりしたこと、あるいは診断のスティグマに抵抗し、平等（normalization）を進めると思われる治療は歓迎することを選択したと述べている（Morrison 2005:165）。

米国の運動を牽引した活動家の一人であるチェンバレン（Judi Chamberlin）は、米国の一九七〇年代における精神障害者だけの運動の形成について、アフリカ系アメリカ人や女性、同性愛者の運動の、本人たちにしか自分たちの状況を理解できないため自己定義や自己決定が重要であるという原則に倣ったと述べている（Chamberlin 1987）。また、マクリーン（Athena Helen McLean）は、精神医療の「コンシューマー」と「元患者」の主張の対立に注目しながら、一九六〇年代から九〇年代の米国の運動の歴史を記述した。マクリーンは、精神障害を理由とした強制治療[1]の是非をめぐる意見の対立によって、精神障害者の全国組織を結成しようという試みが失敗に終わった経緯や、連邦政府のプロジェクトと運動との関係などの記述から、米国では欧州よりも運動内部の対立が激しかったと分析している（McLean 2000: 840）。

クロスリー（Nick Crossley）は、英国の精神障害者の運動の社会運動組織どうしの関係に注目し、一九七〇年代の精神障害者と精神医療の専門職との合同の組織の結成や消滅を分析している。クロスリーは、運動の活動の歴史を記述するだけでなく、運動団体のメンバーの増減や、いくつかの組織のメンバーの重なりなどを調査し、それぞれの運動がどのような場所で活動したりメンバーを動員したりしてきたのかを説明している。その中には、国際的なネットワークやイベントも含まれているものの、英国国内の運動を説明するための断片的な言及に留まっている（Crossley 2006）。キャンベル（Peter Campbell）は、英国の運動の歴史を記述する中で、オランダや北米の精神障害者の組織が英国の精神障害者だけの組織の発足を促進したことを指摘している。特にオランダの精神障害者の組織が、ノッティンガムにおいて英国で最初の精神病院における患者の委員会が発足するのを支援したと述べている（Campbell 1996: 221）。

ウォルクラフト（Jan Wallcraft）他による、ユーザーによる調査を進めるチームは、英国の組織の数や活動の内容、運営の担い手などを質問紙とインタビューにより調査した。質問調査では、三一八のグループから回答を得るなど、英国の精神障害者の運動について広範囲で詳細な基礎的データを収集している。しかし、他のグループとの関係については、地元（local）、地方（regional）、全国（national）の三つの選択肢が用意されており、国をこえた活動とのつながりについては明らかにされていない（Wallcraft et al. 2003）。

4-3-2 米国と英国以外の地域

近年、カナダのトロントを中心に、マッドスタディーズと題された、狂気（mad）の人々の社会運動を調

---

1 「強制治療」については、多様な論点について多様な立場が存在する。たとえば、非自発的な介入として許容されるのは、拘禁のみか治療的介入も含むのか、さらに、治療的介入には薬物療法、電気ショック療法、精神療法などの中のいずれを含むのか、また、非自発的な介入の基準として、自傷のおそれ、他害のおそれ、「病識」がないが治療の必要性が差し迫っている場合などのいずれが適切なのか、介入の必要性の判断者として本人以外の誰――精神科医、裁判官、成年後見人など――が適切か、介入に関する事前の同意は有効と見做してよいのかといった論点である。McLean（2000）では、このようなそれぞれの論点についての主張の違いは、説明していない。しかし、一方があらゆる強制的な治療に関する法律に反対していたのに対して、他方はより多くの治療の機会が保障されるよう主張したとされる（McLean 2000: 825）。

査したり、それを学問として大学などで教えたりといった動きが高まってきている。マッドスタディーズは、生物学的還元主義に基づく医学モデルを支持する精神医療に批判的で、狂気の人が生活している社会的経済的な文脈に注目しながら全体的な視点から狂気について考えようという試みである（Menzies 2013: 2）。マッドスタディーズにおいて、狂気の人々の重要な運動として調査されているのがマッドプライドの運動である（Reville 2013; Gorman 2013）。マッドプライドは、一九九〇年代にトロントやロンドンを中心に、年に一度開催されるようになった祭典である。マッドプライドは、アフリカ系アメリカ人によるブラックプライドや同性愛者によるゲイプライドに倣ったもので、狂気を治すべき精神病と見做す既存の見方を脱し、文化として誇りにしようと主張するもので、パレード等をおこなう。マッドプライドの祭典は、アイルランド、ガーナ、南アフリカ共和国などその他いくつかの地域にも拡大し、同時期に開催されるようになっている（Reaume 2008; Finkler 1997）。マッドスタディーズでは、精神医療に対する異議申し立ての運動など、より広範囲の運動も検討してはいるものの、基本的には精神医療サービス体制が普及した地域の国内の運動に留まっている。

日本では、一九七四年に精神障害者の全国組織である全国「精神病」者集団が結成された。桐原尚之と長谷川唯が、その結成前後の歴史を記述している。国際的な活動に関しては、一九八四年に宇都宮病院事件が発覚したあと、一九八五年に国際法律家委員会の調査に応じるなどの動きを見せていたこと、ＷＮＵＳＰの一九九一年の結成当初からの会員であることが述べられている（桐原・長谷川 2013: 38）。インドを中心に運動しているダバー（Bhargavi Davar）は、インドには英国の植民地時代から続く精神医療施設が数多くあり多くの精神障害者が閉じ込められている一方で、伝統的宗教的な楽器やリズムを使った治療（healing）もおこなわれていることを報告している。その上で、スラム地域で精神障害者などを支援する活動について、西洋の精神障害者のように近代医療の代わり（alternative）としてではなく、生き方（way of life）としておこなっていると説明している（Davar 2016）。また、英国のモンテネグロ（Cristian R. Montenegro）は、チリのユーザーの運動について、精神障害に関心をもつさまざまな人が流動的に参加できる組織を中心にフィールドワークをおこなった。その結果として、ユーザーの組織の発生にとっての法制度や精神医療制度の「外部にある」ことの重要性、精神医療体制におけるユーザーの参加が、単なる精神医療体制の一部としてではなくそれに対する異議や反対を含むものとして実現される必要があることを主張している（Montenegro 2018）。これらの研究は、国内の制度や文化を前提としており、その運動のトランスナショナルな活動については断片的な記述があったり、比較対象として他地域の運動に言及されていたりするに留まっている。

4-3-3　大陸規模、世界規模

大陸規模の運動の研究も徐々に始まっている。ローズ（Diana Rose）とルカス（Jo Lucas）は、欧州の精神障害者の運動の歴史とＥＮＵＳＰの活動の経緯から、精神保健政策に対する精神障害者の関わり方を分析している。ここでは、ＥＮＵＳＰの総会等での決定事項や、ＥＮＵＳＰが把握している各国の精神障害者の団体の数などが書かれている（Rose and Lucas 2007）。レーマン（Peter Lehmann）は、ＥＮＵＳＰと、精神医療の専門職などがいる欧州規模のいくつかの組織の活動資金や活動目標の違いを分析している。その歴史記述は、一九九一年のＥＮＵＳＰの発足時から始まっており、それ以前に精神障害者が連帯するようになった経緯や、ＥＮＵＳＰ内部での議論については注目されていない（Lehmann 2009）。また、レーマンは、自身と同じくＥＮＵＳＰとＷＮＵＳＰ両組織で活動を展開してきたスウェーデンのジェスパーソン（Maths

Jesperson）とともに、両組織の活動の概略、特にインターネットが普及した後の運動の方法について記している（Lehmann and Jesperson 2007）。アンダーヒル（Chris Underhill）らは、アフリカの精神障害者の組織の活動を記述している。英国とガーナにおける精神障害者と精神医療専門職等の組織結成までの動きを追いつつ、精神障害者の世界組織の総会の場でアフリカの組織の結成が決定されたことに言及している（Underhill et al. 2014: 98）。これらの研究は、先駆的なものであるが、欧州及びアフリカの組織の活動を概観するにとどまり、組織内部での議論については書かれていない。

世界組織であるＷＮＵＳＰについては、主にＷＮＵＳＰの会員によって断片的な記録がなされてきた。初代議長を務めたオーヘイガン（Mary O'Hagan）は、発足時の会議の様子について記述している（O'Hagan 2014: 207-209）。二〇〇四年にＷＮＵＳＰの共同議長に選出されたサリー（Moosa Salie）は、ＷＮＵＳＰの発足以来の歴史を概観した上で、ＷＮＵＳＰが障害者権利条約の各条文に対してどのような主張をしたのかを整理している（Salie 2013）。ダバーは、ＷＮＵＳＰの二〇〇四年の総会にアジアからの唯一の参加者として出席したときに、「精神医療のユーザー、サバイバー」というアイデンティティに馴染みがなかったという体験を述べている（Davar 2015: 222）。これらの記録は、貴重だが短い記述に留まっており、ＷＮＵＳＰにおいて精神障害者がどのように連帯してきたのかを明らかにするには十分とはいえない。

4-4　グローバルな規模の社会運動に関する先行研究

第1項から3項により、精神医療福祉に関する研究において精神障害者は介入の対象として扱われてきたこと、介入の対象としての障害者という見方に異議を唱える障害学の主な対象は身体障害者であること、精神障害者の社会運動のトランスナショナルな側面はこれまでほとんど注目されてこなかったことが明らかになった。本項では、精神障害者の社会運動以外の、グローバルな規模での開発支援や社会運動に関する先行研究を検討する。

政府組織、政府間組織あるいは非政府組織による低開発地域の開発支援は、経済的な低開発地域は、先進開発地域のように発展していく途上にあるとの見方を前提としている場合が多い。たとえばグローバルメンタルヘルスの運動は、西洋的な精神医療サービスが普及していない地域にサービスのアクセシビリティを確保しようとしており、あらゆる地域に西洋的な精神医療体制を普及させた方がよいという立場に立っているといえる（第8章）。

楽天的な単線的進歩史観に批判的な世界規模の社会運動の研究において、主な研究の対象とされてきたのは、オルター・グローバリゼーションの運動である。オルター・グローバリゼーションの運動は、資本主義経済のグローバルな規模の拡大に反対し、それとは異なる「もう一つの世界」の創造を目指す運動である。グローバルな規模の社会運動の研究において、濱西栄司は、「国際的な運動研究の学界においてもサミット・プロテストを含むグローバル運動への注目は高まってきており、近年の国際学会では、社会運動関連部会のほとんどを（中略）オキュパイ運動やアラブの春、世界社会フォーラムなどに関する研究が占めるということも起きている」と述べる（濱西 2016: 19-20）。

マクドナルド（Kevin McDonald）は、いくつかのグローバル規模あるいは地方規模のオルター・グローバリゼーションの運動を検討しながら、その特徴を大きく二点指摘している。一つは、社会運動が集合的アイデンティティやわれわれ意識をもって連帯しなくなり、多様な個人による流動的な運動に変化しているという点である。もう一つは、社会運動が組織として運営されるのではなく、イベント的になり会場や時間、活動という経験を共有するものに変化しているという点である（McDonald 2006: chap.5）。一点目について、濱西は、日本におけるサミット・プロテストを「組織的なイメージから外れるような運動」として分析した。それにより、トゥレーヌ（Alain Touraine）による社会運動理論を日本社会に合致するように拡張した。濱西は、サミット・プロテストを「一時的で匿名的で集結場所のみが決まっているような運動、成員か否かも組織構造も不明な運動である」（濱西 2016: 212）と述べている。二点目について、富永京子は、マクドナルドたちの指摘する「経験運動」という説明を受け継ぎつつ、その人たちが「社会運動に参加している者や、かつて参加していた者が、社会運動やその後の活動を『居場所』や『承認』の場としてのみ捉えたせいで、そこで営まれる日常や、その日常に潜む『形式』ないし『様式』を看過してしまったのではないか」（富永 2016: 46-47）と問題提起し、運動の「サブカルチャー」を記述する。

これに対してWNUSPの運動は、近年の社会運動の特徴として指摘されている二つの特徴に当てはまらない。WNUSPは、組織のメンバーを精神医療のユーザー、サバイバーの個人及び組織に限定している。また、WNUSPの活動には、総会のような目立つイベントとしての活動もあるものの、それだけではなく、日々の情報交換、各地域での活動の支援や各種会議等での発言といった活動の継続がイベント的な活動以上に重要視されてきた。ただし、この二つの特徴を共有せず世界規模で組織的な活動をおこなう団体は少なくないと考えられる。そこで、つづいてそのような組織との比較を通して、WNUSPの特徴を指摘する。

濱西は、オルター・グローバリゼーションを四つの運動に区分した上で、その一つとしてのサミット・プロテストの特性を説明している。四つの区分は、「国際NGOネットワーク、ウェブ上のネットワーク、世界社会フォーラム、サミット・プロテスト」であり、それらを分ける四つの特徴として挙げられているのは「リーダー層の有無、全体像の把握、アクターの物理的な出会い、警察等との物理的な衝突・対決」である（濱西 2016: 152-155）。これらの四つの特徴のうち、一つ目と二つ目に当てはまり、三つ目と四つ目にも当てはまる場合があるとされているのが国際ＮＧＯネットワークである。ＷＮＵＳＰの運動は、四つの運動形態の中で国際ＮＧＯネットワークともっとも特徴を共有すると考えられる。しかし、組織の構造に注目すると、ＷＮＵＳＰは多くの国際ＮＧＯネットワークとは異なる特徴をもっている。

オルター・グローバリゼーションの運動において、世界社会フォーラムを開催するなどその運動を牽引してきたのが「アタック（Association pour la Taxation des Transactions financière et l'Aide aux Citoyens／市民のために金融取引に課税を求める団体）」である。アタックは、フランスで始められ、多くの国に支部を持っている（ATTAC International 2020）。障害種別をこえた障害者の国際組織であるＤＰＩも、リハビリテーションインターナショナルから独立して障害者の国際組織となったのち、多くの国に各国会議を持っている。つまり、アタックやＤＰＩは、各国支部があり、それが集合して国際組織になるという組織構造をとっている。これは、加盟国の集合によって組織になっている国連と同様の組織構造であるといえる。また、歴史ある大規模な国際ＮＧＯとして知られているのが、「良心の囚人」の救済はじめ幅広い人権擁護活動を展開してきたアムネスティインターナショナルである。アムネスティインターナショナルも、英国の弁護士の活動から始まり、七〇以上の国に各国に支部がある。ただし、アムネスティは、グループや個人としてでもメンバーになることができるという点で、各国の集合としての国際組織という傾向は小さい（Amnesty International 2020）。各国支部という形ではなく、各国にある組織が加盟する形での、世界規模の組織もある。ＷＮＵＳＰはこのような形態をとっている。ろう者の国際組織である世界ろう連盟も同様の組織形態をとっており、正会員、準会員、国際会員、個人会員、名誉会員という五つの会員区分を設けている。正会員になれるのは、全国組織であり、各国から一つの全国組織だけが正会員になれると規定されている（World Federation of the Deaf 2020）。

このように多くの世界規模の組織は、各国支部を設けたり、正会員を各国から一つの組織に限定したりして、基本的に国の集合としての世界という見方を採用してきた。これに対して、ＷＮＵＳＰは一か国から複数の全国組織が正会員になれるという会員規則を持っている。本書では、ＷＮＵＳＰがなぜこのような会員規則を持つようになったのかを明らかにするとともに、それを基に精神障害者のグローバルな社会運動の特徴を指摘する。

4-5　消費者主義の運動の先行研究

一九世紀末から二〇世紀の社会運動の代表的なものとしては、労働組合のような生産の場での労働者による運動があげられる。これに対して消費という点に着目した消費者主義の社会運動は、米国を中心に一九三〇年代頃から盛んになり生産的労働者という規範を前提としない点で広がりを見せてきた。米国では、一九二〇年代に消費者が商品の標準、規格に基づいて購入を検討できるよう商品テストが実施されるようになり、一九二九年にコンシューマーズ・リサーチがニューヨーク州で非営利の消費者テスト組織として世界で初めて法人化された（Warne and Morse 1993=1996: 39, 44）。同組織から一九三六年に分離してできたコンシューマーズ・ユニオンは世界最大の消費者団体である（丸山 2015: 114-115）。

その後一九六六年ころ登場した弁護士のネーダー（Ralph Nader）は、「消費者の意識に新しい次元を加え、消費者運動の活動量に飛躍的増加をもたらした」。ネーダーは、当時、運転手の愚かさやスピードの出し過ぎから起こるとされていた自動車事故について、自動車メーカーがその車が安全でないことを知っていながら、欠陥設計のままで製造し続けていることを明るみにした（Warne and Morse 1993=1996: 212, 223）。丸山千賀子は、「消費者運動は、情報提供型消費者運動から始まり、告発型消費者運動へと発展している」（丸山 2015: 114）と整理したうえで、後者の旗手としてネーダーを位置づけている。

消費者運動は医療の分野でもおこなわれている。一九八一年に世界医師会は、医師が是認し推進するべき患者の権利を述べたリスボン宣言を採択した。さらに、一九八三年に米国の市民医療協会が立案した診療規則では、医師の医学的技術などではなく、「当面した診断や治療を遂行しうる資格を開示」したり、「患者に診断や治療についての選択が可能なように」したりすることが求められていた（Inlander et al. 1988=1997: 240-241）。このように消費者主義の運動は、消費者が商品やサービスを適切に選択するために消費者目線で必要な情報を提供したり、十分な情報が開示されなかったために適切な選択ができなかった場合に提供者を告発したりしてきたとされている。

消費者主義の運動は、「市場における購入者の立場を高める消費者擁護」（Warne and Morse 1993=1996: 14）のために活動し、人種差別に反対する公民権運動と並んで、一九六〇年代頃から盛んになっていった障害者の社会運動にも影響を与えた。障害者運動の先行研究は、障害者運動は消費者運動の方法を大筋で受け継ぎつつ、自分の利害を判断できる賢い個人を想定しており選択の責任を個人に帰してしまう消費者主義の主張に懐疑的な側面もあったことを指摘してきた。ロドウィン（Marc A. Rodwin）は、障害者の権利運動は、消費者主権の戦略で政治的主張を補完することによって、障害者は専門家の判断や選択に頼らなくてはならないということはなく、自分で決定できるのだという考え方を押し進めたと述べている（Rodwin 1994: 166）。永守伸年と田中耕一郎は、それぞれ米国、英国の障害者運動を参照して、障害者運動における消費者主義の主張の重要性を認めつつも、消費者主義の主張が自分の利害について賢く判断できる個人を想定しており、選択の責任を個人に帰してしまうという限界を指摘している（田中耕一郎 2003; 永守 2012）。このように障害者運動は、自分たちは医療福祉サービスの消費者であると主張することによって、サービスを自己選択する権利を主張した。他方で、消費者主義の主張の限界として、自分の利害を賢く判断できなかったとき、その責任が本人に帰されてしまうというこの主張の問題点が指摘されてきた。

精神障害者の運動の中で、特に消費者運動の影響を受けてきたとされるのは、米国の運動である。米国では、一九七七年に国立精神衛生研究所によって地域支援プログラムが開始された。地域支援プログラムは、初めのうちは、精神障害者のことを、プログラムの遂行を促進する精神医療の消費者とは認識していなかった（Tomes 2006: 724）。主要な消費者として認識されていたのは、この当時、家族であった。多くの家族は、効果のよくわからない治療の治療費の支払いに不満を抱いていた。そして、まずは自分たちが治療を管理するか、少なくとも「完全なパートナー」として治療に参加することを求めた。そのような不満を抱えた家族が、地域支援プログラムの会議などに出席して、その場で出会うようになり、一九七九年に米国全国規模の家族会である「精神病のための全国連合（National Alliance on Mental Illness: NAMI）」を結成した。ＮＡＭＩは、地域支援プログラムから資金的支援を得て、一〇年の間に会員を二八四人から約八万人にまで増加させた。ＮＡＭＩは、発足後、徐々に生物医学的な精神医療を促進する方向に運動を進めていった。その理由は、「狂気」の原因を病気の脳に求めることによって、家族に対する不当な非難から解放されるとともに、生物学的な精神医学が、精神病を持つ家族について自分たちの理解に適合した説明を提供するからであった（McLean 2000: 827-828）。

その後、地域支援プログラムは、精神障害者によるプログラムの重要性を認識し、資金を提供するようになった。モリソンは、これに伴って一九八〇年代後半、自助的な「消費者」としての運動が、コンシューマー／サバイバー／元患者の運動の顔になったと分析している。政策立案やプログラムの作成に焦点が当たるようになり、精神医学の権力や強制に抵抗するというかつての運動の焦点は、精神医療体制に敵対的で新しい「パートナーシップ」にとって脅威になるとみなされるようになった（Morrison 2005: 84）。また、英国についてバーンズ（Marian Barnes）は、「一九九〇年国民保健サービスおよびコミュニティケア法」は、社会的なケアサービスにおいて、提供者の利益よりも消費者の支持の獲得を目指すようになったという。そのような制度の変化によって、利用者たちがこれまで排除されてきたサービスの立案や評価の過程に参加できるようになった。バーンズは、英国の障害者や精神保健サービスのユーザーの運動を分析した上で、消費者主義の困難として、消費者の関与によって決定が正当化されること、サービスの提供者と消費者を利害対立者にして連帯を困難にしてしまうことなどを挙げている。さらに、英国の運動には、自分たちを障害者運動と考えるのかについて議論があったことを述べている（Barnes 1999: 74, 76, 85-86）。

このように精神障害の分野の消費者主義の運動に関する研究は、精神障害者が精神医療の消費者として重要視されたことによる運動の変化を指摘してきた。特に米国に関しては、地域支援プログラムから資金援助を受けて政策立案や評価に参加したり自助的なプログラムを実施したりした人たちと、精神医療の権力に抵抗した人たちとの間で、対立があったことが明らかにされてきた。本書では、このように多様な消費者主義の運動に対する態度がある中で、ＷＮＵＳＰが自分たちの運動をどのように位置づけたのかを記述する。また、組織の中で異なる意見のメンバーがどのように連帯、対立したり、あるいは組織を離れたりしてきたのかに注目する。

5　研究の方法

本書では、史料を用いて、精神障害者のグローバルな規模の運動の現代史を記述する。本書の史料は、精神障害者の運動の歴史を記述するための一次史料と、情報を補完するための二次史料の大きく二つに分けられる。一次史料には、運動に携わった組織や個人が記述した団体のニュースレターや会議の記録、文通などの文献史料と、インタビューによる口述史料が当てはまる。これらの史料には、文書を書いた人や団体、インタビュイーの価値観や主観が反映されており、特定の事実が他よりも強調されたり、虚偽や錯誤を含んだりしている場合がある。これは、狭い意味での客観的な歴史記述を目指すという点では欠点といえるが、本書の主要な目的は運動体の意図や規範、実践などを明らかにすることにあるため、運動に携わった人による史料であることを重視する。他方、二次史料には、新聞記事や医療者などによる記録やホームページ、学術論文などが当てはまる。これらは、運動の背景を記述するための補足的な史料として利用する。

本書には、グローバルな運動を対象としているために、研究の方法に関して、強調される問題がある。それは、文献史料、口述史料ともに虚偽や錯誤を含みやすいということである。歴史記録が、記録者や話者の主観による虚偽や錯誤を含んでいることは一般的に言われている。しかし、グローバルな規模の運動を対象とするとき、それらを含む度合いは高くなると考えられる。この理由は、第一には、WNUSP及びENU

SP内部でのやりとりのほとんど、また、本書の調査のほぼすべてが、英語を使っておこなわれたことによる。それらの前身の組織も含めてWNUSP及びENUSPには、英語を第一言語としない活動家が、メンバーの総数の把握が困難な組織であるため正確な数値を求めることはできないが、少なくない割合で関わっている。英語を用いることによる困難は、何度も明確に表明されており、活動の一部には通訳者が関わっていた。このような環境では、運動の構成員の大半が第一言語を使って活動している運動体の歴史記述よりも、特に錯誤を多く含むと思われる。また、本書が日本語で書かれていることによっても、翻訳の過程で、記録者、話者の意図と異なった記述になってしまう可能性が少なからずある。

第二には、地理的に距離の離れた場所で活動している運動体であることによる。WNUSP及びENUSPでは、特に一九九〇年代前半までは、文通や郵送によるニュースレターにより、コミュニケーションがおこなわれていた。ENUSPでは、一九九四年以降、数カ月に一度、理事が顔を合わせて会議をするようになったが、WNUSPは、一九九〇年代後半までファクシミリが導入されたくらいの変化しかおこらなかった。このように頻繁に実際に会って話をすることが難しい運動体の場合には、その分、直接に対面しやすい運動体よりも、メンバー同士の誤解が生まれやすく、解消されにくいと考えられる。

最後に第三には、広い意味での文化の異なりがより大きいことによる。法制度や家族制度、医療制度や生活習慣といったことが、国内あるいは地域組織よりもメンバー間でより大きく異なっており、そのために議論を理解しにくかったり、相手に意図を伝えにくかったりする。このため、小規模な組織よりもグローバルな規模の組織では、錯誤がおこりやすいといえる。

このように本書には、地理的に広範囲にメンバーのいる運動団体を対象とすることによる困難がある。実際に、たとえばインタビュー調査では、組織の発足年についていくつかの見解があることがわかった。このように見解の相違がある場合には、異なる見方を併記するようにした。また、不明な点は、可能な限り二次史料を参照して註釈などで補足した。

本書では、一四人の活動家の活動家と一つの組織にインタビュー調査を実施した。インタビュイーの概要は、表1の通りである。本書では、インタビューはすべて英語でおこなった。実施後、文字起こしを送付して内容を確認してもらった。本書では、インタビュイーによる文字起こしの確認が終わったもののみを史料として使っている。なお、表1に掲載していない人に対しても、インタビューを実施しているが、本書では言及していないため記載はしていない。その中には、通訳者を介して、インタビュイーの第一言語でインタビューを実施したものもある。

6 インタビュイーについて

本節では、インタビュイーのプロフィールの概略を紹介する。オーヘイガンは、一九五八年にニュージーランドの南島のウィントンで生まれ、一九七七年から一九八四年までの八年間、精神医療の利用者だった。その後、米国の精神障害者の運動の先駆者の一人であるチェンバレンの本に影響を受けて、一九八七年にオークランドで精神障害者の組織であるサイキアトリック・サバイバーズを立ち上げ、一九九〇年にはニュージーランドの全国組織の立ち上げに関わった。一九九一年にＷＦＰＵが発足するとオーヘイガンは初代議長に選出され、一九九五年までまだ資金も基盤も整っていないＷＦＰＵを共同議長として先導し、その

表1　インタビューの実施状況(実施順)

実施日		時間	場所	インタビュイー	主な地域
2016年	9月3日及び12日	167分 = 88分+79分	インタビュイーの自宅(3日)、職場(12日)	オーヘイガン (Mary O' Hagan)	ニュージーランド
2018年	7月26日	78分	インタビュイーの自宅	ネトル (Mary Nettle)	英国
	7月30日	81分	地元組織の事務所	ヴァン・ダー・メール (René van der Male)	オランダ
	8月2日	194分	インタビュイーの自宅	ジェスパーソン (Maths Jesperson)	スウェーデン
	8月4日	65分	スカイプ	カリーナ (Olga Kalina)	ジョージア
	8月7日	77分	インタビュイーの自宅	ホリング (Iris Hölling)	ドイツ
	8月10日	85分	地元組織の事務所	オルセン (Erik Olsen)	デンマーク
2019年	8月31日	88分	インタビュイーの自宅	レーマン (Peter Lehmann)	ドイツ
	9月2日及び3日	174分 = 70分+104分	インタビュイーの自宅(両日)	ジェンセン (Karl Bach Jensen)	デンマーク
	9月8日	47分	スカイプ	ウーリー (Stephanie Wooley)	フランス
	9月10日	76分	スカイプ	ルソ (Jasna Russo)	ドイツ
	9月13日	78分	カフェ	ベレスフォード (Peter Beresford)	英国
	9月16日	68分	組織の事務所	アクティバメント (Activament)	カタルーニャ
	9月18日	56分	インタビュイーの自宅	ヴァン・ダー・メール (2回目)	
	9月20日	129分	インタビュイーの自宅	ヴァン・デ・グラーフ (Wouter van de Graaf)	オランダ
	10月29日	103分	スカイプ	モラレス (Guadalupe Morales)	スペイン

後も二〇〇四年まで理事として支えつづけた（Beatson 2006）。また、オーヘイガンは、ニュージーランド政府の精神保健委員会において、リカバリー、差別、人権の分野を担当する委員を二〇〇〇年から二〇〇七年まで務めた（O'Hagan 2014: 219-220）。インタビュー当時は、首都のウェリントンでピアサポートなどをおこなう団体を運営していた。

オランダのヴァン・デ・グラーフは、一九六〇年代後半からアムステルダムの治療共同体で生活するようになり、一九七二年から国内の精神障害者の運動関係の雑誌作成に参加するようになった。その後、一九八〇年代には英国のノッティンガムで精神障害者の組織の発足を支援した。この活動は、ＥＮＵＳＰ発足に至る欧州の精神障害者の重要なネットワークとなった（第3章）。

ユトレヒトで活動するヴァン・ダー・メールは、一九八二年に精神医療を初めて利用した。当時、ヴァン・ダー・メールは、三四歳の医学生であった。その後、約三年間、精神医療の利用者として過ごした。ただ、精神病院の中に入ったのはこの時が初めてではなかった。一八歳のとき、アルバイトで二か月間、精神病院の清掃員を務め、鍵のかからないトイレや隔離室の状況に驚き、そのような状況を変えたいと思ったという。ヴァン・ダー・メールは、一九八四年頃からオランダの精神障害者の組織に参加するようになったが、初めはそのような活動の意義がわからず、あまり活発ではなかった。一九八六年、国内の精神障害関係の組織の会員の学生からスペインのセヴィリアで精神医療に関する会議があると誘われて、参加した。その会議の最中に泊まっていたホテルで、英国の元患者の活動家からいっしょにネットワークを作ろうともちかけられた。この会議の参加を機に、精神障害者の運動に積極的に関わるようになった（Van der Male interview on 30 July 2018）。

ベレスフォードは、英国南部のファーナムで一九四五年に生まれた。二〇二一年現在エセックス大学の教授を務めており、精神医療のユーザーによる研究の方法や精神障害の社会モデル等について多くの論文や著書がある。また、本人についてのウィキペディアのページもある。ベレスフォードは、精神病院を退院して、一九八七年からSSOに参加するようになった。そのとき、精神医療の利用が終わったわけではなく、一九九〇年代まで合計一二年間精神医療の利用者であった。その後、マインドリンクという別の団体にも関わって英国国内の精神障害者の運動を牽引したほか、一九九八年には精神医療に限らないさまざまなサービス利用者の社会運動と研究のための団体での活動を始めた（Beresford interview on 13 September 2019）。

英国のウースターで活動するネトルは、一九五三年に生まれた。一九七三年に経営学、一九七四年に応用マーケティング学の学位をとって、数年間はマーケティング研究の分野で仕事をしてきた。その後、一九七八年に精神医療の利用者となった。一九九二年から失業手当制度（Enterprise Allowance Scheme）の下で収入を得ながら、「精神保健ユーザーの相談者」として活動するようになった。後に、SSOとマインドリンクに関わるようになり、一九九六年から二〇〇一年までマインドリンクの議長を務めた。欧州規模の運動には、欧州のネットワークの発足時から関与してきた英国のグレイリー（Roberta Graley）に誘われて、一九九四年のセミナーに初めて参加した。そして、二〇〇四年から二〇一〇年までENUSPの共同議長を務めた（Nettle interview on 26 July 2018）[2]。

ドイツのベルリンで活動するレーマンは、一九七七年に初めて狂気を経験（went crazy）した。当時は、

2　インタビューの他、ネトルにもらった履歴書を参照して記述した。

結婚が破綻したり、学位論文を執筆しなくてはならなかったり、新しいガールフレンドとの意見の相違があったりして、緊張を強いられていた。そのときには、精神病院に閉じこめられて、何週間も向精神薬を投与された。この投薬によって一時的に昏睡状態に陥ったほか、後遺症も残った（Lehmann 2007: 63-64）。その後、レーマンは、一九七九年から国内の精神障害者の運動に先駆者として関わっていくことになる（第3章）。ただし、運動を始めてからも、最初の経験から四年後に再び狂気を経験した。このときには、精神病院にはかからず、幼稚園の時から親しくしてきた友人に電話をして、一時間話をきいてもらった。それ以降、そのような経験はしていないという（Lehmann 2007: 64-65）。レーマンは、欧州規模の運動を牽引し、一九九七年の第3回ENUSP総会で共同議長に選出された。

同じくベルリンのホリングは、学生だった一九八七年と八八年に精神医療の利用者だった。その後、精神医療について哲学の分野で修士論文を書き、その頃から精神医療における権力関係に目を向けるようになった。一九九四年にハンブルグで開催された集会に行ったとき、ベルリンから来ていた「精神医療の暴力からの保護のための連盟」に会い、そこに関わるようになった。さらに、その二年後には、駆け込み寺（runaway house）の設立にも中心となって貢献した。ホリングは、ENUSPの活動には一九九七年から関わるようになった。ENUSPでは、一九九七年の第3回総会に出席してすぐ理事に選ばれ、一九九九年までその職を務めた。WNUSPに関わるようになったのも同じく一九九七年であった。その後、一九九九年からWNUSPの委員となって二〇〇一年の第1回総会に向けて大きなエネルギーをWNUSPの活動に投入した。第1回総会では共同議長に選出され、二〇〇九年の第3回総会までその職を務めた（Hölling interview on 07 August 2018）。

スウェーデンのメルモーで活動するジェスパーソンは、一九五四年生まれで一九八〇年から一九八一年までの二年間、精神医療を利用していた。ジェスパーソンは、自発的入院の患者として入院していたが、そのときに役に立つと思った治療は一切なかったという。その後、映画会社のプロデューサーなどを経て、一九八八年からスウェーデン社会精神保健全国組合（RSMH）の地域事務員となった（Jesperson interview on 02 August 2018; Mental Disability Advocacy Center 2018）。ジェスパーソンは、ENUSPの活動に発足時から関与し、ニュースレターの編集者としてENUSPの活動を牽引してきた。また、WNUSPの活動にも、積極的な貢献をしてきた。

デンマークのコリングで活動するジェンセンは、一九五一年生まれで、一九七三年二二歳のときに初めて狂気と精神医療を経験した。そのときには警察によって精神病院に連れて行かれ、拘禁されたのだった。一九七四年にももう一度、非自発的に閉鎖病棟に入れられたという。ジェンセンは、すぐに抗精神病薬が自分のためにならないことがわかり、飲まなくなった。一九七九年から国内の狂気の運動に関わるようになった。一九八〇年代に入ってこの運動は弱まっていき、ジェンセンは活動できる場所を探して医療専門職と精神障害者と家族の合同の組織に関わるようになった。その後、ENUSPに発足時から精力的に関わるようになり、一九九〇年代後半からはWNUSPの活動もリードするようになった。一九九九年にはデンマークのユーザーだけの組織を立ち上げ、この組織はWNUSPの事務所としての機能を担った（Karl interview on 02 September 2019）。ジェスパーソンによると、一九九〇年代、ジェンセンはENUSPの「組織運営の仕事の九七パーセントほど」を担っていた時期があるという（Jesperson interview on 02 August 2018）。

デンマークの首都コペンハーゲンで活動するオルセンが、運動に関わり始めたのは一九九一年からだが、ジェンセンと同様にまずは狂気の運動、次に医療専門職と精神障害者と家族の合同の組織、その後国内のユーザーだけの団体で活動してきたという。また、国内のユーザー団体には、ジェンセンと共に立ち上げ時から貢献してきた。オルセンは、欧州の運動には一九九四年にデンマークで第２回総会が開催されたときから、世界規模の運動には一九九七年にフィンランドで第４回総会が開催されたときから関わってきた。ＥＮＵＳＰにおけるジェンセンの主要な活動として、欧州障害フォーラムの参加がある。ジェンセンは、一九九七年に欧州障害フォーラムが発足してから八年間、ＥＮＵＳＰの代表としてそこで活動した（Olsen interview on 10 August 2018）。

ウーリーは、ハワイ島で生まれ、フランス語を学ぶためにフランスに来て、インタビュー当時はニエーブルで活動していた。フランスに来てから、同意のないままに精神病院に拘禁されて、暴力を受けたり、何度も電気ショック療法を受けたりした。その後、一九九六年から国内の団体に関わるようになり、二つの団体で合わせて一五年ほど活動したのちに、ＥＮＵＳＰを知った。ウーリーは、二〇一四年からＥＮＵＳＰの南西地域の理事代理を務めている。また、現在は、フランス語と英語の通訳者、翻訳者をしたり、英語を教えたりして生計を立てているが、大量に投薬されていたときには、もうフランス語を話せないのではないかと思ったという（Wooley interview on 08 September 2019）。

スペインの首都マドリードで活動するモラレスは、一六歳のとき、初めて精神保健の問題を持つようになった。最初は、うつ状態になり、その後、「非常に悪い状態」になって、九年ほど精神病院に入院した。そのときの精神病院の状況は、「本当に本当にとてもとてもひどい」ものであった。それでも、モラレスは、ジャーナリズムの学位と図書館司書の資格を取得して、ジャーナリストと図書館司書として国営放送のテレビ局で働くようになった。職場では、服薬していることや精神病院にいたことをいつも明確に言っていた。

その後、国営放送の別の局の国際部門で働くようになり、そのとき多くのお祝いの手紙をもらった。しかし、一九九〇年、急に同僚から、「ちゃんと気をつけていなかったから、精神病になったんだ」と言われて、解雇された。当時、解雇されたテレビ局で出会った男性と結婚もしていた。何をしてよいかわからなかったが、情報サイトを立ち上げ、それは二〇〇二年には毎日四・五万人ほどが訪れる活発なサイトになっていた。[3] モラレスは、二〇〇七年から「欧州精神保健（Mental Health Europe）」に参加するようになり、二〇一〇年の欧州精神保健のイベントでＥＮＵＳＰに出会った（Morales interview on 29 October 2019）。

ルソは、二〇歳のとき、当時のユーゴスラビア連邦のベオグラードで最初の入院を経験した。その後、一九八七年にドイツで地元の精神障害者の運動に出会い、一九九二年からドイツに移住した。ＥＮＵＳＰの第2回総会で理事に選出されて、一九九七年までその職を務めた。加えて、精神障害の社会モデルの研究者としても、活動を続けてきた（Russo interview on 10 September 2019）。

ジョージアのトビリシで活動するカリーナは、二〇〇七年、学生だったときにジョージアの精神病院に入院した。その後、ジョージアにて精神障害者の組織の立ち上げを試みているが未だに成功していない。カリーナの国内の運動については、第6章で東欧地域の運動として記述する。カリーナは、二〇一四年からＥＮＵＳＰの議長を務めている（Kalina interview on 04 August 2018）。

3　モラレスたちが立ち上げたウェブサイトは、「うつ病ウェブ」（http://mundobipolar.org/）である。

第2章

世界組織の発足

1　はじめに

本章の目的は、精神障害者の世界規模の組織がどのように発足したのかを、精神科医が主導する世界規模の組織との関係に注目して、明らかにすることである。

精神障害者の世界組織は、精神科医が運営の中心を担ってきた組織の世界大会の場で、その組織から独立するかたちで発足した。当事者参加の重要性は、精神医療に限らず多くの分野で認められている。精神科医が主導する組織に精神障害者が参加し、その大会の場で精神障害者の組織が発足したことは、当事者参加の成功事例の一つのように思われる。他方で、医療者の主導する組織の活動に十分に参加できているのであれば、精神障害者だけの組織を発足させる必要は見いだしにくいようにも思われる。そこで、医療者の組織からどのように距離をとりつつ精神障害者の組織が発足したのかを明らかにすることにより、精神障害者の組織がどのような特徴を持つ組織として発足したのかを説明したい。

本章では、まず一九世紀終盤に遡って米国を中心とする精神医療の歴史を辿り、精神障害者の世界組織の発足の会場となった精神科医などの組織がどのような経緯、目的で発足したのかを記述する。続いて、冷戦の頃のソヴィエト連邦における精神医療の利用のされ方と、それに対する米国を中心とする西洋地域からの批判の過程を記述し、その論点を浮き彫りにする。さらに、一九七〇年代から活発になっていった米国の精神障害者の運動の変化と対立の契機を明らかにした上で、精神障害者の世界組織の発足の場面を記述し、この組織がこれらの運動の中でどのような位置づけにあるのかを考察する。

2 世界精神保健連盟（WFMH）の発足

本節では、精神障害者の世界組織が、発足のための準備を進める中心的な場となった世界精神保健連盟（World Federation for Mental Health: WFMH）の発足の過程を記述する。「西洋世界に特徴的な精神疾患対処法として二〇世紀後半に至るまで続けられることになる狂人の大監禁」は、「狂人は社会から隔離すべきである、したがって隔離施設の新設と連携体制の増強が必要である、との判断からこの時期［英国が、国王のジョージ三世（一七三八年－一八二〇年）の狂気が再発するたびに統治の危機に瀕していた時代］に始まった」とされている（Scull 2016=2019: 202［ ］内引用者）。精神病院として設置された西洋各地の収容施設は、多くの場合、劣悪な状況であったことが報告されてきた（Scull 2016=2019: 202-215）。

このような状況に対しては、収容された人々からの抵抗があったことが知られている。英国では、一八三八年に四一日の入院の後に精神病院（madhouse）から退院したパーテルノステル（Richard Paternoster）が、精神病院における虐待を止めさせるためのキャンペーンへの参加を『タイムズ』紙を通じて呼びかけ、それをきっかけに一八四五年に「狂気の人と見なされた人々の友人協会（Alleged Lunatics' Friend Society）」が結成された。「狂気の人と見なされた人々の友人協会」は、入院の手続きの適性化などを求めて活動し、関連する法改正に影響を与え、その活動はその後の英国における精神障害者の社会運動の先駆と見なされている（Hervey 1986: 245-246, 250-253）。

米国では、一八六八年にパッカード（Elizabeth Packard）が夫によって精神病院（insane asylum）に強制的に入院させられた体験についての本やパンフレットを出版し、「反アサイラム協会（Anti-Insane Asylum Society）」を発足させた。また、一九〇八年にはビーアズ（Clifford Whittingham Beers）が、自身の入院体験を手記にした『わが魂に会うまで』[4]を出版した。この本は、版を重ね、翌年の全国精神衛生委員会（National Committee for Mental Hygiene）[5]の発足を導いた。ビーアズは、米国の精神衛生運動の創始者の一人として知られている（Chamberlin 1990: 324; 美馬 2016a: 82）。ビーアズは、当初は精神病院における虐待を鋭く批判し患者の権利擁護を主張していたものの、運動が社会、特に精神科医の支持を得つつも、社会の根強い偏見に晒されていくにつれて、精神医療に対する敵意を弱めていった（Dain 1989: 9-10）。ただし、これらの動きは、一九七〇年代から活発になり現在に至る米国の精神障害者の社会運動とは直接にはつながっていないとされている（Chamberlin 1990: 324; 美馬 2016a: 82）。

ビーアズは、全国精神衛生委員会を発足させて数年後、国内でのキャンペーン活動における内部での対立による行き詰まりなどによって、徐々に国際的な活動に関心を向けるようになっていった。『わが魂に会うまで』は米国外においても読まれ、精神衛生（mental hygiene）という考え方も広がりを見せていた。精神障害に関する実践は、どの地域でも米国の状況と大差なく、改革の必要性は共通していたという（Dain 1980: 208-209）。一九一九年、ビーアズが中心となって、精神衛生国際委員会（International Committee for Mental Hygiene）が結成された。精神衛生国際委員会は、一九三〇年に第1回精神衛生国際会議（International Congress of Mental Hygiene）として再結成された。この会議はワシントンで開催され、精神科医や心理学者など四〇〇〇名が参加した（Brody 2004: 54）。第2回精神衛生国際会議は一九三七年にパリで開催された。「このような国際活動を通して、南米、極東、ヨーロッパでも精神衛生協会が次々に設置されていった。しかし、第二次世界大戦中には、それらの国際活動は停止した」（江畑 1980: 265）。

　戦争が終わって一九四八年、ロンドンで第3回精神衛生国際会議が開催された。この会議は、戦争によって

4　『わが魂に会うまで』（Beers 1908）は、「C・ビーアズ自身の前後四回、計三年間におよぶ精神病院での残虐で悲惨な入院生活を原体験として、精神障害者の介護と治療を改善し、精神疾患を予防する運動を開始するために書かれたものである」（江畑 1980: 257）。

5　全国精神衛生委員会は、ビーアズと精神科医のメイヤー（Adolf Meyer）によって設立されたとされている。ビーアズは、当初精神医療施設の改革に重点をおいていたものの、メイヤーが精神病の予防と「精神衛生」の促進の方がより重要であるとビーアズを説得した。全国精神衛生委員会は、多くの精神医療施設の良くない状況や、刑務所に収容されている精神病者の問題を白日の下に晒した。また、学校にソーシャルワーカーを設置し、精神病の予防に焦点を当てた児童指導運動に力を注いだ（Brody 1998: 10）。全国精神衛生委員会は、後に、全国精神保健協会（National Mental Health Association）、アメリカ精神保健（Mental Health America）と改称し現在に至る。

中断された国際的な連絡を国内の精神保健組織が再開するための機会として開催された。この会議は、世界中の任意の精神保健組織と国連との架け橋となる組織の結成のために精神科医によって企画された。この会議で精神衛生国際会議はＷＦＭＨとなった。一九四八年以降ＷＦＭＨは、二年に一度、世界大会を開催している。一九四八年に発足してから一九九七年までの三二名のＷＦＭＨの理事長は精神科医であり、事務総長やそれと同等の役職についてきたのも精神科医であった（Brody 2004）。最初に理事長に就任したのは、米国のリース（John R. Rees）であった。リースは、ロンドンでの第２回精神衛生国際会議の準備委員会のメンバーだった人であり、一九六一年まで一〇年以上にわたって理事長を務めた。リースは、ロンドンにＷＦＭＨの事務局を開設し、その後任が一九六三年に事務局をジュネーブに移転した。しかしその後一九六七年には、資金難のために事務局を閉鎖せざるを得なくなり、ＷＦＭＨは、大学教授としての勤めのある精神科医を理事長にし、大学の支援を受けながら組織運営を継続していった。一九八三年の世界大会は、米国の東海岸のワシントンＤＣで開催された。その当時、理事長を務めていたブローディー（Eugene Brody）が、米国全国精神保健連盟などの支援を受けて、ワシントンＤＣ近くのボルティモアとアリントンに事務局を開設し、ボルティモアの方の事務所がその後も事務局の機能を担っていくこととなった。ブローディーは、一九八三年に理事長を交代したあと、事務局で無給の事務総長（secretary general）として仕事をした（Brody 1998: chap. 3, 4 and 5）。

3　国連原則の採択に向けた動き

本節では、ソヴィエト連邦における精神医療とそれに対する米国などからの批判に注目して、精神医療の非自発的な介入の基準などを定めた「精神疾患を有する者の保護及びメンタルヘルスケアの改善のための諸原則」（以下、国連原則）が一九九一年に採択されるまでの過程を記述する。一九一四年六月、オーストリア皇太子が暗殺されたサライエヴォ事件が起きると、オーストリアは暗殺を計画したと思われるセルビアに宣戦布告し、他国を巻き込んで第一次世界大戦が開戦した。ロシアは、スラブ民族の連合を目指す立場からセルビアを支援して参戦したものの、戦況は厳しくなっていった。政府に対する批判が高まる中で、労働運動が起こり、ロシア社会民主労働党の多数派であるボリシェビキが力を強めていった。このような状況の中で一九一七年二月二三日（新暦三月八日）の国際婦人の日に女性労働者が食糧配給を求めるデモを始めた。これが数日のうちに学生や反乱兵によって拡大し、ソヴィエトを結成した。ロシア政府では暴動を抑えられなくなったため、二七日に国会は臨時政府を発足させた。その後、臨時政府とソヴィエトの二重権力状態になり、両者の間は緊迫化していった。九月二五日に第三次臨時政府が発足すると、レーニン（Владимир Ильич Лéнин）はボリシェビキを率いて武装蜂起し、一〇月二五日に臨時政府を打倒した。一九一八年一月、レーニンの率いるボリシェビキ単独政権による「社会主義連邦ソヴィエト共和国」の誕生が宣言された。それから数年間の内戦の後、四つの共和国が結集して「ソヴィエト社会主義共和国連邦」が成立した（栗生沢 2014）。

ボリシェビキによる革命後、精神病の予防のために精神科外来診療所の充実が図られた。診療所の特徴は作業場であり、「すべての市民が、社会的に生産能力をもち、社会の福祉に寄与することが必要だ」とのソヴィエトの労働に対する態度を反映していた（Bloch and Reddaway 1977=1983: 12-13）。ソヴィエトにおける医師の誓約では「その業務を遂行する時に、共産主義の価値観を追求すること」を要求しており、一九二四年にレーニンの死後、権力の座に就いたスターリン（Иóсиф Виссарионович Стáлин）は精神科医の意義づけについて「政治的能力が、専門的な能力と経験に優先する」と述べていた（Bloch and Reddaway 1977=1983: 16-17）。

一九六二年、著述家や翻訳家であったタルシス（Valery Yakovlevich Tarsis）は、スターリンの死後スターリン批判を展開して第4代目のソヴィエト連邦の権力者となったフルシチョフ（Никúта Сергéевич Хрущёв）の「政権下に作家や軍人が体験した苦境を描いた」『青いびん』を英国で出版した。出版直前、タルシスは「強制的にモスクワの一般精神病院に引き渡された」。そこでの体験を、主人公のアルマーゾフの視点から描いたのが『第七病棟』と題されたフィクションで、一九六五年に英国で出版された。また、『第七病棟』の出版直後、ソヴィエト連邦を訪れた英国の大学生の通訳として、ソヴィエトのツーリスト機関から派遣された共産党員の学生が、党組織について批判的なことを言ったために精神病院に拘禁され、約束していたモスクワの空港に現れなかったという事件があった。このような出来事により徐々に「ソヴィエト精神医学が政治的な目的に使われているらしいということ」が国際的に知られるようになっていった（Bloch and Reddaway 1977=1983: 33-35）。一九七〇年には、生物学者でも歴史学者でもあったジョレス・メドヴェージェフ（Жорéс Алексáндрович Медвéдев）が、著書『ルイセンコ学説の興亡』の内容に問題があるとしてカルーガ精神病院に拘禁された。双子の弟のロイ（Рой Алексáндрович Медведев）を中心に学術界の知人などが国境を越えて協力し、ジョレスは約三か月の後に解放された。その経緯を記した『告発する！　狂人は誰か』の英語版とロシア語版が一九七一年に同時に出版された（Medvedev and Medvedev 1971=1977）。

世界精神医学会（World Psychiatric Association）は、一九七七年の第6回ホノルル大会において、ソヴィエト連邦における精神医療の乱用を糾弾し、「各国の精神科医ないし医学組織から提出されたケースについて公正に調査を行なう再検討委員会（Review Committee）」を設置した（正垣 1983: 348-349）。再検討委員会の設置は、米国からの提案で賛成多数により設置された。しかし、ソ連は、委員会の設置を「規則違反の設置」と見做し、その存在を無視していた。委員会には、一九八三年までに二七件の申し立てがあり、世界精神医学会の執行委員会はソ連に応答を求めていたものの、ソ連側からの返答はなかった。そこで、執行委員はソ連に対していっそう強い圧力をかけていくことを決めた。さらに、英国精神医学会は、世界精神医学会の一九八三年大会でソヴィエト精神医学会の除名決議を求めることを決めた（Van Voren 2010: 197-200）。

ソ連国内では、モスクワにおいて「精神医学の政治目的使用を調査する活動委員会」が合法の枠内で活動していたが、一九八一年までに委員全員が逮捕されてしまった。一九八三年七月の第七回ウィーン大会では、ソ連の精神医療に関する激しい議論の展開が予想されていたが、ソヴィエト精神医学会はその直前の同年二月に脱退した。「この突然の脱退は世界中の指導的な精神科医や精神医学会を驚かせ、困惑させた」（正垣 1983: 349）。ウィーン大会の準備として、一九八二年八月にアメリカ精神医学会は、他の国の精神医学会に手紙を出し、ウィーン大会の前にソヴィエト精神医学会の会員資格の一時停止あるいは除名について議論したいと考えている旨を通達した。アメリカ精神医学会は、他国の精神医学会にその企画の共催を求めたほか、それぞれの国の外務省が国連人権委員会でこの問題について議論することに関心を持っているかどうか調べるよう求めた。それは、一九八三年二月の人権委員会で、体制批判者の管理に精神医療施設が使われている状況について議論することになっており、そのような使用の非難決議か、そのような乱用についての調査の決定が予定されていたからである。ソヴィエト精神医学会は、アメリカ精神医学会からの手紙に激怒し、それを世界精神医学会離脱の主要な理由として説明した（Van Voren 2010: 200-201）。

米国の精神科医のサブシン（Melvin Sabshin）は、一九七二年にアメリカ精神医学会のプログラム委員、一九七四年に医学理事長（Medical Director）となった。サブシンは、学生時代に米国共産党のメンバーとなり、党員を辞めたあとにも何度も連邦捜査局の捜査を受けた経験を持つ人物である。アメリカ精神医学会は、サブシンのリーダーシップのもとで会員数も予算規模も急速に拡大した。また、異なる環境における診断の比較が可能となるような「精神障害の診断と統計マニュアル」の作成を進めていった。[6] さらに、サブシンは、一九八三年に世界精神医学会の執行委員会の委員となり、国際的に明確な診断基準の導入を推し進めた。サブシンは、ソ連における精神医療の政治的な乱用は明確な診断基準の欠如によって引き起こされたと考えていた（Van Voren 2010: 187-192）。

一九七七年のホノルル大会では、「今後の世界の精神医学・医療のあり方をさししめす」ハワイ宣言が採択された。その第5条及び6条では、「強制治療または拘禁がおこなわれる場合の必要条件」が定められており、第5条では強制治療の手続きが規定され、第6条では訴願機関の設置とそこに訴えられることの保障について述べられていた。しかし、世界精神医学会の倫理委員会は、一九八〇年にアテネ改訂版を発表し、そこでは第5条及び6条が削除されていた。倫理委員会は、削除の理由について「世界の精神科医の倫理綱領としてまとめようとしたため、精神障害者自身の権利に関わる条項の一部は削除せざるをえなかったこと、また、世界各地の精神医療制度の状況は全く不均衡であって、そのような・さまざまの制度下にある精神科医が遵守できる程度のものにした」と説明された。改訂版は、一九八三年のウィーン大会で採択された（青木 1993: 197-198）。

このように一九八〇年代の前半、ソヴィエト連邦やその衛星国、その他アパルトヘイトがおこなわれていた南アフリカ共和国などのいくつかの国の精神医学の政治的な悪用に対しての国際的な懸念が高まっていた（Human Rights Watch and Geneva Initiative on Psychiatry 2002: 43）。このような状況を受けて国連人権委員会の差別防止・少数者委員会は、一九八〇年九月に法律の専門家であるダエス（Erica-Irene Daes）を特別報告者に指名し、「精神病者の保護のためのガイドラインと原則を作成する仕事を依頼した」（中山 1988: 921）。それに伴う調査の報告書では、いくつかの国家の精神医療が個人の自由の政治的法的自由を破壊するために使われており、いくつかの国家では当時の体制を支持しない人が精神病院に入院させられていると報告された。そして、国連人権委員会に、加盟国に政治的その他の医学的ではない理由に基づく精神医療の虐待の禁止を早急に求めるように勧告した（Human Rights Watch and Geneva Initiative on Psychiatry 2002: 44）。このような調査等をもとに一九八二年八月、ダエスを中心に策定した原則の草案が発表された。しかし、この草案は世界保健機関や、アメリカ精神医学会をはじめ各国の精神医学会から批判を浴びた。精神科医の青木薫久は、この草案においてとりわけ問題なのは、「裁判所決定による予防拘禁をみとめている点」にあると述べる。この草案では、「犯罪者と精神病者を同列において」おり、「つねに『他害のおそれ』を要件とする社会防衛の思想」と「精神医療の本質をみない『適正な法手続』主義が結合して」いて、「精神医療についての革新的理念がない」として批判している（青木 1993: 175-177）。

このような批判を受けて、委員会は一九八八年九月に弁護士のパリー（Claire Palley）を中心に起草した草案を発表した。この草案では、強制入院の手続きを裁判所による判断から、「自傷・他害のおそれ」ある

6　一九六〇年代から七〇年代にかけて、心理学者のローゼンハン（David L. Rosenhan）による精神医学的診断の精確さに疑義を呈する実験や、米国と西欧では診断の基準が異なることを示した研究などを受けて、一九八〇年に精神障害の診断と統計マニュアル第3版（DSM-III）が発表された。

いは「入院を要するほどの重症な精神障害」を理由とした、「ヨーロッパでひろくおこなわれている医師権限による入院形式」に改めた（青木 1993: 78）。一九九一年二月、国連人権委員会は二つの案を踏まえた草案を発表し、この草案は僅かな修正を経て同年一二月の国連総会にて国連原則として採択された（青木 1993: 25, 31）。国連原則の原則16は、精神疾患をもつ人に対して、自傷あるいは他害のおそれ、あるいは精神疾患の症状により入院に同意できないが、入院しなければ病状の深刻な悪化が起こる場合の非自発的入院を許容している。また、原則11は、非自発的入院患者に対して、精神疾患の症状によりインフォームドコンセントが不可能だが、治療が患者にとって最善の利益であると独立機関が判断した場合の同意のない治療を許容している（UN General Assembly 1991）。

国連原則の策定の過程では「大雑把にいって医者と法律家の間に激しい論議がかわされていたことは周知のとおり」（中山 1988: 920）とされている。WFMHは、一九八九年一月に「精神保健と人権宣言」を採択した。この宣言は、精神病の診断が政治的価値観などに基づいて恣意的におこなわれてはならず、精神病の診断があったとしても適切な基準に基づいてその人が保護されなくてはならないことを宣言していた。世界精神医学会は一九八九年一〇月の第８回アテネ大会でＷＦＭＨの宣言と同様の声明文を採択した（Human Rights Watch and Geneva Initiative on Psychiatry 2002: 47）。

国連原則は、精神障害者の関与のほとんどないままに採択された。オーヘイガンは、ＷＦＭＨが起草に関わっていたのは知っているが、国連原則ができるまえに精神障害者の運動が組織されていたのかはよくわからず、起草やアナウンスの過程において国連原則に反対する声があった記憶はないという（O'Hagan interview on 03 September 2016）。ジェンセンも、国連原則が起草されていた時期に、サバイバーによる運動はおそらく組織されていなかったと話している。たとえば、デンマークではその時期、狂気の運動がおこなわれていたものの、その人たちはこの原則についてはまったく知らなかったという。その当時は、策定に関わるように勧めてくれる人もおらず、ユーザー、サバイバーのコミュニティからの影響のないままに国連原則の策定は進められた（Jensen interview on 03 September 2019）。しかしその後、ＷＮＵＳＰは、国連原則に対する批判的な態度を強め、二〇〇一年の総会で国連原則の撤回を求める決議を採択した。ＷＮＵＳＰは、治療を受ける権利は保障しているものの治療を拒否する権利は保障していないとして、国連原則の中でも特に原則11と原則16を批判している（WNUSP 2001g）。[7]

4　米国における精神医療改革運動（一九六〇年代〜八〇年代）

米国では、「一九五〇年代半ばから、ごく僅かながら入院患者数の減少傾向が始まっている。勢いが激化するのは一九六〇年代半ば以降で」ある（Scull 2016=2019: 409）。この時期は、「重篤な精神疾患に対して近代的な薬物療法が初めて導入された時期とほぼ重なる」。第二次世界大戦中は、「抗生物質が病原菌を征服しつつあ」り、生物学的医学に対する期待が高まっていた。精神病についても、生物学的原因を探求することでよりよい治療法が開発できると期待され、連邦議会は一九四六年に全米精神保健法を可決した。こ

7　二〇〇六年に障害をもつ本人たちの貢献により国連障害者権利条約が採択されてからは、法的拘束力をもつものとして国連原則よりも条約が優先されている。

れにより、「精神障害の予防・診断・治療の研究に援助が与えられ」るようになり、一九四九年に精神病院を内科や外科と同様に運営するための改革の監督機関として、国立精神衛生研究所が創設された（Whitaker 2010=2012: 72-73）。その後、ソラジンと名づけられた精神安定剤のクロルプロマジンが、食品医薬品局の販売許可を受けたのが一九五四年のことである（Scull 2016=2019: 412）。

しかし、入院患者の減少とクロルプロマジン導入に因果関係はないとの見解を支持する多くの根拠が明らかにされている。たとえば、クロルプロマジンの導入に先行して入院患者数の減少している病院があることや、クロルプロマジンを処方する割合が高い病院の方が低い病院よりも退院率が低いことなどである（Scull 2016=2019: 414-415）。また、ウィタカーは、クロルプロマジン以降の精神病の治療薬に関する実験や製薬会社の宣伝活動などを調査し、また、実際に薬物療法を受けた人々やその家族の体験を聞きとった上で、薬物療法の導入や「発展」に伴って精神病の転帰は改善されておらず、むしろ「流行病」になったことを指摘している。ウィタカーは、上述の入院患者数の減少について、「慢性統合失調症患者の退院を促したのは、精神医学会へのソラジン登場ではなく、一九六〇年代半ばのメディケア・メディケイド法制定であることを発見した」（Whitaker 2010=2012: 308）。

一九六〇年、ケネディ（John F. Kennedy）は、米国大統領に就任すると、一九六三年に「精神病及び精神薄弱に関する大統領教書」を作成した。この教書は、「ケネディ教書」と呼ばれ、「脱精神科病院の歴史的転機の一つ」とされている。ケネディ教書は、「州立の精神病院における精神病／障害者の置かれている現状を批判し地域でのケア」を求めている（三野 2012:153）。ケネディが殺された後、一九六四年に大領領になったジョンソン（Lyndon B. Johnson）は、一九六五年に社会保障法を改正した。その際に制度化されたのがメディケアとメディケイドである。

メディケアは、「六五歳以上の老齢年金受給者と、六五歳未満では障害年金受給者そして慢性腎臓障害者を対象とする限定的な医療保険制度であ」り、「病院医療費を保障するパートAと、医師の診療報酬そして病院外来医療費を保障するパートB」から成る。「六五歳以上のアメリカ人はほとんど自動的に」パートAの被保険者となるのに対し、パートBは任意加入の保険である。メディケアの導入以降、米国の医療費は増大し、これによって連邦予算の支出が増大した。一九八一年に大統領に就任したレーガン（Ronald W. Reagan）は、小さな政府を目指した。一九八〇年代、多くの医療関係法律案が議会に提出され、約四〇本が議会を通って大統領のサインを得て施行された。その中には、特にメディケア医療費抑制を主たる目的として導入されたものが七本あった。他方、メディケイドは、「低所得者家庭、低所得老人のための医療扶助制度である」。社会保障法に関する議会の議論は、メディケアのパートBに集中し、メディケイドに関してはほとんど議論がおこなわれることなく成立した。「メディケイドの実施主体は各州と特別行政区であり」、連邦政府が一定の基準を設けてはいるものの、「州等は受給対象者の範囲の設定、あるいは給付内容の決定に大きな権限をもっている」（皆川 1989: 209, 211-213, 246-247）。一九六五年の社会保障法改正により、「介護施設で療養する場合は政府の助成金が出るが、州立精神病院での治療には助成金の支給なしとされた。そこで費用削減を目指す州は当然ながら、慢性患者を介護施設に移し始めた」（Whitaker 2010=2012: 139）。

同じく一九六五年に可決されたのが、公民権法である。これは、「投票権保護のための連邦政府の権限を大幅に拡大強化する」法律であり、「投票権法」とも称されている。一九六四年の法律では、「『読み書きテスト』など、投票資格判定のための方策を人種差別的に運用することを禁じ」、関連の問題をとりしまる連邦司法長官と連邦裁判所の権限を強化した。しかし、ジョンソン大統領は、「黒人市民は、登録所において憲法全文の暗唱を求められたり、また州法の最も複雑な条文の説明を要求されたりしている。この関門を通過できる唯一の方法は白い肌を見せることなのである」として、一九六五年、「読み書きテスト」などの取り締まりの一層の強化を図った（大谷 2002: 105, 152, 154）。ジョンソン大統領は、この法案を「できる限り早く可決することこそ、前大統領の遺徳をしのぶ最高の記念となり、追悼となるだろう」と語ったという（Vardaman no date=2007: 191）。

精神医学は、身体疾患を対象とする標準的な近代医学の分野の一つであるという考えが、精神医学者や精神科医のあいだでは主流である。しかし、一九六〇年代頃、「精神医学がノーマルな医学から外れている点を問題視する」精神科医が、活発に発言するようになった。このような活動や立場は「反精神医学」と呼ばれている。反精神医学の運動は、米国や英国を始めとした西欧で展開された。中でも代表的なのが、ニューヨーク州立大学の精神科医のサズ（Thomas Szasz）である（美馬 2016b: 40）。サズは、一九六一年に『精神医学の神話』を出版し、精神医学は、国家が扱いに困る者を抑圧するという非医学的な機能のために、精神病という神話を作り出していると批判した（Szasz 1961=1975）。さらにサズは、「一九六九年にはサイエントロジー教会[8]と組んで市民の人権擁護の会（CCHR）を結成している」。市民の人権擁護の会（Citizens Commission on Human Rights）は、「精神医学を『死の産業』と呼んで糾弾する団体である」（Scull 2016=2019: 419 註釈引用者）。

精神科医だけでなく社会学者にも精神病院を鋭く批判した人たちはいた。中でも有名なのはゴフマン（Erving Goffman）である。ゴフマンは、「長らく全米で最も優れた精神病院の一つに数えられ、また連邦政府直轄の精神病院として唯一の施設であったワシントンＤＣの聖エリザベス病院」（Scull 2016=2019: 418）に体育指導主任の助手として入って調査をおこない、その成果を一九六一年に出版した。ゴフマンは、精神疾患の症候と見なされている行為や現象の中には「全制的施設」に収容されているために起きているものが少なからずあると指摘した。その上で、被収容者に対する悪影響は予算を投入して施設の状態を改善したからといって解消されるものではなく、「全制的施設」に収容している限りは避けられないものであると述べた（Goffman 1961=1984）。

そのほか、特に薬物や身体拘束が必要であると思われていた「急性期」と呼ばれる状態の際にも、非強制的なサービスの提供は可能であり、薬物を劇的に減らせることを証明した実践として、ソテリアプロジェクトがある。ソテリアプロジェクトは、米国の西部に位置するカリフォルニア州のサンノゼで、英国のキングスレイホールの「成功」に続いて、その第二世代として一九七一年に精神科医のモッシャー（Loren R Mosher）によって開始されたプロジェクトである。六人用の寝室のあるソテリアハウスと名付けられた家で、統合失調症と診断された未婚の若い人と、専門家ではない職員が三から六か月ともに暮らすというプロジェクトであった。この実験の結果、ソテリアハウスのような環境は、抗精神病薬と同様に、短期的に精神病の症状を和らげる効果があることなどがわかった。このプロジェクトは、ソテリアハウスの四年後に、同

8 サイエントロジー教会は、米国のサイエンス・フィクション作家のハバード（Lafayette Ronald Hubbard、一九一一－一九八六）によって、一九五四年に設立された。「アメリカ六大新宗教のひとつといわれる」。他の五つは、「いずれも信者は数千人から数万人で規模はそれほど大きくない。サイエントロジーは会員数八〇〇万人だから桁はずれだ」（稲葉 1995: 176）。

様の実践をおこなうエマノンハウスにおいても開始され、エマノンハウスは一九八〇年、ソテリアハウスは一九八三年に閉鎖された（Mosher 1995: 111-113, 125）。

5 米国における精神障害者の運動（一九七〇年代〜九〇年代）

米国の精神医療の患者解放運動は、公民権運動や女性解放運動、性的少数者の社会運動の影響を受けて一九七〇年代から徐々に形成されていった。運動体は、一九七〇年にオレゴン州のポートランド、一九七一年にニューヨークとボストン、一九七二年にはサンフランシスコで形成された。運動は、まず東西海岸、その後内陸に広がっていった（Chamberlin 1987: 24）。各地の運動は、『マッドネス・ネットワーク・ニュース』紙（ＭＮＮ）によってつながっていた。ＭＮＮは、サンフランシスコ地域で、精神医療に不満をもつ専門職や元患者（ex-patient）が一九七二年八月に発行を始めたものである。初期の頃のＭＮＮの発行費用は、「社会サービス労働組合（Social Service Employees Union）」から拠出され、精神病院やクリニック、路上で無料で配布されていた。記事の内容は、反精神医学やその関係の医師による書き物、患者の権利に関する政策や法制度、向精神薬、ロボトミーや電気ショック療法といったことについてだった。ＭＮＮは徐々に読者を拡大していき、経済的な余裕のある人には購読料の支払いが求められるようになった。一九七三年五月に第５号が発行される頃には、五〇〇名が配達リストに載っており、そのうち三分の二は購読料を支払っていた。さらに、一五〇〇部ほどを病院の患者や職員に無料で配布もしており、米国内に限らず欧州にも読者がいた（Morrison 2005: 66-68）。

一九七三年五月に発行されたＭＮＮの第5号で第1回の「人権と精神医学の抑圧についての委員会」の会議の開催が告知された（Morrison 2005: 72）。その会議は同年六月にデトロイト大学で開催され、米国全土のみならず、カナダからも合わせて五〇名ほどが参加した。参加者には、元患者もいれば専門職もいた。会議の費用は、活動を支持する専門職とニューヨークの精神病患者解放プロジェクトが負担した。数日間に渡って、精神病患者解放の発展と目標について議論がおこなわれた。デトロイトでは、次回の開催計画等を立てることはなかったものの、この会議はそれ以降、毎年開催されるようになった（Chamberlin 1990: 327; Morrison 2005: 73）。一九七四年にはＭＮＮは、世界各地に五〇〇〇人ほどの購読者のいるニュースレターとなっており、要点がわかるようＭＮＮに掲載された、いくつかの記事を収録した本が同年出版された（Sherry 1974: 11）。

一九七五年にサンフランシスコで開催された第3回目の「委員会」の会議では、これまでの二回の会議には話題を決めずに議論する雰囲気があったのに対し、患者解放や団結ではなく、専門家などが元患者たちを「支援」しようとしていたと報告されている。元患者たちはそのような会議に怒り、失望した。この対立は、運動を大きく転換させる契機となり、この頃から元患者だけの運動が形成されていった。ＭＮＮの発行に携わっていた患者経験のない人は排除され、一九七六年からＭＮＮは元患者だけで発行されるようになった（Morrison 2005: 75-77）。このような運動の転換には、専門職との対立に加えて、精神保健分野以外の社会運動が影響していた。チェンバレンによると、「黒人は白人には自分たちの経験は理解できないと感じ、女性は男性に、ゲイの人はストレートの人に同じように感じており、彼らの運動の原則は自己定義と自己決定であった。精神病患者の運動も、それらの運動の影響を受けて自分たちだけで活動するようになっていった」

（Chamberlin 1987: 24）。このような経緯で、一九七六年以降の「委員会」の会議の出席者は、患者と元患者だけとなった。ＭＮＮの発行に関しても、元患者だけで発行しようという試みがなされていたものの、男性と女性のあいだに対立があった。このため、女性患者だけで発行した号もあった。ＭＮＮや「委員会」の会議によって全米的なつながりができていたものの、運動の中心は依然として各地の小規模なグループでありつづけていた（Chamberlin 1987: 25）。

一九七七年、国立精神衛生研究所は、地域支援プログラムという試験的なプログラムを開始した。地域支援プログラムは、重度の慢性的な精神病の成人で、二四時間の看護は必要としない人に対するサービスの改善を目的としたプログラムであった。このようなプログラム開始の背景には、一九五〇年代から六〇年代の精神病院の劣悪な環境に対する批判と、「脱施設化」の進展があった（Turner and TenHoor 1978: 319-320）。地域支援プログラムを計画する過程で国立精神衛生研究所に意見を出した人の多くは、管理の行き届いた下宿屋に住んでいる多くの患者を自助的な共同住宅に移したり、一対一の伝統的な療法をしている職員を自助活動の支援に回したりすることは、追加の人手や費用を掛けなくてもできることであり、必要なことだと考えていた（Turner and TenHoor 1978: 339）。

地域支援プログラムは、初めのうちは、精神障害者のことを、プログラムの遂行を促進する精神医療の消費者とは認識していなかった。しかし、プログラムの「進歩的な職員」が、プログラムの初期の学習会にチェンバレンを招待した。これがきっかけとなって学習会への精神障害者の参加が進み、その結果として「自己決定」や「消費者のエンパワメント」といったことがプログラムの目標に加えられた（McLean 2000: 827）。この頃、精神障害者の運動は、それまで排除されてきた会議や立法府のヒアリングに参加したいと考えるようになり、それは徐々に実現していった。そのような活動の一つの成果として、患者が運営するプログラムに資金を提供することを地域支援プログラムに認めさせた（Chamberlin 1990: 328-329）。

精神保健活動において精神障害者の活動や発言の重要性が認知されていったことは、運動の分裂につながった。連邦政府の精神保健の資金を求める、あるいは受け入れるべきかについて、精神医療体制の廃絶を目指す人とその改良を目指す人のあいだに対立がおきた。こうして一九八〇年代後半、急進的な元患者の運動は抑えられていき、自助活動をおこなう精神医療の消費者としての運動が前景化していった（Morrison 2005:82-84）。地域支援プログラムの資金提供のもとで精神障害者の全国組織を結成するために開かれた会議で、一九八五年に全国精神保健消費者連盟（National Mental Health Consumers' Association）が結成された。しかし、この組織は強制治療を拒絶するという、元患者の運動が中心的な主張としてきた立場をとらなかった。[9] このため一部の元患者たちは、全国精神医療患者連盟（National Alliance of Mental Patient）という組織を作って分離した。このような混乱により、「委員会」の会議は一九八五年、ＭＮＮは一九八六年で終了した。それにより大きく二つに分裂した運動は、接点を失い分裂する形で発展していった（McLean 2000: 825-826）。ＭＮＮの終了により各地の運動は、いったんは接点を失ったものの、一九八八年、西海岸のオレゴン州のユージーンの「人権と精神医療に関する情報センター（Clearinghouse）」がニュースレター『樹（Dendron）』を発行するようになり、ＭＮＮと直接につながった数少ない活動の一つとして残っていった（Chamberlin 1990: 334）。ニュースレター『樹』の発行は、後に国際的な運動体となるマインドフリーダムの結成につながっていく。

6　世界組織発足前の精神障害者の動き

ＷＦＭＨは二年に一度、奇数年の北半球の夏に世界大会を開催しており、一九八三年の世界大会は、米国東海岸のワシントンＤＣにて開催された。この大会に、米国全国精神保健連盟の理事長（president）だったロビンス（Hilda Haynes Robbins）[10]がフィラデルフィアから参加していた。ロビンスは、うつ病の再発を経験したという自認（identification）を持っており、適切な投薬から利益を得たと考えていた。これまでのＷＦＭＨの世界大会は、全国精神保健連盟にとって重要な集会の場所となってきたものの、集会は制度化されてはいなかった。そこで、このときの大会長だったブローディーは、大会の前に「精神保健連盟の日」という企画を開催することとし、その運営をロビンスに任せた。また、一九八三年の大会では、ユーザー、サバイバーが集合できるようなシンポジウムの企画提案もあったものの、こちらは実現しなかった。ロビンスは、同年のＷＦＭＨの理事の選挙で、北米地域の副理事長に選出された（Brody 1998: 130）。

一九八五年に英国のブライトンで開催された世界大会は、ＷＦＭＨの大会の中で初めて精神障害のある本人が招待された大会であるとされ、そこでの出会いが英国国内の運動を中心として、広く西欧の運動を活発化した（Jesperson interview on 02 August 2018; 第3章）。

一八九七年のＷＦＭＨの世界大会はエジプトのカイロで開催された。ＷＦＭＨの事務局は、米国の国立精神衛生研究所と交渉して、ユーザーが大会に参加するための資金を確保した。国立精神衛生研究所とＷＦＭＨの事務局の位置するメリーランド州の精神衛生局の支援により、九名の患者団体や患者の人権団体の代表がカイロに行き、「重要な治療資源としての患者」と題されたワークショップに出席した。米国のコンシューマーの全国組織の代表が、次のWFMHの世界大会に向けて、WFMHの活動にコンシューマーが参加すること、世界大会に参加する各国の代表にコンシューマーを含めること、WFMHの政策や活動に関して精神医療の受け手による諮問委員会と相談することの三つを求める決議を提出した（Brody 1998: 131）。

一九八九年の世界大会はニュージーランドのオークランドにて開催された。そこでは、二年前の決議に従って、WFMHに付属の世界精神保健コンシューマー連盟の結成が提案され、WFMHの理事及び総会は提案を支持した（Brody 1998: 131）。オーヘイガンによると、WFMHの世界大会と同会場で、精神障害者の世界規模のネットワークを作るための、精神障害者による話し合いが開かれた。この試みに対して、当時WFMHを主導していた精神医療の専門家たちは、積極的に支持するわけではないが、とり立てて反対することもなかったという。

その話し合いにロビンスが参加していた。ロビンスは、精神障害者の運動に積極的に関わっていたわけではなかったが、世界的なネットワークができることを強く望んでいた。しかし、その話し合いはいくつかのことを決めただけで結局決着がつかず、二年後の世界大会までほとんど何も起こらなかった。オーヘイ

9　註1参照。

10　ロビンス（1924-2009）は、モントゴメリー・ニュース』の訃報欄で、ノーステキサス州教育大学で家政学を専攻したのち、地域社会の運動家として活動し、精神保健の分野でアドボケイトをおこない、全国精神保健連盟などを務めた。二〇〇一年には夫とともにその活動が訪問看護協会から表彰を受けたと紹介されていた（Montgomery News 2009）。

ガンは、会議が難航した理由の一つは、米国出身の参加者に気難しい性格だと思われた人がいたことだという。ロビンスは、一九八九年の世界大会で初めてオーヘイガンに出会い、その後連絡をとるようになった。そのなかでロビンスは、「とてもきちんと物事を進める人のように思われる」という理由から、ネットワークをつくるための話し合いの進行役としてオーヘイガンを推薦した。この指名についてオーヘイガンは、自分が話し合いの進行役を務めていたのを見て、ロビンスは自分に声をかけたのだろうと話した（O'Hagan interview on 03 September 2016）。一九九〇年、ロビンスなどが率いる一九九一年の世界大会の計画者たちは、大会にコンシューマーの参加の機運を高めるために、米国南部のヒューストンで会議をもった。計画者たちは、グローバルな組織の将来像についてアイディアを集めるために、知っていたすべての住所に郵便を送った（Brody 1998: 131）。

7　精神障害者の世界組織の発足

一九九一年八月一八日から二三日までメキシコのメキシコシティにてＷＦＭＨの世界大会がおこなわれた。その大会に参加した精神科医の加藤伸勝によると、「メキシコ組織委員会の発表によれば、参加者は六二〇〇名（国外から八二〇名）という膨大な数であった。（中略）主会場は外観はまるで競技場のような国立公会堂で、四〇〇〇〜五〇〇〇人収容可能な立派な建物だった」という（加藤伸勝 1992: 108）。

毎日二時間ずつ五日間、[11] 精神障害者のネットワークをつくるための話し合いがもたれた。出席者は一〇〇名ほどで[12] 多くは開催地であるメキシコの出身者だった。そのほかには、米国、英国やその他の欧州、日本などから来た人たちがいた（O'Hagan 2014: 207）。これらの会議は、ＷＦＭＨの大会と同じ会場で開催されたものの、ＷＦＭＨは「部屋を提供するので、話し合いをもつことは可能です」と言っただけで、ＷＦＭＨの世界大会とは完全に独立したものとしておこなわれた。この会議の進行は難航した。家族に精神障害者がいるというカナダの人が、その会議に入りたいと言ってきた。しかし、ユーザー、サバイバーの会議であるとして断ると、その女性は怒りだし、それから泣き出してしまったという（O'Hagan interview on 03 September 2016）。

この会議の様子をオーヘイガンは、米国出身の参加者たちが、その場を支配しようとしたと説明する。その人たちは、世界は自分たちのものであり、自分たちがいちばん大切な民族だというような態度だったという。彼らは、ほかの人たちにはほとんどの馴染みのない、彼らが「ロバート議事規則」[13]と呼ぶ会議の公式的な決まりに従った方法で運営すると言い張った。これに対して、オーヘイガンは「私たちは形式張った会議をしたいのではなくて、よい議論をしたいのだ」と言って制止しようとした（O'Hagan interview on 03 September 2016）。また、米国南部の「保守的な」出席者[14]は、新しいネットワークの活動方針の中で「精神的な苦痛（mental distress）」という用語の使用を支持しないと言い、代わりに「精神病（mental illness）」と

11　インタビューにおいてオーヘイガンは、この話し合いは午後四時から六時ころまで三日間ほどおこなわれたと話している（O'Hagan interview on 03 September 2016）。

12　インタビューにおいてオーヘイガンは、参加者は二〇人から六〇人ほどだったと述べている（O'Hagan interview on 03 September 2016）。

いう用語の使用を要求した。これに対して、欧州の出席者は礼儀正しく彼らに反対したが、うまくいかなかった。メキシコの出席者は静かに腹を立て、「グリンゴは」[15]とささやき合った。オーヘイガンは、中間に立って会議が結束した計画へと向かうよう舵をとろうとした。このときのことをオーヘイガンは、米国の人たちがちょうど国際的な舞台での同国の政治的権力者と同じように厚かましく不快であるように感じ、会議は悪夢のようであり、週の終わりには疲れきっていたと話した（O'Hagan 2014: 207-208）。

ユーザー全員でおこなった話し合いの最終日に、新しくできたネットワークのリーダーを決めることになった。メキシコの精神障害者の運動のリーダーの一人であった女性が、オーヘイガンがリーダーになることを強く提案した。しかし、オーヘイガンはリーダーになりたいとは思っていなかった。その理由は、米国の人があまりにも無礼な態度だったからだという。オーヘイガンはそう言ったが、多くのメキシコの人が「もしあなたが議長にならなかったら、グリンゴの一人が議長になってしまう」と言ってオーヘイガンを強く支持した。そして、投票の結果、主にメキシコの人からの支持を集め、オーヘイガンが議長に就任した。グリンゴと呼ばれた米国の人たちは会議の部屋から出ていってしまい、戻ってくることはなかったという（O'Hagan 2014: 208, interview on 03 September 2016）。

世界大会の最終日である八月二三日、新しくできた世界組織の委員（committee）だけが集まって会議がおこなわれた。オランダから一名、米国から二名、ニュージーランドから二名、日本から二名、メキシコから一名の合計八名が出席した。はじめにオーヘイガンは、会議は基本的には合意に基づいて進めていくが、一か国一票の投票をおこなうときもあることを述べた。また、この会議の議論には、フォーマルな「議事規則」は存在していないことが確認された（WFPU 1991）。

つづいて、ネットワークの名称についての議論がおこなわれた。まず、自分たちを何と呼ぶべきかが話し合われた。議論の過程でサバイバー、顧客（client)、被収容者（inmate)、精神医学的診断をつけられた人（psychiatrically labelled)、購買者（purchaser)、元患者が却下され、意見はコンシューマーとユーザーの二つに分かれた。前者を指示したのは米国からの参加者であり、残りの五か国の参加者は後者を支持した（WFPU 1991)。コンシューマーという呼称についてオーヘイガンは次のように述べている。

英語では消費者は、商売や市場の文脈でもっともよく使われる用語だね。つまり、提供者と消費者、あるいは供給者と顧客ということ。それは、医療の文脈では使われていなかったんだ。（中略）その後、［精神医療］サービスを利用してきた人が「私たちは患者とは呼ばれたくない」と言うようになった。（中略）患者

13 米国議会の議事手続は、討議の参加者の権利を保障しながら言い争いを最小限に抑え、円滑に意思決定を進めるための方法である。一八七六年、技術系士官ロバート（Henry Martyn Robert)（一八三七－一九二三）が議事手続を手本にしつつ、諸団体組織の会議ための議事規則を『ロバート議事規則』としてまとめた（Zimmerman 1997=［2002］2014: 5-7)。

14 米国では、中央や南部には保守的な精神障害者、東海岸や西海岸にはより急進的（radical）な精神障害者がいる傾向があるという。南部の中でもテネシー州からきた人たちの一部は、非常に無礼（rude）であり、その人たちが会議の進行を難しくしたという（O'Hagan interview on 03 September 2016)。

15 グリンゴという用語は、主に南米大陸のスペイン語圏で使われる。この用語の意味は、外国人一般を指す地域から、英語圏の外国人、北米人を指す地域まで地域差がある。語源は諸説あるものの、普及したのは米墨戦争の後であるとされる（Ronan 1964)。米墨戦争は、一八四六年から一八四八年におこなわれたメキシコと米国の戦争である。この戦争により、メキシコは領土の半分近くを失った。

は、医者に従属する人で、受動的な役割にあるからね。消費者は、市場で顧客としての権利があるから、権利をもった人。だから、患者と比べて消費者はより強い権利の基盤を持っていて、消費者をもてあそぶことはできないんだ。つまり、そこにはある程度の価値があるんだね。でも、米国の運動の中には「どうして私たちは消費者という用語を使うのか。なぜならサービスを消費しているとされている私たちの多くに選択権はない。私たちは閉じ込められている。服薬を強制されている。消費者は商品やサービスを購入する選択をするけれど私たちに選択権は何もないから、私たちは市場の消費者とは違うのだ」という人もいたんだよ。(O'Hagan 2014: 208, interview on 03 September 2016［ ］内引用者)

呼称に関する議論のあと、組織の名称について六つの候補を立てた上で投票がおこなわれた。その結果、メキシコとニュージーランドが支持した「世界精神医療ユーザー連盟（World Federation of Psychiatric Users: WFPU)」という名称が採用された。残りの四か国は、それぞれ別々の名称に投票した。この会議の最後には、一九九三年のWFMHの世界大会までにどのようなことを優先的におこなうかが話し合われ、組織の運営体制を確立しメンバーを拡大していくことが優先課題とされた（WFPU 1991)。

8 小括

精神障害者の世界組織は、米国の精神衛生運動から派生して戦後に発足したWFMHの世界大会の会場で発足した。精神障害者の世界組織の発足の準備が進められていた一九八〇年代当時、WFMHやアメリカ精神医学会は、ソヴィエト連邦などにおいて精神医療が医学的な根拠づけのないままに政治的に乱用されているという問題に取り組んでいた。この問題の解決の方法としてアメリカ精神医学会が選択したのは、米国で使われている精神病の診断基準を国際的に使えるようにすることであった。また、国際的には、どのような場合に非自発的な拘禁や治療をしてよいかを判断するための基準の策定がおこなわれた。国連原則の策定過程の議論は、大筋では、適正手続きを主張する法律家と医学的見地を重視する精神科医の対立として整理されてきた。議論の結果、欧州でおこなわれている医師権限による入院形式が、国際的な原則として採用されることになった。その策定過程において精神障害者の関与はほとんどなかった。ここから、ＷＦＭＨやアメリカ精神医学会は、米国や欧州で使われてきた診断基準や非自発的介入の基準を国際的に使用することにより、精神医療の運用に問題があると思われる地域の状況の改善が図れると考えていたといえる。

米国内では、一九七七年に地域支援プログラムが開始され、プログラムは徐々に精神障害をもつ本人たちの活動の重要性を認めるようになっていった。プログラムが自助活動を資金的に支援したり、会議の場での発言権を認めたりするようになると、それまでの「急進的」な運動に代わって、精神医療の消費者としての運動が前面に出てくるようになった。このような運動は、ＷＦＭＨの運営を担っていた米国の精神科医とも共に活動し、ＷＦＭＨの中で当事者活動についてのワークショップを開催したり、精神障害者をＷＦＭＨの理事のメンバーにしたりして、精神障害者の世界組織の結成の準備を進めていった。つまり、精神障害者の世界規模の組織を結成するという企ては、このような米国の精神科医やコンシューマーによって主導されていたといえる。

このような経緯で、一九九一年に精神障害者の世界組織を発足させるための会議が、ＷＦＭＨのメキシコシティでの世界大会の会場で開催された。しかし、実際の会議は、米国のコンシューマーの求めていたようには進まなかった。ＷＦＰＵの発足時の会議では米国議会の進行に使われていたロバート議事規則の使用を提案した米国の参加者に反対が表明され、その後のＷＦＰＵの委員だけの会議では、議事規則を採用しないことが確認されていた。ロバート議事規則は、集団での意思決定を効率よく平等に進めるために、時間を正確に開始することや一人ずつ発言権を得てから発言すること、落ち着いた態度で進行することなどを細かく定めている（Zimmerman 1997＝［2002］2014）。一般的には、ロバート議事規則を使用すれば、より円滑にネットワークの発足に必要な議論を進めることができるとされている。しかし、もしＷＦＰＵの会議においてそのような進行方法を採用したら、そのような方法に慣れていない参加者は発言できないかもしれず、途中で議論を抜けたり途中から参加したりできなくなる可能性があった。オーヘイガンらは、無礼な発言などのなされる混沌とした状態で議論を継続しようとした。つまり、効率よく「合理的」に意思決定を進めることを重視しておらず、むしろその価値観に否定的であったといえる。そのオーヘイガンを、米国のコンシューマーの代わりに、新しい精神障害者の世界組織のリーダーになってほしいと、強く支持したのはメキシコの人たちであった。

また、ＷＦＰＵの発足時の会議において、精神的な苦痛よりも精神病という用語の使用を要求した米国からの参加者に対して、精神病は精神科医によるレッテルに過ぎないという反対が表明されていた。さらに、精神医療においては精神病の診断は、本人が入院や治療の必要性に同意しないときに、精神医療による非自発的な介入を許容する根拠とされてきた。苦痛の代わりとしての病気という用語に異議が唱えられたことから、自分の意思に反した介入の正当化に使われてきた精神医学の概念を使って自分の状態を説明することに否定的な参加者がいたといえる。

ＷＦＰＵは、自分たちの呼称として「精神医療のユーザー」を採用した。この過程で却下されたのは、米国の参加者だけが支持したコンシューマーという呼称である。米国において、コンシューマーというアイデンティティをもった活動家と対立した人たちは、コンシューマーの運動が精神医学的診断を根拠とした非自発的治療に完全には反対しないことに不満をもっていた。また、オーヘイガンは、コンシューマーという呼称が精神障害者に好まれない理由として、精神医療において精神障害者にそのサービスを受けるかどうか決める権利を認められていないことをあげている。

このように精神障害者の世界組織の発足の会議において、米国のコンシューマーの運動の人々は、米国で使われている議事手続きや精神病という用語を世界組織においても使用するよう求めた。これに対して、メキシコやニュージーランドの参加者が反対し、結果としてその要求は受け入れられなかった。つまり、精神障害者の世界規模の組織の結成の試みは、米国の精神医学会やコンシューマーの運動によって開始されたものの、実際にはＷＦＰＵはそのような運動とは異なる主張をする組織として発足したといえる。両者の主張は、精神医療サービスの存在を前提としているか否かという点で異なっている。精神医療サービスの存在を前提にその改善を目指すコンシューマーの運動に対して、ＷＦＰＵは、精神医療サービス体制を廃絶すべきであるという主張までしうる組織として発足したことが明らかになった。

第3章

欧州の組織の発足

1　はじめに

本章の目的は、欧州の精神障害者が欧州規模のネットワークの発足までにどのようにして出会い、連帯していったのかを明らかにすることである。

精神障害者の社会運動に関する先行研究は、主に全国規模、あるいはより小さい地方規模の運動を検討の対象としてきた。それらの研究によると、これまで検討されてきた米国と英国における運動の一九七〇年代から一九八〇年代の運動家が出会った場所は、入院していた精神病院やデイケア施設などであった。また、一九九〇年代に入ってからは、インターネットを通じたセルフヘルプ活動がおこなわれるようになり、運動の参加者同士が知り合う場が拡大したことが指摘されている（第1章：Morrison 2005: 88-89）。ここで欧州規模の組織を考えみると、欧州規模で入院、入所施設を共有しているとは考えにくく、欧州規模のネットワークの発足した一九九一年頃にはインターネットはまだあまり普及していなかった。さらに、精神障害者の大陸規模あるいはグローバルな規模での活動については、研究の蓄積がなく、特に組織が発足する前の過程は記述されてこなかった。このため、これらの先行研究では欧州のネットワークのメンバーの出会い方を十分に説明できていない。

第2章では、WFPUの発足の過程を記述した。WFPUは、米国の精神科医やコンシューマーの運動によって、WFMHのネットワークを通じて結成が呼びかけられた。ただし、米国の運動の意図とは異なる組織として発足した。これに対して欧州のネットワークは、特定の組織から独立する形で結成されたわけではない。また、欧州のネットワークの発足当初のメンバーの中には、WFPUについて知らなかった人が多かったことがインタビューから明らかになっている(第4章)。つまり、欧州の精神障害者は、WFPUとは別の経路を通じて出会い、ネットワークを結成した可能性が高い。そこで、各国や地方規模の運動による活動の中でも、これまで注目されてこなかったトランスナショナルな側面に焦点を当て、欧州規模の組織の結成までの過程を記述する。

2 各地の運動

本節では、先行研究と筆者による調査を元に欧州各地における、欧州規模のネットワークが発足する一九九一年より前の運動の様子を記述する。ただし、一九九一年以前の運動に関する史料が見つからない場合や、一九九一年以降の運動についても言及することにより欧州規模の活動の背景がよりわかりやすくなると思われる場合には、一九九一年以降の国や地方規模の運動についても、本節にて記述する。しかし、先行研究の対象は西欧の中でも英国に偏っており、本書の調査も主に西欧、北欧の活動家を対象としている。このため記述の詳しさには偏りがある。なお、東欧地域の運動の記述は、第6章に譲る。

本書で西欧、北欧といった欧州内における区分に言及するとき、一九九七年に開催されたENUSPの第3回総会の理事の選出時において採用された地域区分を参照する。第2回総会以降、欧州のネットワークでは、欧州を地理的にいくつかに区分し、その各区分から理事を選出して組織を運営してきた。これは、欧州規模の組織の意見に、特定の地域のメンバーの意見が偏って反映されないようにするための工夫である。区分の仕方は、二〇〇四年の第5回総会までは[16]、総会参加者の顔ぶれによってその都度変更されていた。本書が第3回総会の区分の仕方を採用する理由は、本書が対象とする時期の活動の記述にもっとも適していると考えるためである。第2回総会における区分は、第3回総会におけるものとほとんど同じであるが、第3回総会の区分ではより多くの国が各地域の構成地域として挙げられている。第5回総会以降の区分は、北部、北東部、北西部、中部、南東部、南西部の六つであり、第3回総会までの区分とかなり異なっている。本書が対象とした時期の中で、欧州のネットワークの理事の会議が頻繁に開催されていたのは、第2回総会から第4回総会までであるため、その時期の地域区分を本書全体を通して参照する。

第3回総会の区分では、地域1に含まれるのがフランス、ギリシャ、イタリア、ポルトガル、スロヴェニア、スペインの六か国、地域2に含まれるのがアルバニア、ベラルーシ、クロアチア、チェコ共和国、ハンガリー、マケドニア、ポーランド、ルーマニア、ロシア連邦、スロヴァキア、ウクライナ、旧ユーゴスラビア連邦の一二か国、地域3に含まれるのがオーストリア、ベルギー、ドイツ、ルクセンブルグ、スイスの五か国、地域4に含まれるのが英国、アイルランド、オランダ、北アイルランド、スコットランド、ウェールズの六か国、地域五に含まれるのがデンマーク、エストニア、フェロー諸島、フィンランド、アイスランド、ラトヴィア、リトアニア、ノルウェー、スウェーデンの九か国である（ENUSP 1999a: 25）。なお、本書では、わかりやすさのために、地域1を南欧、2を東欧、3を中欧、4を西欧、5を北欧と呼ぶ。また、上述の区分には含まれていないが本書で言及している国としてジョージアは、東欧の国とする。

2-1　英国における精神医療改革運動

英国では、一九四六年に、精神衛生に取り組んできた三つの組織が合併して、精神保健全国同盟（National Association for Mental Health: NAMH）が発足した。三つの組織は、一九一三年に発足した精神障害者を支援するボランティアを養成する組織、一九二二年に発足した専門家の助言を普及させるための教育や宣伝をおこなってきた組織、一九二七年に発足した子どもの指導のためのクリニックを開設しその職員の養成をおこなってきた組織である。初めのうちは、それぞれの組織の得意分野を活かし、お互いに補完的な役割を果たしながら活動していたものの、徐々に各組織の活動の重複が目立っていった（Crossley 2006: 70）。サズなどによって米国でおこなわれていた「反精神医学」と呼ばれる動きは、英国にもあった。英国での

16　第4回総会の報告書は入手できておらず、このときの理事の選出の区分は確認できていない。

運動において中心的な役割を担ったのは、精神科医のレインであった。レインも他の反精神医学の運動の担い手と同様に、精神病の概念や狂気と正気の区別に疑義を呈し、代わりに患者の環境、中でも家族に注目していくつかの実験をおこなった。特に有名なのがキングスレイホールと呼ばれる治療共同体で、そこでは医師と患者の関係を病院における両者の関係とは変え、職員の振舞いが患者に大きな影響を及ぼしていることを明らかにしようとした。このような試みは、弟子のクーパーのヴィラ21などにも受け継がれていくものの、一九七〇年代には終息していった。しかし、主に精神科医による反精神医学の社会運動は、一九七〇年代頃から盛んになっていった精神障害者の運動にも影響を与えたとされている（Crossley 1998）。

NAMHは、反精神医学を特別支持していたわけではなかったが、それに対して「偏見はなく思慮深い反応」を示していた。NAMHの雑誌『精神保健（Mental Health）』には、レイン、ゴフマン、シェフ（Thomas J. Scheff）といった人の論考が、それほど多い紙幅を占めたわけではなかったが、掲載されていた。また、NAMHは、より不安定な関係（rocky relationship）をサイエントロジー教会との間に持っていた。サイエントロジー教会は、一九六〇年代にはメディアと議会の大きな関心の対象となっており、宗教的な主張のみならず、精神保健に関する主張でも有名になっていた。サイエントロジー教会の精神医学に対する主張は、一九七〇年代に入るといっそう激しさを増し、「精神医学は、世界を操る陰謀の主要な役割を担っている」とか「精神医学の治療技術は、洗脳と同等で、精神崩壊を帰結する」といった主張をするようになった。一九六〇年代NAMHは、精神医学とサイエントロジー教会の対立や資金不足などによって、方向性やアイデンティティを失っていた。そこで、一九七〇年にマインドキャンペーンという新しい活動を始めた。このキャンペーンは永続的なものとなり、NAMHはマインドという名称に変更した。これによって活動はより政治的なものとなり、権利や賛否両論の治療に関心を寄せるようになった（Crossley 2006: 133-136）。

英国の現在の精神障害者の運動に直接つながっている組織は、精神病患者連合（Mental Patients' Union: MPU）であるとされる。ロンドンの治療共同体であったパディントン・デイ病院は、電気ショック療法や薬物療法を提供するより伝統的な病院へと改修したほうがよいとの提案を地元の病院グループから受けた。このような提案を受けて、病院の職員と患者たちはストライキを開始した。ストライキは成功して病院は運営を続けることとなり、このストライキが契機となって一九七一年にMPUが発足した（Crossley 2006: 144-146）。MPUは、そのネットワークを「官僚的」であると判断した人たちによって、何度か名称を変えたのちに一九八五年に「精神医学による抑圧に反対するキャンペーン（Campaign Against Psychiatric Oppression: CAPO）」となった（Crossley 2006: 173）。

2-2　イタリア

イタリアを含む世界のいくつかの地域で「学生運動や労働運動が一つのピークを迎えていた」一九六八年、イタリアでは「マリオッティ暫定法」と呼ばれる法律431号が成立した。マリオッティ暫定法は、自発的入院の承認、入院記録の司法記録所への登録の廃止、精神病院の基準の改定など、いくつかの「長年待ち望まれていた」変化をもたらした。その後、「精神病者とその家族、医師、看護師」に加えて「市民、知識人、政治家」が「精神病の諸原因」や「狂気に対する偏見や、法的なバリア、施設の暴力」と闘うための運動組織が結成された。この運動は、労働運動などと協調するとともに、トリエステ県の精神科医のバザーリア（Franco Basaglia）の病院改革の試みとも接続して拡大していった（松嶋 2014: 69-73）。このような運動は、一九七八年に法律180号の成立という成果を得た。法律180号は、「病状評価と治療が、患者本人の意思に発して行なわれる」という「本人原則」と「精神疾患に関する予防・治療・リハビリテーションの措置は、通常、病院の外の精神医療サービスと拠点で行なわれる」という「地域原則」を中心としている。さらに、法律180号の九日後に成立した法律833号では、「所轄の地域内で精神医療を含むすべての医療・保健サービス」を一般医療として統合することを定めた（松嶋 2014: 84-86）。

このようなイタリアにおける改革は、これまでと比較して急進的で先駆的な改革として認められ世界的に有名になった。多くの人がトリエステ県を見学に訪れ、そこでの出会いをきっかけとして、情報交換などのためのネットワークが形成されていった。一九七四年には、精神医療に批判的な意見をもつ精神医療専門職などによって、「精神医療のオルタナティブのための欧州ネットワーク（European Network for Alternatives to Psychiatry: ENAP）」の最初の正式な会議がポルトガルで開催された。ＥＮＡＰは、欧州のネットワークというだけでなく国際ネットワーク（International NAP）と呼ばれることもあり、一九八〇年代半ばまで会議などの活動を続けていた。ＥＮＡＰには、英国からの多くの参加者がいた。その人たちは、一九八二年、ＥＮＡＰの英国支部であるＢＮＡＰ（British NAP）を結成した。ＢＮＡＰの中には、レインを支持する反精神医学の活動家が少なからずいたものの、イタリアの精神医療改革の影響を受けて、反精神医学の運動とは異なる方向を向きつつあった（Crossley 2006: 170-171）。

2-3　オランダ

一九世紀半ば、アムステルダムで唯一の精神障害者のための施設となっていた総合病院の環境が国内で最も劣悪であることが指摘され、北ホラント州全域をカバーする州立の精神病院が新たに建設された。建設当初に一六二名がその精神病院に移送された後、患者数は増加し、違法な人数の患者が入院するようになったため、さらにいくつか新たな精神病院が建設された。そして、一九一八年、最初に建設された精神病院はサントポールトと名称を変更された。一九三一年当時、アムステルダムでは、約四〇カ所の精神病院に入院していた約三〇〇〇名の患者のうちの大半が、一五〇〇床のサントポールトに入院していた。入院患者数の削減に向けた取り組みは一九三〇年代から開始され、一九六〇年代には病床を持たない精神科救急機関の設置などが進められた。しかし、一九七九年の調査によると、入院患者の七〇パーセントは六〇歳以上、五〇パーセントは七〇歳以上で、一九八〇年には新たに三四〇床の慢性期、老年期のための病床が建設された (Schene et al. 2013: 39)。

オランダの精神障害者の社会運動の歴史は比較的長く[17]、一九六四年にパンドーラ (Pandora) という精神障害者と支援者の全国規模の組織が発足した。その後、患者組合 (Patients' Council/Clients' Union/Cliëntenbond) という同様の組織も発足した。患者組合は、発足当初は家族中心の組織だったが、一九七三年に精神障害者だけの組織となった (Van de Graaf interview on 20 September 2019)。オランダでは、一九六八年から七一年にかけて、精神医療の経験のある人がテレビで初めて自分の経験を語るようになり、

17 シェーン (Aart H. Schene) らによると、アムステルダムの患者運動は、英国や米国の反精神医学の影響を受けて、一九七〇年代から精神医療の実態を批判する運動の重要な位置を占めるようになった。さらに、精神病院内にも従来のあり方に批判的な雰囲気が高まりつつあった (Schene et al. 2013: 39)。

それがきっかけで患者組合の精神障害者の会員は急増した。一九八〇年代患者組合は、各地に支部を持ち、またテーマ別の分科会も持っていて、一〇〇〇から一二〇〇人の会員を擁する組織になった。一九七〇年代からイタリアを訪問して精神医療開放運動の情報を収集するとともに、国際連絡の分科会が米国などから患者運動の活動家の訪問を受け入れていた。その他の分科会としては、カルテ開示やハウジング等があったという。これらの分科会の活動は、カルテ開示が法律で義務づけられたり、各精神病院に患者の権利擁護機関を設置することを法的に義務づけたりといった成功を収めた（Van der Male interview on 30 July 2018）。

ヴァン・デ・グラーフは、一九六〇年代後半、オランダの首都アムステルダムにある「アムステルランド」[18]と名づけられた治療共同体に入った。帰宅や地方の友人宅に行くことなどを、救急の精神科医に断られた上で、第四希望の選択肢としてアムステルランド行きを希望したところ、受け入れられた。ヴァン・デ・グラーフがアムステルランドを選択したのは、そこについてのドキュメンタリー番組を見たことがあり、精神科医やソーシャルワーカーと精神障害者が楽しく過ごしているように見えたからだという。アムステルランドは、一四歳から二一歳までの青年のための共同体であったが、そこに入った当初ヴァン・デ・グラーフは二二歳だった。数年後には、兄弟の家に住むかたちで治療共同体を出たものの、アムステルランドで仲良くなった女性に精神医療を変えるための雑誌作りに協力してくれないかと誘われ、一九七二年から活動を開始した。その雑誌制作は、一九七〇年代後半には、電気ショック療法に反対する運動につながっていった（Van der Male interview on 30 July 2018）。

一九七八年、精神医療の実施場所の状況に関する、全国規模の調査がおこなわれた。その結果、精神科病床の半数は不適切な状況にあり、病床を作り直すのではなく、何か新しいものに変更する必要があることが明らかになった。[19] そこでオランダ政府は、そのために予算をつけようと考えたものの、一度に変更するのは不可能な金額であった。[20] そこで新しい建物の建造の「第一波」と「第二波」を設けることになった。[21] 第一波を起こすにあたって、政府は精神医療施設に対する建替えの助成金を用意し、応募を募った。応募した施設のうちの半数が助成金を獲得して、建替えが開始された。それから三〜四年後、政府の財政は危機的状況に陥った。この調査及び建替えには、患者組合、パンドーラと二人の精神科医[22]が関わっていた。パンドーラや

18 アムステルランドは、サントポールトの施設の一部である。

19 一九七七年、ヴァン・ダー・メールは、夏季の清掃のアルバイトで精神病院に行った。このときは、まだ患者として精神病院を利用した経験はなかった。精神病院の隔離室を見て、ヴァン・ダー・メールは、大きなショックを受けたという。それは、動物の檻のようで、とても病院とは思えなかった。清掃会社は、隔離室は看護師が掃除するので、ヴァン・ダー・メールはそこの掃除はしなくてよいと指示したが、ヴァン・ダー・メールは隔離室の掃除をしたいと申し出たという（Van der Male interview on 30 July 2018）。

20 シェーンらによると、一九七七年、オランダ政府は、精神病院の環境の悪さを告発する多くの運動を受けて、古い精神病棟を同じ場所に新しく立て直すことを目的とした「精神医療立替（Re-housing Psychiatry）」プロジェクトを開始した（Schene et al. 2013: 39）。ヴァン・デ・グラーフが話しているのは、このプロジェクトのことだと考えられる。

21 北ホラント州全体としては、精神科病床は余っているものの、首都には病床が不足している状況であった。そこで一九八〇年、政府はアムステルダムに三五〇床の病院を建てることをサントポールトに許可した。これを受けて、一九八一年、サントポールトはクライシスセンターとデイケア施設を買い取った。しかし、新たな病院施設を建設する計画は、一九八二年に凍結された。同年、イタリアの精神医療改革等の影響を受けた科学者や精神医療の専門職、患者たちが、アムステルダムで抗議活動を活発にした。その運動は、「隔離室、電気ショック療法、スティグマを付与する治療」の代表を精神病院と位置づけて、「精神医療の制限的で、非人道的、隔離的な側面」を告発した。これを受けて、一九八三年政府は、アムステルダム地域については、サントポールトが中心的な機能を担うこととし、その他の病院については同じ地域に立て直すという計画を中止することとした（Schene et al. 2013: 39-41）。

精神科医による運動は、第二波が起こるのをいったん停止させ、そのお陰でどのように変えていくべきか丁寧に議論する時間ができた。しかし、精神医療のリハビリテーションやリカバリーといった考え方が議論の俎上に上がるのは、もっと後になってからであった。一九八二年、精神医療についての会議があり、ヴァン・デ・グラーフは雑誌制作の仲間の依頼を受けて出席した。それがヴァン・デ・グラーフにとって、他国の精神障害者の活動家との初めての出会いであったという。ただし、イタリアなど、精神障害者は旅行保険に加入することができないために専門職のみが参加している国もあったという。一九八四年、より大規模な会議がコペンハーゲンにて開催された。それはヴァン・デ・グラーフにとって初めての国際会議参加であり、ヴァン・デ・グラーフは、そこで「強制と治療」についてのプレゼンテーションをした。後述のように、英国の精神障害者組織の発足を支援していたヴァン・デ・グラーフは、一九八七年、ノッティンガムから戻ってきて、再びパンドーラの活動に参加するようになった。さらにその頃、オランダの身体疾患患者の全国組織である「全国患者消費者共同体（Landelijk Patienten en Consumenten Platform）」の依頼を受けて、報道機関と連絡を取るようになった。その目的は、欧州規模の組織の発足であり、ヴァン・デ・グラーフは様々な種類のキャンペーンを一通り経験してきていたので、その経験をあてにしての依頼だった。一九八八年二月に、「第二波」の締めくくりとして、「現実における精神医療（Psychiatrie in Werkelijkheid）」と題された二、三日間の会合が開催された。参加したのは、パンドーラ、医療者等の組織である全国精神保健組織、患者組合といった団体や関係する個人などであった。この会合では、第一波でどのようなことが起きたのか、何が議論され、業務の状況はどのようなものだったのか、何を変えるべきなのかといったことが議論された。その会合には、ヴァン・デ・グラーフが、ジャーナリストを招待して参加者にインタビューしてもらい、それはラジオで報道された（Van de Graaf interview on 20 September 2019）。

2-4　英国における精神障害者だけの組織の発足

一九八五年、ＷＦＭＨの世界大会の中で初めて精神障害のある本人が招待されたという大会が、英国のブライトンにて開催された（Jesperson interview on 02 August 2018）。この大会は、ＷＦＭＨとマインドが共同で開催した。その大会は、五日間[23]に渡って開催され、その最中に「精神保健憲章２０００」の起草がおこなわれた。憲章は、全一一部からなり、そのうち「人権としての自己決定」と題され、「自己そして市民の権利擁護」について述べた第二部は精神障害の経験をもった人たちのグループが起草した。グループのメンバーは、この憲章にどのような要素を盛り込むべきか議論するために一、二度集まった。最終日になって、

22　二人の精神科医のうちの一人は、ロマ（Marius Romme）であった。ロマは、「ヒアリングボイス」の関係者として知られているが、より現代的で即応的、害悪の少ない精神医療体制を作ろうとした人たちのグループの中でも精力的に活動していたという（Van de Graaf interview on 20 September 2019）。ロマは、抗精神病薬の効かない、声の聞こえる女性に出会った。彼女は、自分自身で経験を理解する方法を見出し、その体験についてロマとテレビ番組で議論した。その番組が放映されると「声が聞こえている人」五〇〇人ほどから電話で問い合わせがあり、それが声の聞こえる人や精神医学的診断、治療に満足していない人の自助組織の結成につながった。ロマとジャーナリストのエッシャー（Sandra Escher）が英国を訪問したあと、一九九〇年に英国でヒアリングボイスネットワークが結成された。ヒアリングボイスは、生物学的見方の重要性を否定しないが、その偏重を批判し、文脈を考慮して声を理解する実践として、西欧を中心に世界各地で受け入れられ、肯定的に評価されている（Bracken and Thomas 2001: 726）。

23　ヴァン・デ・グラーフは五日間と言っていたが、「精神保健憲章２０００」（Mind 1985）では、世界大会は七月一四日から一九日の六日間に渡って開催されたと記録されている。ただし、初日あるいは最終日は、開会あるいは閉会の式典のみで議論はなされていない可能性がある。大会のプログラム等が発見できないため、実際の日程はわからない。

憲章起草の会議をまとめていた人が、小グループでの議論をまとめようと提案した。それに対してヴァン・デ・グラーフは、「五日間の大会を経てみんな疲れ切っているし、これまで小さなグループで議論してきたから、まとめる議論はできない」と言い、憲章をただ印刷してステープルで留めて参加者全員に配布しようと応えた。その提案は受け入れられた（Mind 1985; Van de Graaf interview on 20 September 2019）。

このような機会に特に米国やオランダの精神障害者による運動の影響を受けて、一九八〇年代後半から英国で精神障害者だけの全国組織が結成されていった（Campbell 1996: 221; Rose and Lucas 2007: 340）。患者組合の国際連絡の分科会にいたヴァン・デ・グラーフは、一九八五年のＷＦＭＨの大会以降、英国の精神障害者とコンタクトをとるようになり、英国中部のノッティンガムにて精神障害者の組織の発足を支援した（Van Abshoven 1994; Van der Male interview on 30 July 2018）[24]。一九八五年の秋、オランダの「患者と住民会議の全国基金」に勤めていたヴァン・デ・グラーフの友人が、ノッティンガムの二人に呼ばれて、「オランダモデル（Dutch Model）」について話をしに行った。ヴァン・デ・グラーフも、その時いっしょに招待されてノッティンガムに行き、一年前にコペンハーゲンでしたような講演をした。その後、ノッティンガムの二人から患者組合のような組織を発足させたいから手伝ってほしいとの依頼があり、ヴァン・デ・グラーフは二回、それぞれ約三か月と約一か月、ボランティアとして滞在した。滞在期間中は、車を使ってたばこを販売していたが解雇された人の車を使って、いくつかの地域を移動した（Van de Graaf interview on 20 September 2019）。ノッティンガムでの患者組合発足に向けた動きにいくつかの地域も続き、そのいくつかは成功した。さらに、より包括的な全国規模の組織として「英国権利擁護ネットワーク（United Kingdom Advocacy Network: UKAN）」が結成された。ＵＫＡＮの目的は、さまざまな地域のユーザー、サバイバーの組織の発足の支援であった（Crossley 2006: 188）。

一九八五年のマインドの会議には、オランダ、米国、スウェーデンなどの精神障害者が招待されていた。CAPOとBNAPの代表者も会議に出席はしたものの、発言者として招待されてはいなかった。CAPOとBNAPの活動に関わっていた精神障害者は、オランダや米国の精神障害者が自分たちだけで組織を作っていることに衝撃を受けたという（Crossley 2006: 180）。この会議での刺激によってUKANのみならず、一九八六年にはSSOも結成された。キャンベル[25]は、英国の精神障害者の発足には、米国やオランダの考え方や実例に加えて、BNAPがトリエステからそこでの精神医療改革運動を理解している人を連れてきたことによる影響も大きいと述べている（Campbell 1996: 221）。また、SSOの結成のきっかけは、一九八五年のマインドの会議の際、精神医療のユーザーたちの意見がほとんどきき入れられなかったことであるともいわれている（Roberts 2010）。

ベレスフォードは、SSOとの出会いを肯定的なものだったと振り返っている。ベレスフォードは、

24　Van Abshoven（1994）は、一九九四年一〇月七日から九日に開催された法律、倫理、精神医療に関する欧州委員会の会議でヴァン・アブショーフェン（Jan Dirk van Abshoven）が欧州の精神障害者運動について講演したものである。この会議では、欧州のネットワークから六名が講演することになっており、ヴァン・アブショーフェンはその一人であった。ヴァン・アブショーフェンの講演にあたって、ジェンセンが欧州のネットワークの歴史についての情報提供をおこなった。その他にも、欧州のネットワークの各地域の理事は、この会議の出版物の中に掲載してもらえるように各地域の活動の概要を送ることになっていた（European Desk 1994a,1994b）。

25　キャンベルは、SSOの最初の秘書（secretary）であり、グループの初期の発展において鍵となる役割を務めた人である（Crossley 2006: 182）。

一九八六年まで「苦痛の最大のとき（my worst time of my distress）」を経験して、一九八七年からＳＳＯに参加するようになった。年次総会と呼ばれるＳＳＯの会議に行ったとき、そこには一〇〇名以上の参加者がいた。多くは、精神保健サービスを利用している、あるいはしていた人であったが、支援者と名のる人たちもいた。当時は、支持者（ally）もＳＳＯに参加できた。会場は混雑しており、参加者の多くが煙草を吸っていて、形式にしばられていない会議だった。ベレスフォードは、会議の詳細は覚えていないものの、人々は友好的で、本当の自分でない者のふりをする必要はなく、他人に自分のことを判断されない雰囲気があったという。それはよい雰囲気で、普段とは異なるものであり、ベレスフォードは、次回の活動について決定する運営グループの一員になり、その後数年間、ＳＳＯが活発だったあいだ、活動に関わり続けた。その間にＳＳＯは、精神保健サービスのユーザーだけの組織となり、ユーザーだけが投票したり委員のメンバーになったりできるようになった。ユーザーだけが投票できるという決定をしたとき、とても傷ついて混乱し、泣き出した支持者がいたという。ベレスフォードたちは、精神保健サービスのユーザーは平等であるという考え方を基盤として、自分たちのために発言する権利を得ながら、精神医療体制の中で受け入れられているものに限らない、自分たちが必要とする支援を実現するための活動を展開していった（Beresford interview on 13 September 2019）。

さらに、マインドからも一九八七年に精神障害者だけのネットワークが独立し、マインドリンクという名称になった。マインドリンクは、一九九三年までに一〇〇〇人を超えるメンバーのいる大きな組織になった（Mind 2017）。しかし、二〇一二年にはマインドリンクが、再びマインドに吸収されて活動を終えた（Nettle interview on 26 July 2018）。ベレスフォードによると、マインドリンクが活発に活動していた頃、マインドはユーザーに対して支持的で、資金援助をしたり意見を聞いたりしていた。しかし、最近のマインドの方針は、政府とよい関係を築き、政府からの資金提供をより多く受けるという方向に変わってしまった。マインドの責任者は、政府から表彰されているが、もし政府の政策に抵抗していたとしたら、そのような表彰を受けることはあり得ないという。ベレスフォードは、かつてはマインドの大会に呼ばれて講演したり活動に関わったりしていたが、最近ではマインドは、あまりユーザーの意見を組織に近づけなくなったと語った(Beresford interview on 13 September 2019)。

2-5 ドイツ

ドイツの精神医療改革の議論は、英国や米国と比較して一五年から二〇年ほど遅れているとされる。一九三四年から四四年までに約三〇万人の遺伝性の障害を持つ人及び障害を持つと見做された人が強制的に不妊手術をされた。また、第二次世界大戦中には、ドイツとポーランドで、約二〇万人の「精神障害者と精神遅滞者」が虐殺された。戦後、虐殺に関わった精神科医やその他の専門職の多くが、臨床や学術の分野に残っていた。一九五〇年代には、一般の生活水準と精神障害者の生活水準の格差が拡大していった。一九六〇年代になって、精神医療の悲惨な状況が批判されるようになった。一九六五年、ドイツ民主共和国では、外来クリニックや地域でのサービスの開始といった精神医療の改革を記した「ローデヴィッシュ論文」が出された。しかし、改革は資金難のため、あまり進まなかった。一九六〇年代には、精神医療の改革は大衆を動員することはなく、一九六八年までは目立った運動はなかった(Bauer et al. 2001: 27-28)。

西ドイツにあるハイデルベルグ大学の精神科クリニックのフーバー(Wolfgang Huber)は、精神病院のあり方に異議を唱え改革を目指す精神科医であった。クリニックの院長は、いくつかの患者の治療的グループを解散させ、フーバーのような活動をする医師を自分の「チーム」の医師で入れ替えようとしていた。ついにフーバーは、一九七〇年二月に約六〇名の患者とともにクリニックを追い出され、立ち入りを禁止されてしまった。その後、患者たちは、総会（General Assembly）を開催し、二月下旬にはクリニックの管理責任者の部屋で一日半のハンガーストライキをおこなった。要求したのは、生活のための部屋や経済的な支援であった。これらの要求は認められ、不十分ながら履行された。さらに、同年七月六日に患者たちは、ハイデルベルグ大学の学長室を占拠し、大学が構外に患者の住む場所を確保し、治療や生活に必要な費用を負担することを求めた。七月九日、大学の学術評議会は、社会主義患者集団（Stifung Preußischer Kulturbesitz）を、高名な科学者のいる学術機関として発足させることを決めた。患者たちの要求は、二か月ほど経ってから認められた。その後、社会主義患者集団における患者の関与は、精神医療の専門性を重視する人や報道機関からの批判にさらされるようになった。同時期、反権力の学生運動であるドイツ赤軍（Red Army Faction）が結成された。社会主義患者集団は、大学当局や政府と対立関係にあったドイツ赤軍と共に活動するようになり、より直接的で挑発的な行動をするようになっていった。そして一九七一年七月三一日、社会主義患者集団はもはや存在せず、赤軍大学情報センター（Informationszentrum Rote Volksuniversität）となったことを宣言した。社会主義患者のメンバーは、その後、分裂していった。政治的な関心の強い人は、ドイツ赤軍に加わり、そうでない人はより穏やかな活動に加わっていった。後者は、ＥＮＡＰなどに参加した。また、精神病院に送られた人も少なくなかった（Spandler 1992: 5-7）。

社会主義患者集団は、病気を資本主義との関係から説明している。病気についての一一の命題のうちの一つ目は、「病気は、資本主義における生産の関係の条件及び結果である」というものである。また、命題を踏まえて、社会主義患者集団の実践における三つの出発点（starting-points）を定めている。出発点の一つ目は、「この社会のすべての患者は生きる権利、つまり治療を受ける資格を持っているはずだ、というところから始めた」、二つ目は「一つ目で言及されている治療を受ける資格は、患者による管理の必要性を含んでいなくてはならない」、三つ目は、医師と患者の関係において患者はただの対象物として扱われていることを踏まえて、「このような関係は、患者を対象物として扱うあらゆる既存の社会関係を、明確に意識して、また、必要性に関係した方法で、変革するための一段と優れた出発点である」というものであった（Sozialistisches Patientenkollektiv 1987=1993: 17-20）。

一九七一年、ドイツ連邦共和国では、連邦議会が精神医療の状況を調査するための専門家委員会を立ち上げた。一九七五年に調査の最終報告が出され、そこで委員会は、古い精神病院の状況を早急に改善するよう勧告し、四つの原則を提示した。その後の改革により、一九九〇年代半ばには、一九七〇年代当初と比較して精神科病床数及び人口一〇〇〇人当たりの精神科病床数は半分ほどになった。また、一九八〇年に一四六三人だった臨床の精神科医は、二〇〇〇年には四七五〇人に増えた。バウアー（M. Bauer）らによると、一九七〇年代の精神医療の改革は精神科医が主導し、その後、一九八〇年代に家族、一九九〇年代に患者や利用者が運動に加わったという（Bauer et al. 2001: 28-32）。

一九七九年にレーマンが活動を始めた頃、西ドイツには、精神医療にあまり批判的でない組織がいくつかと、急進的で精神医療に批判的ないわゆる「六八年運動」から派生した組織があっただけだったという。患者だけの組織、あるいは患者中心の組織の必要性は意識されていなかった。そこでレーマンは、一九八〇年にベルリンで「患者グループ（Patient Group）」と名づけた自助グループを始めた。患者グループは、短期間のうちに急進的で精神医療に批判的なグループに発展した。そのうちに「患者」という用語の使用をやめ、「狂人の攻撃（Irren Offäsive/ Lunatics Offensive）」という名称に変更した。なぜなら患者は、「我慢（patience）」を意味するラテン語から来ており、自分たちはもう我慢するのはやめにしたからだった（Lehmann interview on 31 August 2019）。

一九八〇年代、狂人の攻撃は、デンマークのグループと頻繁に交流を持っていた。デンマークのグループには、一五〇人ほどが参加しており、デンマーク政府の支援を受けて、寝たり集まったりできる大きな場所を持っていた。レーマンたちが、デンマークの団体を最初に訪れたとき、デンマークの人たちが「ヒトラー万歳」と敬礼してきたという。ヒトラー（Adolf Hitler）が政権に就いていた時代、精神障害者は殺されてきたのであり、その挨拶はレーマンにとって非常に悲しい（absolutely catastrophic）体験であったという。レーマンたちは、自分たちのことをヒトラーの代表だと見做しているのならすぐに帰ると言ったが、デンマークの人たちの言い訳により交流はおこなわれた。しかし、そのようにドイツの人に対して敵意を向ける人は当時は、少なくなかったという（Lehmann interview on 31 August 2019）。

狂人の攻撃は、当初、ＦＡＰＩ（Feder-action Antipsychiatrie ／ Forum of Anti-Psychiatric Initiative）と名づけられた国際的な流れと合流しようとした（Lehmann interview on 31 August 2019）。ＦＡＰＩは、英国のＢＮＡＰと同様の組織で、精神医療に批判的なドイツ語圏の人たちのネットワークとして一九八九年に発足した。発足当初は会議を開催したり出版物を発行したりしていたが、二〇〇七年時点で残っているのはメーリングリストだけである（Rose and Lucas 2007: 340）。狂人の攻撃のＦＡＰＩに合流しようという試みは、失敗に終わった。ＦＡＰＩは、結成から三年ほどの後に活動が下火になってしまった。その理由は、一つには、法律家、医師、療法士といった人たちが共に活動するのが難しかったこと、もう一つには、「[精神障害者としての]経験」を持っている人たちが、どうして自分たちのための組織に法律家が参加しているのだろうと考えて、ＦＡＰＩへの関心を失ってしまったことである（Lehmann interview on 31 August 2019［ ］内引用者）。

レーマンは、一九九〇年に狂人の攻撃を去り、その後、ベルリンでいくつかの精神障害者の組織を立ち上げた。そのうちの一つが、「精神医療の暴力からの防御組織（Organization for the Protection from Psychiatric Violence）」である。（Lehmann interview on 31 August 2019）。精神医療の暴力からの防御組織は、一九九六年に「逃げ場（Weglaufhaus）」という駆け込み寺（runaway house）の運営を始めた。駆け込み寺とは、「ホームレス[26]のサバイバー、精神科病棟で長期間を過ごし、精神医療や精神医学的診断、薬物療法なしで生活していきたいと思っている人々のためのクライシスセンターである」。治療のための施設ではなく、タイムテーブルもプログラムもなく、生活していく場所である。逃げ場で生活するのは、一度に一三人以下で、最初の三年間で女性六三名、男性六九名の合計一三二名がそこで過ごしたという。多くの人は、ベルリンから来る

26　一〇年ほどに渡る苦労の後に、「逃げ場」はドイツで初めて公的な経済援助を受けた施設となった。連邦社会福祉法によると、ホームレスの人だけは、「社会的困難に陥った人のための援助」として最長六か月間まで日に二〇〇ドイツマルク（およそ一〇三ユーロ）を受け取ることができる。この援助を受け取るためには、福祉事務所で申請する必要がある。ベルリンには、二三カ所の福祉事務所があって、それぞれの方法で意思決定をしており、その福祉事務所が必要だというものを揃えなくてはならない。これは、家がなく、友人がいなかったり、薬物の副作用によって身体的な問題をかかえていたりする人たちにとって大きな負担であった（Kempker 2000）。

が、ドイツのその他の地域やスイスからやってくる人もいる。三分の一ほどの人は、精神医療施設から直接に、残りは二〇％ほどがホームレス生活から、二三％ほどが精神医療以外の施設やシェルター、家庭などから逃げ場に移ってきた。ほとんどの人は、精神医療による長期間に渡る治療経験を持っており、何度も施設収容された経験を持つ人も少なくない。逃げ場は反精神医学的（antipsychiatric）に運営されている。具体的には、入居者は自分の行動に責任を持ち、診断や強制はおこなわない。服用したいと思っていたり、徐々に減らしたいと思っていたりする人以外には、薬物も使わない。職員の半数以上はサバイバーと決まっており、二〇〇〇年の時点で一二名の職員のうち七名がサバイバーであった。必要な書類は、すべて入居者に公開され、入居者がコメントしたり修正したりできる。意思決定機関は、サバイバーによって管理されており、すべての入居者と二名の職員によって週に二回開催される会議が、最高意思決定機関である（Kempker 2000）。

二〇〇一年に「精神医療の暴力からの防御組織」が分裂してからは、レーマンは、教育と研究のための組織「どんな場合でも（In Any Case/Für alle Fälle）」を立ち上げ、「どんな場合でも」の活動の終わりと共に「ベルリン精神医療ユーザー、サバイバー組織（Berlin Organization of Users and Survivors of Psychiatry）」を立ち上げた（Lehmann interview on 31 August 2019）。駆け込み寺の運営に関わっていたケンパー（Kerstin Kempker）によると、ドイツではユーザー、サバイバーという用語はあまり使われず、代わりに「精神科医療の影響を受けた人（Psychiatrie-Betroffene）」をよく使うという。これは、精神医療で苦痛を受けた（are afflicted）、あるいは精神医療と直面している（confronted）人を意味している。サバイバーより急進的でなくより中立的だが、ユーザーとはかけ離れた用語である（Kempker 2000）。

2-6　北欧

ユーザーによって明確に始められた組織の中で最も古いものは、一九六〇年にノルウェーとスウェーデンで始まったとされている（Rose and Lucas 2007: 339）。「スウェーデン社会精神保健全国組合（Riksførbundet för Social och Mental Hælsa: RSMH）」は、一九六七年にできたスウェーデンの精神障害者の組織である。当時、スウェーデンでは、長期入院患者数が三万六〇〇〇人あまりと頂点に達しており、脱施設化促進の一つの切り札としてRSMHは設立された。ジェスパーソンが、関わるようになった一九八〇年代にはRSMHは、一五〇の地域組織に八〇〇〇人の会員を抱え、政府の助成金によって約一〇〇人の元患者が常勤として雇われる、大きな組織になっていた（Jesperson 2016: 135）。

デンマークの医療は、総合診療医（General Practitioner）が医療によるさまざまな介入を調整する役割を担っている。精神科の専門医は、通常、総合診療医からの紹介を受けて診療をおこなう。デンマークで最初の精神病院は、一八一六年コペンハーゲンの中心地から三〇キロメートルほどのところに建てられた。当時、精神科病棟は地方自治体の管轄下にあったが、二〇世紀に入ってデンマーク政府が精神病のための施設の建設の必要性を認識し、精神病院を管轄下におくようになった。その後、一九七六年、精神医療サービス提供の責任は、再び地方自治体に返された。一九七〇年代後半は、コペンハーゲンの精神科病床数が頂点に達していたときであり、人口一〇〇〇人当たり七床ほどであった。病床数は、一九九〇年代には、人口一〇〇〇人当たり約一・七床まで減少した（Kastrup 2013: 104-118）。

デンマークには、SINDという全国精神保健連盟が一九六〇年からある。「Sind」とは、英語の「Mind」にあたるデンマーク語で、心、精神を意味する言葉である。デンマークにおけるSINDの位置づけも、英国におけるマインドと同様であったという。ＳＩＮＤは、精神障害者の家族の利益にもっとも関心を持っており、非自発的入院や投薬を支持していた（Jensen interview on 03 September 2019）。ジェンセンは、一九八〇年代から中心的なメンバーとしてＳＩＮＤに関わるようになった。その当時のＳＩＮＤは、数名の専門職によって運営されており、その人たちは「経験」をもった人たちに恐れられていたという。その後、ＳＩＮＤの中に組織を作ろうとしていた家族たちに倣って、ユーザーたちもＳＩＮＤの中でユーザーの利益や関心事のための組織を作ろうとした。しかし、うまくいかなかったため、ジェンセンたちは自分たちだけの組織を立ち上げることにした（Jensen interview on 02 September 2019）。ＳＩＮＤは、精神障害のある本人の組織である「現在あるいは過去の精神医療利用者の全国連盟（Landsforeningen Af nuværende og tidligere Psykiatribrugere: LAP）」が発足してからも、特にデンマーク国内において大きな影響力を持ちつづけた。たとえば、デンマークの全国規模の障害種別をこえた障害者組織は、各障害種別から一つの障害者組織しか会員として受入れていなかった。ＬＡＰが発足した頃には、ＳＩＮＤが精神障害に関する代表として障害者の全国組織の一員になってしまっていたため、ＬＡＰはそこに加入できなかった（Jensen interview on 03 September 2019）。

デンマークで、本人たちの運動が組織化されたのは一九九〇年代であるが、「狂気の運動（galebevægelsen）」は、一九七〇年代後半からおこなわれてきた。それは、元患者と専門職が、精神医療の中で起こっていることを公にするために始めた草の根運動で、いわゆる反精神医学の運動のようなものであったという。ジェンセンは、この運動に一九七九年から数年間関わったが、この運動は、精神医療の中で患者として扱われてきた人たちと、専門職としての背景を持つ人たちとで分裂して、一九九〇年代にはほとんど終わってしまった。ジェンセンたちは、専門職を排除したかったのだという。ジェンセンは、この運動の問題点は、非常に無政府主義的であり、組織としての構造を持っていなかったことだと指摘する。「狂気の運動」は、夏のキャンプやデモ行進などのイベントを企画していた。運動は、雄鶏を象徴としており、多くのパンフレットやポスターには雄鶏の絵が描かれていた。デンマーク語では、雄鶏はゲーッと鳴き、この鳴き声が狂気（gal）の発音と似ているために、強い鳥として騒音を立て異議申し立てをしていくとの決意を込めて雄鶏が選ばれた（Jensen interview on 02 September 2019）。

デンマークにおいて精神障害をもつ本人たちの組織であるLAPは、後述のように一九九九年に発足した。ジェンセンは、一〇年間LAPに開発責任者として雇用されていた。ジェンセンが引退したのち、LAPは精神保健の問題を経験していない人を雇うことを決めた[27]。現在、LAPは国家予算の中に一定の取り分（account）を持っていて、毎年あるいは二年ごとに予算が決まるとそのうちのいくらかを使えることがほとんど保障されている。ジェンセンによると、LAPは毎年、政府からの五〇万デンマーククローネと合わせて、四〇〇万デンマーククローネほどを持っているという[28]。その資金は、事務所の費用、人件費、メンバー

27　二〇一九年九月四日に筆者は、LAPのメインの事務所であり、WNUSPの事務所としても機能していたオーデンセの事務所を訪問した。その日は、男性と女性一人ずつの職員がいた。二人とも精神障害をもつ本人ではないと言っていた。建物は二階建てで、一階は事務所になっており二階には会議室やキッチンがあって、月に一回ほど精神障害者が来てLAPの活動やそのほか生活のことなどについて話をしたり、料理を作ったりしているとのことだった。LAPの宣伝のためのカラー印刷のパンフレット、ロゴの入ったトレーナーやTシャツ、ボールペン、缶バッジ、ネックストラップなどが一室に整理されており、「いくつでも持っていってね」と言われて一通りいただいた。

28　通貨換算ツールのオアンダによると、二〇一九年九月二日の時点の換算で四〇〇万デンマーククローネは、およそ六二五六万円であった。

のためのイベントの費用などに使われている。資金が潤沢に（quite many）得られていることは、資金のために闘う必要をなくすので、人々を少し怠惰（lazy）にもしているという（Jensen interview on 02 September 2019）。ジェンセンは、ＬＡＰの現状について次のように話した。

ＬＡＰは、私の目から見れば、夢みていたようには発展しなかった。なぜなら、精神医療で肯定的な経験をし、精神医療体制に対して批判的ではない人たちが、組織においていくぶん支配的になっているからだよ。だから、分かるかもしれないけれど、薬物療法はオッケー、電気ショック療法はオッケー、精神医療はよいもので、精神医療がもっと資金を持てるようになってもっと精神医療に支払いがされるようになったらいいと思う、といった風になってきているんだ。（Jensen interview on 02 September 2019）

それでも、今まで全員が合意して闘っているのは、「私たちは強制的な服薬はしたくない、強制的になされるあらゆることが嫌だ」という点においてであるという（Jensen interview on 02 September 2019）。

2-7　南欧

フランスの精神医療は、一九六〇年代からセクター制度の下で運営されている。セクター制度は、一定の人口ごとに医療職や教育者、福祉職の人々がチームを作ってサービスを提供する制度である。これは、サービス提供の中心を病院ではなく、地域にすることを目的としている。セクター制度は一九八五年に法制化され、セクターは成人、子どもと青年、司法精神医療の三種類に分けられるようになった（Provost and Bauer

2001: 63-64）。フランスの非自発的な入院に関する法律は、一九九〇年に大きく改訂された。これにより、第三者機関により入院が決定される方式と、行政機関により決定される方式の二種類が設置された。前者は、緊急治療や常時医学的な監督が必要な場合に、後者は、公衆の秩序や人々の保護のために決定される。全入院数のうち強制的な入院の占める割合は、一九九二年から二〇〇一年までの間に八六％増えて一三％となっており、この増加の一因は法改正であると考えられている（Verdoux 2007: 64, 68）。

フランスの精神病床の削減は、欧州の他の多くの国よりも遅れて始まり、削減が進んだのは一九九〇年代である。フランスの全精神病床に占める私立病院の病床の割合は五分の一ほどであり、病床の削減は主に経費の削減を目的として進められた（Verdoux 2007: 66）。二〇〇三年時点でＧＤＰの一〇・五％を医療費が占めており、精神病関係の医療費は全医療費のうちの九・五％を占めており二番目に多い。フランスでは、慢性的あるいは重度の精神病患者、あるいは経済的に困窮している患者の場合、精神科の治療費は無料となる。また、私的な精神科の治療費も、部分的に生活保護と私的な保険料をあわせてカバーできる制度となっている（Verdoux 2007: 65）。

フランスには、精神医療分野に三つのＮＧＯがある。いずれも精神障害者、家族や友人などの混合の組織である。ベルドゥ（Hélène Verdoux）によると、「全国精神医療の元患者連盟（Fédération Nationale des Associations d' (ex-) Patients-Psy）」は患者組織の中心、「全国精神障害者の家族・友人組合（Union Nationale des Amis et Familles de Malades Mentaux）」は親族組織の中心である。後者は、一九六三年に発足し、二〇〇七年時点で一万二〇〇〇人のメンバーがいる（Provost and Bauer 2001: 67; Verdoux 2007: 66）。

ハワイからフランスにやってきたウーリーは、精神病院に非自発的に入院させられ、「非常に非常につらい」

経験をした。ウーリーは、このような状況を変えたいと思い、運動団体を探したり、精神科医やその他の人にそのような状況を変える方法について尋ねたりしていた。そして、一九九六年、気分障害の人のための「フランスうつ病の会（France Depression）」に出会った。当時のフランスの精神医療のコンシューマーの運動の状況は、周辺の国よりも「かなり遅れていた」という。ウーリーは、それから一〇年ほどフランスうつ病の会で議長として活動した。その当時の運動は、情報提供や偏見の解消といった分野が中心で、人権という側面にはあまり光が当たっていなかった。フランスうつ病の会は、一九九二年に発足した組織で、この当時は、ユーザーが運営メンバーの過半数を占めなくてはならないという規定は組織の規約の中にはなかった。ウーリーは、自分が議長になってから会の規約を変更したという。このような規約の変更の背景には、フランスの制度の影響がある。ウーリーによると、その頃フランス政府は、保健（health）関係の組織の認定制度を発足した。精神障害者の利益を代表して、病院の運営組織に加わったり、政府の関係機関の委員になったりするのに、政府の認定を必要とする制度であった。認定の申請のためには膨大な書類の処理を含む煩雑な手続きが必要であり、さらに五年ごとに認定を更新する必要があるという（Wooley interview on 08 September 2019）。

その後、ウーリーは、「欧州精神保健」に関わるようになった。フランスうつ病の会も欧州精神保健の活動に関わっていたが、欧州精神保健においてフランスを代表していたのは「フランス権利擁護会（Advocacy France）」であった。そのような経緯でウーリーは、フランス権利擁護会で活動するようになり、そこでは人権という側面により焦点を当てた活動を展開していった。フランス権利擁護会は、一九九七年に発足した組織で、発足時より、運営メンバーの過半数をユーザーが占めるべきであるという規約を持っていた。フランス権利擁護会は、二〇一六年に全国障害評議会の保健部門の理事になった。それまで全国障害評議会で、フラ精神障害者の声を代表していたのは、「全国家族及び友人及び／あるいは精神障害者組合（Union Nationale de Familles et Amis de Personnes Malades et/ou Handicapées Psychiques）」[29]という家族の組織であったため、これは重要な成果であったという。フランス権利擁護会ではウーリーは、九年間ほど国際関係を担当する理事を務めてきたという。ウーリーがＥＮＵＳＰに出会ったのは、その後であった。ＥＮＵＳＰとフランス権利擁護会の両方が、オープンソサイエティ基金から資金提供を受けていたことがきっかけであった。フランスでは、ブログやオンラインによるユーザー、サバイバーの団体が大半であり、ユーザー、サバイバーのみで構成されている団体は二〇一九年の時点で一つもないという（Wooley interview on 08 September 2019）。

スペインでは、一九七五年に首相のフランコ（Francisco Franco Bahamonde）が死去し、その後、政治体制が民主的なものに移行していった。一九七八年に新憲法が制定され、スペインの地方の一つでありながら一つの国家のように機能することを認める自治州の制度ができた。一九七九年に各地域の最初の選挙があり、これによりバルセロナ、マドリード、バレンシア、セビリアといった地域が、脱施設化を中心とした精神医療改革を先駆的に進めていった。一九八〇年代から九〇年代にかけて、医療ケアの責任が各自治州に移されていったカタルーニャ、アンダルシア、バスクといった地域では、特に急速に改革が進められた（Molina et al. 2018: 174-176）。

スペインの医療サービスの約七割は公的機関が担当しており、経費のほとんどは税金によって賄われてい

29　「全国精神障害者の家族・友人組合（Union Nationale des Amis et Familles de Malades Mentaux）」（Verdoux 2007: 66）と同一の組織だと考えられる。

る。一九八五年の一般医療法の制定によって、全国的な国民健康システムは各自治州に分割されていった。二〇〇六年、すべての自治州の合意によって全国的な医療戦略が採択された。この中には精神医療の戦略も含まれており、精神医療ケアの向上と地域における精神医療ケアのモデルの実践を、各自治州に合った方法で進めるというのが、共通した枠組みであった。国家規模で共通した目標を持ちつつ、多くの精神医療の運営方法が共存している状況は、スペインが他の多くの欧州連合加盟の国家と異なる点である（Molina et al. 2018: 175-176）。

二〇〇六年、マドリードのモラレスは、欧州のいくつかの地域を旅行して、「自分たちは欧州で起きていることからはるか彼方に遅れている」ことを理解した。各地で自分のような仲間に会えたことにより、「独りではなく、共有できるものがあって他の人たちから学べると感じられた」という。また、自分たちはまったく気がついていないだけで、すでに運動は進んでいるということを発見できたという。モラレスによると、後述のスペインの「世界うつ病財団（Fundación Mundo Bipolar）」だけが、欧州におけるユーザーの全国規模の組織で、他の多くの国には全国規模の組織はない。モラレスは、自分たちが差別されていることや自分たち自身の声を持つ必要があることを欧州議会などで話をした。そのような活動は、一方ではモラレス自身にとって孤独との闘いの助けになるとともに、他方では自分たちの声がより聞かれるようにするための機会を得ることにもつながったという（Morales interview on 29 October 2019）。

二〇〇六年頃になると、一時期は毎日四・五万人ほどが訪れる活発なサイトであった「うつ病ウェブ」の活動は、徐々に下火になっていった。それは、フェイスブックなどのソーシャルネットワークサービスが、うつ病ウェブと同様の機能を果たすようになったからであった。モラレスは、二〇〇八年からはピアによってピアを養成するトレーニングに関わるようになった。そのトレーニングでは、独自の評価尺度を開発し、トレーニングの前後でスコアを比較して達成度を評価した。このトレーニングの実施団体が、徐々に全国組織の「世界うつ病財団」となった。世界うつ病財団となってからも、トレーニングが引きつづき主要な活動である。二〇一九年には、財団の活動資金の三割が政府の助成金、七割が寄付で賄われている。しかし、政府の助成金は、トレーニングに対する助成として、その実施から一年以上たって支給される。このため、トレーニングにかかる費用を事前に財団で負担しなければならず、現状では寄付のほとんどがトレーニングのために使われているという。寄付は、特に家族などは大口の寄付を望むこともあるが、民主的な運営という観点から高額の寄付は受けとらないようにし、三〇〇ユーロ以上の寄付はほとんど受け取っていない。トレーナーには、給与が支払われているわけではなく、基本的には実費だけが支給されるボランティアであり、トレーナーとして生計を立てている人はいないという。財団には、現在一三〇〇名ほどのメンバーがおり、その九割ほどはユーザー、サバイバーである。財団では、その他にも、障害者権利条約の履行などのための権利擁護活動をおこなっている（Morales interview on 29 October 2019）。

スペインのカタルーニャ自治州には、二〇一一年からアクティバメントという団体がある。アクティバメントには、会長と秘書がいるが、これは法人格を得るために設置している役職であって、活動の参加に役職は関係なく、組織内に階層ができないようにしているという。活動から給与を受けているメンバーは、四名でそのうち一名は常勤、三名は非常勤で、四人とも精神障害をもつ本人である。常勤を増やしたいという希望はあるが、金銭的な理由でそれは実現していない。その他、八〇人ほどのボランティアは、全員精神障害者で、講演などをした場合には時間に応じて支払いがある。日常的な活動としては自助グループがあり、一〇名ほどのほぼ固定されたメンバーで週に一度一時間半から二時間ほど生活の状況などを報告しあう。この活動に力を入れている理由は、自分たちのもっとも大きな問題は孤独だからだという。話し合いだけでなく、映画を見に出掛けたり、調子の悪いときに見舞ったりもする。[30] 自助グループの開催のほか、年間四五個ほどのワークショップなどの催しも開催している。活動の資金は、主には子どもたちの学校や専門職の養成校などで教育をしたり教材を提供したりすることによる収入であり、その他寄付や政府からの補助金も受けている。これらの資金のほとんどは、給与に使われるという。

アクティバメントは、「クレイジー・ダック」というバーで開かれた六人での会議から始まったが、インタビューした当時、六〇〇人以上のメンバーがいるとの話だった。アクティバメントの発足前には、カタルーニャには専門職の団体や病院の中で活動している団体しかなかったという。アクティバメントのメンバーのうち八五パーセントは本人（first person）で、残りの一五パーセントは友人であり、友人のほとんどは家族である。バーでの話し合いの後、九人ほどのメンバーでカタルーニャで組織（association）としての登録を進め、それに半年以上かかった。それから三年間ほどは、バルセロナを中心に自助グループを実施し、その間にメンバーは三〇名ほどになった。その後、バルセロナ以外の地域でも、アクティバメントの最初の活動を見た人々によって、徐々に同様の活動が広まっていった。その頃から、ボランティアだけでは活動が回らなくなり、政府の補助金などを受けて、支払い受けるメンバーを置くようになった（Activament interview on 16 September 2019）。

3　欧州のネットワークの発足に向けた準備

本節では、欧州のネットワークの第1回総会までの準備の過程を、各地域の運動のトランスナショナルな側面に注目して記述する。一九八五年にブライトンで開催されたマインドの会議には、ドイツからの参加者もいた。そこでの出会いを利用して、ドイツの「狂人の攻撃」と、精神医療の治療に対する異議申し立てを支援する人々のグループは、オランダの駆け込み寺を見学に行った。当時のオランダには、一〇から一一カ所ほどで独立の駆け込み寺が運営されていた。その当時、雑誌やインターネットなどによるコミュニケーションはほぼなかったため、レーマンたちは英国や米国の運動の存在については知らず、このような精神障害者の活動をしているのは自分たちだけだと思っていたという。オランダに行った際にレーマンは、手紙でのやりとりに加わるようになった。また、その訪問の際に、母親がラーフェンスブリュック強制収容所[31]の生還者で、そのような来歴から自身も精神障害者となった女性に出会った。彼女は、米国のチェンバレンの友人で、そこから米国の精神障害者の運動ともつながるようになった（Lehmann interview on 31 August 2019）。

30　カタルーニャには、精神病院は二軒ある。両方とも私立病院であるが、支払いはカタルーニャ政府からなされる。政府は、支出を抑えるために、入院を控えさせようとする傾向にあるという。スペインの他の地域には、公立の精神病院もあり、このようなシステムは、カタルーニャ地域の独自のものであるという（Activament interview on 16 September 2019）。

31　ラーフェンスブリュック強制収容所は、ベルリンから一〇〇キロメートルほど北にあった。主に女性を収容していたことで知られている。

一九八八年、ヴァン・デ・グラーフたちは、ＷＦＭＨに金銭的援助を申請した。それは、欧州の精神障害者の組織を発足させることに的を絞った支援ではなく、広く欧州の精神障害者が交流していくという計画に対する支援であった（Van der Male interview on 30 July 2018）。その頃、ヴァン・デ・グラーフとヴァン・ダー・メールは、共に患者組合の国際連絡分科会で欧州規模の精神障害者の組織の発足に向けて活動していた。国際連絡分科会は、患者組合の結成と同時にできた分科会ではなく、正確な発足の時期は定かではないものの、一九八三年から八四年頃から活動を始めた分科会であった（Van de Graaf interview on 20 September 2019）。一九八八年、ヴァン・ダー・メールは、英国で自分の精神医療での経験と患者組合という組織について講演するように頼まれた。この講演についてヴァン・ダー・メールは次のようにふり返っている。

おそろしかった。（中略）勉強になる体験でもあった。もちろん母語でない言語で話したせいもあるのだけど。患者（patients）について話した。そうしたら、英国のユーザーが、自分を患者と言わないでくれと怒ったんだ。私はなぜかと聞いた。その人は、医学モデルに固執していて、無礼だからだと言った。（Van der Male interview on 30 July 2018）

このときヴァン・ダー・メールは、英国の運動は大きく発展してすでにオランダの運動の水準を超えていると感じたという。ＷＦＭＨの欧州地域評議会は、大きな権力を持っており頻繁に会議を開催していた。オランダの患者組合は、この会議の場でいくつかの国の精神障害者の組織と話をした。ヴァン・ダー・メールは、具体的な国として英国のほか、デンマーク、ドイツ、スウェーデンの三か国を挙げている[32]。欧州のネットワークの第1回総会が実際に開催されるのは一九九一年であるが、このような活動を通じてネットワークを結成する準備は一九八八年の時点ですでにできており、その意味では一九八八年からネットワークは始まっていたと言ってもよいとヴァン・ダー・メールは述べている（Van der Male interview on 30 July 2018）。

一九八六年ごろ、ヴァン・デ・グラーフは、アムステルダム市の職員として働いていた友人から、二、三か月無報酬で働いたら、その後合理的な額の報酬を受け取れる仕事があると言われて、それを始めた。その仕事は、秘書の助手の仕事で、アムステルダム市の職員と共に、英国での患者組合の発足の支援と、精神医療の変革のための国際会議の開催に向けた準備をすることが主だった。一九八九年から一年半の有償の仕事であった。その頃、ヴァン・デ・グラーフは、オランダと英国を年に二、三回の頻度で行き来しており、一九九〇年に英国のブライトンで開催されたマインドの年次総会にも出席した。その総会には、オランダの患者組合のヴァン・ホーン（Ed van Hoorn）が招待されており、彼はヴァン・デ・グラーフに通訳を依頼した（Van de Graaf interview on 20 September 2019）。このマインドの総会に合わせて一〇名の活動家たちが、欧州の組織の計画を話し合った。その半年後にも、イタリアのプラートで話し合いがもたれ、レーマンによるとその場で欧州規模の組織の発足が合意された（Lehmann interview on 31 August 2019）。一九九〇年のアムステルダムでの国際会議の準備は、主にロンドンでおこなわれ、その過程でヴァン・デ・グラーフは、英

32　この三か国の精神障害者の運動についてヴァン・ダー・メールは、デンマークの組織は、「小さくて力があり、狂っていて創造的であるという点でオランダ［の患者組合］のようであった」という。また、ドイツの運動家は「いつもお互い争っているけれどなくてはならない存在」であり、スウェーデンの運動は「世界一よく組織化されて設備の整った組織である」と評価している（Van der Male interview on 30 July 2018［　］内引用者）。

国、ポルトガル、ベルギーなどの人に出会った（Van de Graaf interview on 20 September 2019）。

このようにしてオランダと英国の精神障害者は、お互いの国を行き来して情報を交換するようになり、欧州規模の精神障害者の組織を発足させるための話し合いが、一九九一年までに二回、それぞれアムステルダムとロンドンでもたれ、欧州の七か国の人が参加した（European Network of Users and Ex-Users in Mental Health 1994a: 7）。ヴァン・デ・グラーフによると、一回目の準備会議はマインドの年次総会のあとにロンドンで開催され、一二名ほどが参加したという。そこでは、誰を招待するか、何をするか議論した。中でも重要だった問いが、代表的なネットワークというアイディアはよいと思うかどうかだった。全員の意見は、結成に賛成でまとまっていたという。理由は、自分たちの生活に関係する意思決定により参加しやすくなるからであった。各地域で起きていること関する意思決定がその地以外の場所でなされていることがよくあり、特に欧州規模の政治機構、経済機構の本部の多くが所在するベルギーのブリュッセルの大きなビルで重要なことが決定されてしまっているからだった。このような状況を踏まえて、その意思決定の場に自分たちの意見を届けると共に、草の根の組織のための資金を獲得しようという考えだった。

ヴァン・デ・グラーフは、一九九一年四月の国際会議に向けてアムステルダム市の秘書助手として働きつつ、患者組合の国際連絡部会の中で結成の準備を進めていった。二回目の準備会議は、この国際会議に合わせて開催された。ヴァン・デ・グラーフは、国際会議の主催者に無料で何人かを招待することを提案し、その提案は受け入れられた。そこで、ヴァン・デ・グラーフは、約四〇名の精神障害者に招待状を送った。ただし、国際会議に参加した精神障害者の全員が、欧州のネットワークの準備会議に参加したわけではない。準備会議の参加者は、昼間は国際会議に出席し、夜は準備会議で議論をした。国際会議は、世界保健機関の共催で、イタリアの精神医療改革運動を主導したバザーリアやピーニ（Pino Pini）といった精神科医も出席していた（Van de Graaf interview on 20 September 2019）。ジェンセンによると、当時、イタリアの精神医療は、部分的にはもっとも先駆的であると考えられていて、イタリアには元患者が国際的なイベントに参加するのを支援しようとする専門職がいた（Jensen interview on 03 September 2019）。このような準備の過程を経て患者組合の国際連絡部会は、一九九一年に欧州のネットワークをつくるのに十分なエネルギーとお金が準備できたのではないかと考えた（European Network of Users and Ex-Users in Mental Health 1994a: 7）。

欧州のネットワークの第1回目の総会には、各国から三名を招待することになっていた。大きな全国組織が存在していた国については、その全国組織に誰が出席するのかの判断を委ねた。ジェスパーソンは、非常に大きな組織で「多くの場合に本部を持ち、雇われている人がいた」精神障害者の組織のあった国として北欧、英国、オランダを挙げている。しかし、小さな地方組織しかない国の場合には、当時、インターネットが普及していなかったこともあり、各国の精神障害者の運動の状況を把握して誰を招待すべきか判断するのが非常に難しかったという（Jesperson interview on 02 August 2018）。

ジェスパーソンは、ＲＳＭＨで政府の国際開発機構の助成を受けてワルシャワの組織を支援していたため、ポーランドから二名の参加者を会議に連れていくことに成功した。二人のうち一名はポーランド語のみ、もう一名はポーランド語のほかにドイツ語が少しできるという状態だったため、英語を使って議論された会議の内容はほとんど理解できなかった。しかし、ポーランドからの二名の参加についてジェスパーソンは、「私たちは、［二人が］来てくれてとてもうれしかった。彼らはパラダイスに来ていた。食べるものがたくさんあった。つまり、彼らはちゃんと参加していたんだ」と話した（Jesperson interview on 02 August 2018［　］内引用者）。

また、ジェスパーソンは、一九九一年の夏にイタリアでの会議[33]に出席し、その際にベルギーのコーパス(Jan Kuypers)と相部屋に滞在した。コーパスは、毎日のように厚生省や大統領に手紙を送り活発な活動を展開していたが、「協調の難しい性格」でコーパスの組織の会員はコーパス一人というような状況だった(Jesperson interview on 02 August 2018)。第1回会議にベルギーから参加したのは、コーパスと別の組織から二名であった(European Network of Users and Survivors in Mental Health 1991: xii)[34]。

ジェンセンによると、欧州でソーシャルファームに取り組む「欧州ソーシャルファーム、雇用戦略、社会的協力連合(Confederation of European social Firms, Employment initiatives and social Co-operatives: CEFEC)」の二年に一度の会議も、欧州のネットワークの参加者を招待する重要な機会であったという。CEFECは、ソーシャルファームを運営する人々の組織であり、南欧で頻繁にイベントを開催していたという。特にイタリア、スペイン、ギリシャといった国は、社会保障システムがあまり発展していないために、ソーシャルファームのような生計の仕組みが必要であり、それらの地域でCEFECのイベントが多かった(Jensen interview on 03 September 2019)。このように第1回総会の招待者は、大きな組織を伝ったり、日々の活動やイベントに参加した際に出会った人を誘ったりしながら決定されていった。

4　第1回総会

精神障害者の欧州のネットワークの第1回総会は、オランダのザンドヴォールトで一九九一年一〇月二四日から二七日に開催され、一六か国から三九名が参加した[35]。総会は、欧州委員会、オランダの福祉保健文化省、ＷＦＭＨの欧州地域評議会からの資金的援助を受けて開催された（European Network of Users and Survivors in Mental Health 1991: 2-3）。当時、患者組合のヴァン・ホーンがＷＦＭＨの欧州評議会の理事の一人であったため、ＷＦＭＨに欧州の精神障害者のネットワークを発足させる計画があることが知られていた。ＷＦＭＨは、もし国内の資金を獲得することができるなら、自分たちも支援しても良いと言った。結局は、オランダ政府、ＷＦＭＨの欧州評議会の両方からの資金援助を獲得できた。さらにアムステルダム市は、資金提供は断ったものの、欧州の精神障害者のネットワークを歓迎して、後述の「欧州デスク」に資金提供を申し出たほか、元々小さな教会だった場所でレセプションを開いてくれた（Van de Graaf interview on 20 September 2019）。総会の会場となったザンドヴォールトは、ビーチが有名な観光地である。そこには高級なホテルがたくさんあるが、一〇月にはビーチは暗く寒くなりよく雨が降るため観光客はほとんどおらず、格安で宿泊できるため、この場所が選ばれたという。会議開催の時点では、まだ欧州規模の組織の発足は合意に至っていなかった（Jesperson interview on 02 August 2018）。

ザンドヴォールトは、アムステルダムから西側に自動車で一時間ほど行ったところに位置している。アム

33　この会議の主催者、参加者等の情報についての確かなことはわかっていないが、一九九〇年のマインドの総会の半年後にイタリアのプラートで開催された会議と同一かもしれない。

34　コーパスは無所属（independent）の出席者として、その他の二名は同じ組織から参加している。この二名がどのようにＥＮＵＳＰの第１回総会の開催を知ったのか、また、この三名が総会の前からお互い知り合いであったのかはわからない。

35　第１回総会の報告書の参加者のリストには四二名分の名前がある（European Network of Users and Survivors in Mental Health 1991: xii-xiii）。

ステルダムからザンドヴォールトまでは、夜中の一時頃にバスで移動し、翌日の議論は朝の九時から予定されていた。総会では、ドイツ語、フランス語、イタリア語の同時通訳がそれぞれ二人ずつついていた[36]。通訳者を依頼するための料金は高かったが、助成金によって賄われ、通訳者の存在は非常に役に立ったという（Van de Graaf interview on 20 September 2019）。

一〇月二五日、まずは三つの分科会に分かれて議論がおこなわれた。分科会1は情報共有、分科会2は共通の利益の促進、分科会3は欧州統合の見通しというテーマでそれぞれおこなわれた。ヴァン・ダー・メールとジェスパーソンはともに分科会2に出席し、記録を作成した。分科会2では、自分たちの共通の利益とは何か、何を優先的に扱うべきかが議論された。あらゆる精神病治療薬に反対する人と薬物療法に対してより穏やかな主張をもつ人とが対立し、議論は難航した（European Network of Users and Survivors in Mental Health 1991: v）。夜、ヴァン・ダー・メールとジェスパーソンは、ホテルの部屋で分科会で出た意見をどのようにまとめるのかを話し合った（Jesperson interview on 02 August 2018）。その結果として、出席者の共通点を二二のリストにした上で、自分たちの立場を表明した声明と、それを実行するための行動指針が三点掲げられた。具体的にはその三点は、現在の精神科の治療の変革に影響を与えること、精神保健体制のオルタナティブを作っていくこと、社会における精神医療を経験した人に対するあらゆる差別に抵抗していくことであった（European Network of Users and Survivors in Mental Health 1991: v-vi）。

欧州統合の見通しをテーマとした分科会3では、欧州経済共同体が設立された背景[37]、ならびに第1回総会の約二か月後となる一九九一年一二月にはマーストリヒト条約が合意されようとしているという状況が確認された（European Network of Users and Survivors in Mental Health 1991: ix）。分科会3では、後述の欧州委員会のヘリオス、ホライズンどちらのプログラムの助成に応募するとしても「リハビリテーション」及び／あるいは「就労準備」というテーマに関係すること、欧州経済共同体に非政府組織として認められることが必要だという条件が確認された。この時、すでにＷＦＭＨの欧州評議会などいくつかの専門職が主導する組織が、苦痛をかかえる人々のための非政府組織として認められていた。このため、新薬の承認に自分たちが影響力を持つには出遅れてしまっているかもしれないが、専門職の資格化といった欧州経済共同体が取り組んでおり自分たちの利益に関わるその他のことについては、自分たちが代表になるべきであるとの意見が出された（European Network of Users and Survivors in Mental Health 1991: ix）。

翌二六日の全体会議の場で、各分科会から報告がなされ全体としての意思決定がおこなわれた（European Network of Users and Survivors in Mental Health 1991: xi）。全体会議の場で、声明と行動指針に賛同するか多数決をとったところ、全員が賛同すると回答した。ほとんどの出席者が、合意に至ることは不可能であろうと考えていたため、この結果に全員が驚いた。このようにして欧州の組織を発足させることが決定した。

36　第1回総会の報告書の参加者のリストには五名分の通訳者の名前がある（European Network of Users and Survivors in Mental Health 1991: xiii）。

37　第二次世界大戦後、西欧に不戦体制を構築するため、一九五一年にフランス、西ドイツ、イタリア、ベルギー、オランダ、ルクセンブルグの六か国が、戦略物資である石炭、鉄鋼の共同市場を開設するための欧州石炭鉄鋼共同体を創設するパリ条約に調印した。欧州石炭鉄鋼共同体によって、「国境を越えた石炭・鉄鉱石貿易が発展した」。その後、一九五七年に六か国は、欧州経済共同体と欧州原子力共同体を創設する条約に調印した。特に欧州経済共同体は順調に発展し、一九六七年に三つの共同体の理事会、委員会が合同して欧州共同体となった。欧州共同体は、一九九三年のマーストリヒト条約の発効で欧州連合に発展した（田中素香 2014: 15-18）。

ジェスパーソンは、最初から組織や規約を作ろうとすると様々な意見が出て混乱し合意に至らないので、まずは緩く開けたネットワークを作ろうとすることが重要だと話した（Jesperson interview on 02 August 2018）。ＥＮＵＳＰの会員については、利用者、顧客、患者などの立場で精神医療にかかわった「(元) ユーザー」のみの組織とするとの合意に至った（European Network of Users and Survivors in Mental Health 1991: 12）。

全体会議では、組織の構造についても議論された。オランダの患者組合のヴァン・ホーンが、組織構造として「伝統的構造」と「逆構造」の二つを提案した。「伝統的構造」とは職員や理事の下に各国を位置づける組織構造であり、「逆構造」とは各国に課題を割り振りその下にそれらの課題グループをまとめる調整役がいるという組織構造であった。後者に支持が集まり、各国に課題を割り振ることになった（European Network of Users and Survivors in Mental Health 1991: 10-11）。また、郵便物の発送などのための「欧州デスク」をオランダに設けることになり、オランダ、ベルギー、フランスがそのための準備を課題としたグループとなった。その他の国に割り振られた課題は、ドイツ、オーストリア、スイスのグループには精神医療に関する宣言書（psychiatric will）の作成および配布と神経遮断薬に関するパンフレット作り、イタリア、ギリシャのグループには精神医療のオルタナティブとしての協働組合、作業療法、治療共同体に関する情報収集、アイスランド、フェロー諸島、デンマーク、ノルウェー、スウェーデン、フィンランドのグループにはニュースレターの発行と、デンマークかスウェーデンでの次回の総会の開催準備が割り当てられた。英国からの三名の参加者は、多くの国内組織がある中の三つの組織それぞれの代表として参加しており、それらの多くの組織からの負託を受けているわけではないと説明された[38]。そして他国とグループにならずに一か国だけで、欧州共同体のプログラムや精神医療のよい実践、悪い実践についての情報収集をおこなうこととなった（European Network of Users and Survivors in Mental Health 1991: 7-8）。

また、当時、東欧諸国は東欧革命の直後で精神障害者の運動家どうしのつながりが作れておらず、第1回総会には二人のポーランドの人以外に東欧の活動家がいなかった。このため、ポーランドと関係を持っていたスウェーデンには、東欧のネットワークを作るために東欧諸国と連絡を取るという課題も割り当てられた。また、ジェスパーソンはさらにボランティアでニュースレターの発行の担当を申し出た（European Network of Users and Survivors in Mental Health 1991: 7-8; Jesperson interview on 02 August 2018）。それぞれの課題の調整委員会には、英国、イタリア、スウェーデン、ドイツ、オランダからそれぞれ一名ずつが選ばれた（European Network of Users and Survivors in Mental Health 1991: 7-8）[39]。

5　メンバーの経験

本節では、WNUSPやENUSPで活動してきた活動家たちが、活動に対して何を感じてきたのかに注

38　他の精神障害者組織から負託を受けていないという状況は、必ずしも英国に特異なものではない。しかし、英国には当時、他国と比較して多くの精神障害者の組織があったと考えられる。欧州のネットワークが英国の全国組織として紹介している三つの組織のうち二つの組織から第1回総会に参加者がいる（European Network of Users and Survivors in Mental Health 1991: 5, 7, xii）。また、二〇〇七年時点でENUSPに認識されている国内の精神障害者の組織が三〇以上存在するのは英国とフランスのみである（Rose and Lucas 2007: 343）。

39　ジェスパーソンは、この五名の中で英国のグレイリーが第2回総会まで議長を務めたと話している（Jesperson interview on 02 August 2018）。

目する。ＷＮＵＳＰ及びＥＮＵＳＰの活動の出来事の記録だけではなく、活動の中で活動家たちが感じてきたことも、グローバルな草の根運動の連帯の理由を明らかにする鍵になると考えられる。このため、本節では、出来事の時系列に沿わないかたちで、活動家たちの感じてきたことをみていく。

二〇〇七年、スペインのモラレスは、偶然にウェブサイトを見つけて「欧州精神保健」に参加するようになった。そして、二〇一〇年の欧州精神保健のイベントに参加したとき、ＥＮＵＳＰの議長を務めていたネトルと欧州障害フォーラムの代表を務めていたオルセンに会った。彼らは、モラレスに話しかけてくれ、彼らの見方や活動について説明してくれた。モラレスは、「すべてが新しかったから、ただただ本当に驚いた」。「ただただ彼らに魅了され、彼らや彼らの言っていることに惚れ込んでしまった」という。その時のことについてモラレスは、ＥＮＵＳＰには「いままで聞いたこともなかったような考え方があって、目を大きく見開かせてくれた（opened my mind so much）。それはまさに革命だった」と話している。モラレスはその後、二〇一三年の総会にてＥＮＵＳＰの理事となった。理事の選挙のとき、モラレスはスペインの自分の組織が製薬会社から資金提供を受けていることを告白した[40]。そして、「製薬会社からの資金をもらいたいわけではないけれど、私の国では、とても強力な家族（relative）の組織に財源が行ってしまって、その他に収入を得る方法がないんだ」と言った。ＥＮＵＳＰのメンバーはそれを理解して投票し、その後、モラレスは議長代理になった（Morales interview on 29 October 2019）。

障害者権利委員会は、二〇一五年八月から九月にかけての第14回セッションで、欧州連合の総括所見を採択した。その中では、障害者に関わるあらゆることに障害者自身が参加できるようにすることを強く求めていた（Committee on the Rights of Persons with Disabilities 2015）。これを受けてスペインの「世界うつ病財団」

は、欧州連合の研究・開発のための大規模なプロジェクトである「ホライズン二〇二〇」に参加することになった。このプロジェクトの一部としてモラレスは、精神医療の専門職や精神障害者（peer）のトレーニングのプログラムを作成し、ピアに対するトレーニングを担当した。そのプログラムは、ピア専門家（peer expert）として精神科医や心理職、ソーシャルワーカー、看護師などとともに「地域精神保健チーム」の一員として活動するためのプログラムであった。プログラムでは、西欧や東欧など一一か国の一六名と協力したが、その中でユーザーはモラレス一人であったという。また、国内でも、モラレスは、「スペイン全国精神保健戦略（National Spanish Mental Health Strategy）」という行政機関のプログラムにおいても、唯一のユーザーとして障害者権利条約など知らない精神科医などとともに活動していた。それは本当にあまりにも苦しい（very hard, really very, very hard）体験だったという（Morales interview on 29 October 2019）。

ハワイからフランスにやってきたウーリーは、一九九六年から情報提供や偏見の解消といった活動を中心としたフランスうつ病の会、その後より人権という側面に焦点を当てたフランス権利擁護会の二つの団体で合わせて一五年ほど活動した。両組織とも医療者や家族との合同の組織であった。

ウーリーは、ＥＮＵＳＰとフランス権利擁護会が共にオープンソサイエティ基金から経済的支援を受けていたことをきっかけにＥＮＵＳＰを知った。そして、ＥＮＵＳＰが「すばらしく、とても興味深い」と

40　製薬会社から資金提供を受けていたのは、組織が発足したばかりの二〇〇四年か二〇〇六年くらいまでであり、その後は製薬会社の資金は受け取っていないという（Morales interview on 29 October 2019）。

思ったので、フランス権利擁護会はENUSPのメンバーになることにした。このとき「人生で初めて、精神医療のユーザー、元ユーザー、サバイバーだけで構成されていて、専門職も、家族も、サービス提供者も、ソーシャルワーカーも、そういった人たちのいない組織に初めて所属できた」という。ウーリーは、ENUSPとの出会いについて、「ただただ素晴らしかった——ただ驚くばかりの経験で、珍しい経験で、でも本当に必要な経験」だったと語った。「私たちが経験していることと折り合いをつけたり、何を望んでいるのかを理解したり、直接の当事者として議論したりといったことは、他ではなかった」という（Wooley interview on 08 September 2019）。

精神障害をもつ本人だけの活動に出会ったときの感激は、ENUSPについてだけではなく国内の運動に関しても語られていた。ルソは、当時のユーゴスラビア連邦のベオグラードで、二〇歳から二七歳までのあいだに二つの精神医療施設で強制的な入院と治療を受けた。当時、ルソは、心理学を専攻しており、精神医療を批判する記事をいくつか書いていたが、精神医療の患者であったためにそれらの記事は公開されなかった。一九八七年、友人に会うためにドイツを訪れたとき[41]、ドイツには精神障害者の組織があることを知った。ドイツ訪問は当初は遊ぶだけの予定だったが、精神障害者の団体である「狂人の攻撃」を訪問してみようという話になった。電話をかけると、「狂人の攻撃」の担当者は精神医療の経験があるか尋ねてきた。そこで、二人があると答えると訪問が許可された。このような経験はルソにとって初めてのことだったという。実際の訪問は、何か飲みに行って話をしただけの簡易なものだったが、この体験はルソにとってとても重要なものであった。

その後、ルソは、一九九二年にドイツに移住した。移住には、ドイツ国内での運動及びENUSPとの出会いが深く関わっているという。ルソは、一九九一年の第1回総会のときからENUSPのことを知っていたが、ベオグラードで入院していたため第1回総会に参加できなかった。一九九二年にドイツに来て、自分の経験を理解し政治化することが始まった。それはベオグラードにいては不可能であった。ドイツに来て、ドイツ語を勉強しながら、一九九三年頃からドイツの「本当のサバイバーの運動」の小さなグループで活動するようになった。ルソにとっての「本当の運動」は、ドイツに来てから、ドイツ国内の運動やENUSPと共に始まったという。ルソは、「自分の精神医療の歴史」はベオグラードで終わっており、ドイツに来てからは、精神医療サービスはまったく利用していないが、友人や所属している組織からの支援は受け続けていると話した（Russo interview on 10 September 2019）。

オルセンは、WNUSPの活動が開始されたときのこと[42]について、本人による活動の重要性を次のように述べている。

> 私たちは、ユーザーたち自身が自分の声をもつべきだということをとても大切な主要なことだと感じていたんだよ。精神保健の問題についての会議やそれについて話をする人はすごくたくさんいたけれど、それが

41　ルソが東西どちらのドイツを訪問したのかは、インタビューでは明確には語られていない。しかし、西ベルリンに住んでいたレーマンに会っていることから、西ドイツを訪問したと推測できる。

42　いつのことを指しているのか明確にはきけていない。しかし、インタビューでオルセンは、「WFMHのヘルシンキでの会議」と話しており、前後の文脈から一九九七年のラフティでの総会のことだと思われる。デンマークで、精神障害者の全国組織であるLAPが発足したのは一九九九年のことであり、一九九七年はそのための準備が盛んに進んでいた時期である。

ユーザー自身っていうことはとてもとても珍しいことだった。もしユーザーが関わっていたとしても、私的な問題の例として扱われていて、政治的な意味は持っていなかった。だから組織をもつ必要があったんだね。労働者の権利を扱う組合みたいにね。(Olsen interview on 10 August 2018)

このようなユーザー自身の組織が必要だという考えについてオルセンは、女性の運動と同様であるという。その理由についてオルセンは、次のように話している。

個人的にとても強く持っている考えは、平等な治療ということだけではなくて、すべての人と同じ人権を持つべきだということだね。女性が平等な権利を持ちたいというときとまったく同じ。私たちが平等な権利を持ちたいと言うのは、心理的あるいは精神医学的な問題を抱えることになったからといって劣等な人間になるべきではないからなんだね。(Olsen interview on 10 August 2018)

オルセンは、具体的な例として投票権を挙げた。デンマークでは、被成年後見人は、投票権がなかった。[43] これはばかげている(nonsense)と考えて活動してきたという(Olsen interview on 10 August 2018)。ルソは、それが具体的に何であるかは明確には言及していないものの、ユーザー、サバイバーにはグローバルな規模で共有できるものがあるということについて、次のように話した。

地理的にそれ[ENUSP]は、かなり小さいんだよね。だから、資金なしでグローバルな規模でどうやって運営しているのか私はよく知らないんだ。だけど、明らかに何かはできているんだよね。問題――精神医療の問題――がグローバルな規模で人々を繋いでいるんだ。私たちの間には強い結びつきがある。共通の目標や政治的に共に活動する理由を見つけることは難しくない。難しいことではないよ。でも、実際に難しいのは、共同での活動を実行していくことであって、これは本当に難しいと思うね。(Russo interview on 10 September 2019)

ベレスフォードは、サバイバーの国際的な組織があり共に活動していることについて、国内だけではなくて、欧州の国も南半球も含んでいることは困難を増すという。その理由は、精神医療サービスのユーザーとしての扱いに非常に苦しんでいる人も、それほどでもない人もいるからだという。しかし、「問題と闘うときこそ、物事に一緒に取り組む唯一の本当の機会を持てる」と話している(Beresford interview on 13 September 2019)。

グローバルな規模で運動する場合、より小さな範囲で運動する場合と比較して、運動の遂行により大きな障壁となる要素がいくつかあると考えられる。その一つが言語の違いである。異なる言語を使う集団が共に活動する場合には言語的なコミュニケーションが活動の一つの障壁となる。大陸規模や世界規模の組織においてはその障壁がいっそう重大になることが容易に想像できる。実際にＥＮＵＳＰの第１回、第２回総会で

43　二〇一八年の法改正により、デンマークにおける被成年後見人の投票権の制限はなくなった。

は通訳者が依頼され、ＷＮＵＳＰの二〇〇四年の総会に向けては言語的なアクセシビリティが重要な議題の一つとなった。このように、言語的な多様性はＷＮＵＳＰやＥＮＵＳＰの活動を同じ言語を使う人たちとの活動を、主には国内の活動と比較して特別に困難にしてきたように思われる。しかし、レーマンは、後述のように、英語を第一言語としない人にとってのトランスナショナルな活動の難しさを指摘しつつも、その難しさを克服し互いに理解してきた経験についても次のように話している。

最初のうち、組織を始めた頃は、他の人たちが何を望んでいるのかまったくわからなかった。それで「いったいぜんたい何を望んでいるんだい？」という感じだった。でも、最終的に、お互いに学び合うことが絶対に建設的だということがわかったんだ。それで、グループの中で徐々に、そこでの活動を通して「どういうこと？」って尋ねるようになった。お互いの話に耳を傾け、誤解を防ごうとした。些末な問題について、母語じゃない言語の英語でみんなで話をしたのを覚えているよ。(Lehmann interview on 31 August 2019)

また、ヴァン・ダー・メールは、このような言語の異なりが却って、活動に参加する動機の一つとなったと話した。

私たちはみんなクソみたいに扱われてきたと感じてきたので、同じことについて別の言語で他の人たちと話すことにはポジティブな要素があったよ。それは力に満ちていて、美しく、癒しでもあった。だから活動したり企画をつくったりすることが、癒しの重要な過程だったんだね。(Van der Male interview on 30 July 2018)

さらに、地理的な距離の大きさも、国内における運動と比較して、大陸規模や世界規模の活動の障壁となり得る。しかし、ヴァン・ダー・メールは、長距離の移動に関しても次のように肯定的な面を見出していた。

［欧州デスクで仕事をしていた］三年間、イタリアやスペイン、ドイツ、オーストリア、日本といったところに呼ばれたんだよ。それは私にとって、個人的にとても力を与えてくれた。でも、このように招待された他の人にとっても同じようだったと確信しているけれどね。とても大切なことだった。もし招待された唯一の人であれば、マドンナのようになる。他の人は味わえないんだけどね。だから、役割を確実に分担するようにした。（Van der Male interview on 30 July 2018［　］内引用者）

6　小括

6-1　どこで出会ったのか

欧州のネットワークを結成したメンバーが出会った場所として、主に三つが指摘できる。国際会議、精神障害者による運動、政府機関の活動の三つである。国際会議の開催地やテーマとして主要な位置を占めてきたのは、イタリアの精神医療改革に関する会議やネットワークであった。トリエステは、一九七三年に世界保健機関によって「脱施設化と地域精神保健ケアのパイロット地区」に指定され、この改革は世界的な注目を集めてきた。そして、多くの人が現地に見学に訪れたり情報交換のためのネットワークを結成したりしたほか、改革の関係者を各地に招聘してシンポジウムや学習会を開催してきた。この改革は、とりわけ各地の精神医療に関する実践を改善するための画期的かつ先進的な事例として紹介されてきた。しかし、それまで別々の地域で活動してきた様々な関係者のトランスナショナルな出会いの場としての役割は、あまり指摘されてこなかった。

本書では、イタリアを中心とした、精神障害者のトランスナショナルな出会いの場所としていくつかの具体例を挙げた。まず、ＥＮＡＰは、精神医療専門職が運営の中心を担う組織ではあったものの、英国の精神障害者の組織の結成においてＢＮＡＰが重要な役割を担っていたことから、精神障害者の活動を促進するような団体であったと考えられる。また、スウェーデンのジェスパーソンは、ベルギーのコーパスと知り合った場所として、イタリアで開催された国際会議を挙げており、イタリアが同国との二か国間だけではない交流の場所であったことが示唆される。このような状況の成立を可能にした要因の一つとして、イタリアの精神医療改革に携わった精神科医たちが、精神障害者の国際会議への参加の支援に積極的であったことが考えられる。このほか、欧州のネットワーク結成に向けた準備の重要な場所として指摘されていたＣＥＦＥＣは、ソーシャルファームが盛んであったイタリアが中心的な活動地の一つであった。これらのことから、イタリアの精神医療改革に関する国際会議は、とりわけ欧州のユーザー、サバイバーの出会いの場として重要であったことが指摘できる。

イタリアの他にも、欧州のネットワーク結成の準備の場として、いくつかの国際会議が挙げられていた。その中には、ＷＦＰＵのメンバーが出会い、世界組織の発足に向けた準備を進めたＷＦＭＨの世界大会も含まれている。その他にも、オランダの患者組合のメンバーが運営に関わった国際会議や、英国のマインドの年次総会などがあった。

精神障害者の運動どうしの交流活動には、オランダの患者組合の国際連絡部会がおこなっていた活動が該当する。患者組合の国際連絡分科会による、英国、ドイツなどの運動との交流は、欧州規模のネットワークを作る上で重要な役割を果たしていた。この他、ドイツとデンマークの組織が頻繁に交流をもっていたこともわかった。政府機関を介した交流としては、政府の資金による他国の精神障害者運動の支援が挙げられる。スウェーデンのＲＳＭＨがポーランドの精神障害者を支援していたという例がこれに該当する。第１回総会においてポーランドは、東欧からの唯一の参加者として歓迎された。

さらに、地域について、欧州でユーザー、サバイバーのネットワークが発足する前のトランスナショナルな交流の中心を担っていたのは、西欧、北欧、中欧であったことがわかった。具体的には、オランダ、英国、ドイツ、スウェーデンなどである。中でもオランダ、スウェーデンは、一九七〇年代から精神障害者だけの組織があり、ドイツと英国でも、一九八〇年代に入ってそのような組織が急速に発達していった。これに対して、第１回総会において、参加が少ないため積極的に動員すべきだとされていたのが東欧地域であった。

6-2　どのように連帯したのか

先行研究は、精神障害者の運動の主張に注目し、主張が似ている専門職と連帯したり、本人の意思に反する医学的介入に関する主張の対立によって精神障害者の組織が分裂したりしてきたことを明らかにしてきた。これに対して、欧州規模のユーザーのネットワークは、主張が似ていることを理由に結成されたのではなかった。

ネットワークの第１回総会では、特に薬物療法をめぐって参加者の考える利益が一致していないことが確認されていた。しかし、ネットワークの結成には総会の出席者全員が賛成したのだった。欧州のネットワークは、組織として統一した主張しない組織として発足しようとしたことにより、主張の違いによる分裂を回避できたと考えられる。また、実際の運用は必ずしも意図した通りにはならなかったものの、第1回総会の時点では意思決定機関を設けなかった。そして、各地での運動を効果的に進めるための情報の交換や収集が活動の重要な部分を占めるよう計画されていた。これにより、メンバー間での主張をすり合わせる必要性が減ったと考えられる。

ただし、ネットワークは、WFMHのように精神保健に関心のある人なら誰でも参加できる開かれた組織として発足したわけではない。「(元)ユーザー」と自認する人たちの組織であるという立場は、結成当初から明確に合意されていた。世界規模や欧州規模のネットワークに関わってきた欧州の活動家によると、欧州の多くの国において精神障害をもつ本人だけの組織は希少であり、全国規模の組織に至ってはほとんどの国において存在していない。このような状況において、精神医療の専門職や家族との合同の組織の中で精神障害者は、自分たちの意見が重要視されなかったり肩身の狭い思いをしたりといった経験をしてきた。そのような状況や経験は、欧州のネットワークが発足して以降も続いている地域が少なくない。ユーザー、サバイバーだけの組織を発足させようという試みがなされたものの失敗したという経験がデンマークやジョージア(第6章)などで報告されていた。また、欧州規模の医療者などとの合同の組織としては、GAMIAN(第5章)やのちに欧州精神保健と改称するWFMHの欧州評議会などが存在しており、スペインのモラレスやフランスのウーリーはENUSPよりも先にそれらの組織の活動に関わっていた。彼女たちは、欧州規模の合同の組織においても国内の組織と同様の苦労をしてきたのだった。

そのような各地の運動の状況を背景として、活動家たちがWNUSPやENUSPの魅力として言及したのが、ユーザー、サバイバーの組織であるということだった。モラレスやウーリーにとって、WNUSPやENUSPとの出会いが、ユーザー、サバイバーのみの組織との初めての出会いであり、そのような組織の活動に衝撃を受けたと語られていた。また、国内の運動に関しても、英国の精神障害者はオランダや米国の本人だけの運動、旧ユーゴスラビア連邦にいたルソはドイツの本人だけの運動に同様に衝撃を受け、その後その活動に関わるようになっていた。

ユーザー、サバイバーだけの組織が魅力的である理由として、ユーザー、サバイバーの間でしか共有できないことがあったり、孤独との闘いの助けになったりするということが語られていた。たとえ言語が違っていたとしても、離れた場所であったとしても、同様の苦痛を体験してそれを変革しようと運動している人が他にもいて共に活動していることが、癒しになったという人たちがいた。これらは、主張の類似性を理由として連帯して活動している医療者や家族との合同の組織では経験できないことである。さらに、言語の多様性や地理的な距離といった大きな規模の組織の活動において増強される困難さが、かえって欧州規模の活動を魅力的にする要因としても言及されており、このような要素は大きな規模の運動の遂行を阻害するだけではないことが明らかになった。

第4章

組織の名称をめぐる議論

1　はじめに

本章では、ユーザーの世界規模及び欧州規模の組織における、組織の名称に関する議論の検討によって、なぜ両組織が名称を変更したのかを明らかにすることを目的とする。

精神障害者は、精神医療体制が確立した地域においては、精神医学的診断を根拠としてさまざまな差別を受けてきた。さらにその診断は、本人の自発的な受診によりつけられたわけではない場合が少なからずある。本人が治療の必要性に同意しない場合、その人は病識がないと見做され、精神科医による診断やその他の専門職の判断の方が適切なものとして扱われてきた。このような状況に対して、精神障害者はさまざまな形で異議を唱えてきた。その一つが、医学的診断とは異なる名のりであり、このような実践は精神障害者の社会運動の先行研究においても特に注目されてきた。

米国では、コンシューマーやサバイバーという用語が使われることが多い。コンシューマーは、自発的に精神医療サービスを利用するという選択をする人々、サバイバーは、精神医療サービスを利用した際に苦痛やトラウマを受けたと感じている人々を指すとされる（Sharfstein and Dickerson 2006: 734-735）。さらに、コンシューマー、サバイバーの他にも多くの用語がある。マクリーンは、米国の運動で使われているいくつかの用語について次のように説明している。

> コンシューマー、顧客（client）、患者という自己認識を持つ人々は、精神医療の医学モデルや伝統的な精神医療の治療を受け入れつつも、全体としてのサービス体制の改善やコンシューマーが管理する代替的な方法のために運動する傾向にある。元患者、サバイバー、元収容者という自己認識をもつ人々は、精神医療の医学モデルや専門職によるコントロール、強制的な治療を拒否し、もっぱらユーザーが管理する代替的なセンターのみを求める。（McLean 1995: 1054）

これらの用語の中で、コンシューマーという用語を好まない人々がいるという。その理由は、一つには、サバイバーや元患者には精神医療サービスを消費するか否かの選択の自由がないにもかかわらず、まるであるかのような状況をこの用語が示唆していること、もう一つには、市場経済を連想させ、精神医療サービスの利用者と提供者の関係をわかりにくくさせることだという（Cohen 2004: 51）。また、マクリーンは、コンシューマーという用語が、「ほとんどの『コンシューマー』は公的セクターのサービスを受けているのに、サービスの受け手が治療の支払いをしているような」誤解を招くため好まれないと述べている（McLean 1995: 1053）。ただし、特に最近では、急進的な（radical）立場であるかどうかに関係なく、馴染みがある用語を使用している人々もいる（Weitz 2003; Diamond 2013: 68）。

英国では、ユーザー、サバイバーという用語が使われることが多く、ユーザーは米国におけるコンシューマーと同様の立場、サバイバーは米国におけるサバイバーと同様の立場をとる人々を指す場合が多い。ただし、美馬は、「英国では、コンシューマーという語は購買力のある（エリート）消費者という意味なので好まれないという」と指摘している（美馬 2016a: 81）。また、ユーザーとサバイバーの対立は、米国と比較して緩やかであるとされている。クロスリーは、英国の精神障害者の全国組織の一つであるCOPE（Community Organisation for Psychiatric Emergencies）が、何度か名称変更を繰り返して、一九八五年に最終的にCAPO（Campaign Against Psychiatric Oppression）となったことについて、「患者」や「治療」といった精神医療の用語を使わなくなった点に注目している。そして、「急進的になった『精神病患者』は、もはや自身を『精神病患者』とは名指さなくなった。自己認識の新たな形が始まった」と述べている（Crossley 2006: 173）。

アフリカ系アメリカ人の運動はブラック、性的少数者の運動はクィアというように、いくつかの運動は、自分たちへの蔑称に肯定的な意味を持たせて転用し、運動のアイデンティティとしてきた。精神障害者の運動においても同様に狂気（mad）という用語が肯定的に使われている。カナダのトロントにおける「マッドプライド」の祭典は、一九九三年に「サイキアトリック・サバイバー・プライド・デイ（Psychiatric Survivor Pride Day）」という名称で始まった。この名称は、同性愛者や「黒人」と同じように自分たちの特徴に肯定的なアプローチをしようと考えてのものだった。しかし、これに対して精神障害者からは、その中には同性愛者の人がいるにもかかわらず、ゲイ、レスビアンを連想されたくないという批判、同性愛者からは、狂気（crazy）を連想されたくない、私たちの日（Pride Day）を盗むなという批判があがった。この後、祭典の名称が変更されたり一時的に休止になったりといったことを経て、二〇〇二年からマッドプライドという名称で毎年継続的にパレードがおこなわれている（Reaume 2008; Finkler 1997）。

日本の浦河町の「べてるの家」における「自己病名」をつけるという実践について石原孝二は、「医師の権威への挑戦であり、専門家から苦労を取り戻すための重要な作業」であるとする。そして、自己病名の興味深い点として、「必ずしも医学的な診断名を排除していないこと」をあげる。石原は、このような実践を「半精神医学（quasi-psychiatry）」と呼び、「『病気』であることを認めつつも、診断名だけでは捉えきれない当事者個々人の多様な苦労を表現している」と説明する（石原 2013: 36-38）。

このように精神障害者の運動における自己認識は、多様であることが認識されており、それぞれの用語の意味が分析されてきた。先行研究は、自己認識は精神医療に対する主張や中心的な問題関心だけでなく、地域によっても異なっていることを指摘してきた。本章では、世界規模や欧州規模といった広い地域の精神障害者によるネットワークが、このような多様性にどのように対応してきたのかを検討する。世界組織はユーザーの連盟、欧州の組織はユーザー及び元ユーザーのネットワークとして、一九九一年に発足した。そして、その後一九九七年に、世界組織はユーザー、サバイバーのネットワーク、欧州の組織は（元）ユーザー、サバイバーのネットワークと名称を変更する。つまり、両組織とも同じ年にサバイバーという用語を名称に入れた。発足時の名称に対してどのような批判が出され、なぜ名称を変更することになったのか、同様の変更をした二つの組織における議論から明らかにする。

2　世界組織における名称に対する批判

2-1　第1回総会

世界精神医療ユーザー連盟（WFPU）の名称決定の過程については、第2章で記述したため、本章では省略する。ＷＦＰＵの初代議長であったオーヘイガンは、ＷＦＰＵという名称について、組織に名前を付ける必要があり、急いで決定されたと話す。その上で、二つの用語について問題点があったと指摘する。一つ目の用語は、連盟（federation）であり、連盟に関する問題の一つは、英語で連盟というのは異なる機関がきちんと整理された構造を持って合わさっていることを意味しているが、それはＷＦＰＵの実態に即していなかったというものだ。ＷＦＰＵは、当時は小さなネットワークであり、連盟という用語はＷＦＰＵの実態をうまく言い表していなかった。もう一つの問題は、世界精神医療ユーザー連盟という名称が世界精神保健連盟（WFMH）を連想させることであった。ＷＦＰＵでは、ＷＦＭＨと合同の組織と思われたくないという意見が継続的に出されていた。ＷＦＭＨの立場には賛成しないので、その世界大会の場で会う必要はないのではないかとの意見もあり、これについては継続的な議論があった。二つ目の用語は、「精神医療ユーザー（psychiatric users）」である。ＷＦＰＵのすべての会員がユーザーというアイデンティティをもっているわけではないのに、ユーザーしかＷＦＰＵの会員にはいないように思われるという点が問題であった。また、世界にはユーザー、サバイバー、コンシューマーなど精神障害者が自分たちを呼ぶときに使う多くの用語があるが、「精神医療ユーザー」という名称を使っている人たちは皆無といってよく、メキシコの人たちが、スペイン語で「利用者」を意味する「usuarios」を使っていたくらいであったという（O'Hagan interview on 03 September 2016）。

一九九三年六月に発行された第2号目となるＷＦＰＵのニュースレターには、一六か国に会員がおり、四〇〇名以上が会員として名簿に載っていると記されている。資金としては、ニュース購読料として、これまでに五〇〇米ドル集まっているが、「幾つかの企業や国際機関からの資金調達の試みは成功にはほど遠い」と書かれている。ニュース購読料は、ユーザーの個人が五米ドル、ユーザーの団体が一〇米ドル、ユーザーでない個人及び団体が一五米ドルと設定されている。ただし、ユーザーの個人は、支払う余裕がない場合、購読料は無料になる。[44] ニュースレターで使われている呼称は、「ユーザー」だけでなく、副議長による巻頭言では「コンシューマー／サヴァイヴァーの為になること」、議長による次回の総会の案内では「ユーザー／サヴァイヴァーを歓迎」することと書かれている。また、ＷＦＰＵという名称について、ドイツのレーマンから、ＷＦＰＵのニュースレター第1号に掲載された二名の意見に賛成するとの投稿が寄せられた（WFPU 1993a=1993）。[45] レーマンは、投稿の中で次のように述べている。

44　ニュース購読料については、日本語版（WFPU 1993a=1993）では省略されているため、英語版の七ページを参照して記載した。この購読料が、年間の購読料なのか、一度支払ったらもう二度と支払わなくてよいのか、その他なのかはわからない。ただし、この時期、ニュースレターは数カ月に一通の頻度で発行されていた。

45　ＷＦＰＵのニュースレター第1号は、入手できておらず、参照できていない。

お金を持っていてメキシコに行って組織を作った少数の人々が（彼等が行ったことは嬉しく思っていますが）関わる全てのことを決めるのは不可能です。運動内部のごたごたを考えなければなりません。そして私は、議長が議長としてではなく、個人としての意見を言うのがいいと思います。（中略）私のように精神医療に苦しめられた人々と、精神医療に助けられたと感じている人々が、お互いに違った考えを十分認めあえるよう望んでいます。かなり考え方の違った二つのグループが一つの名前（ユーザー、被害者、サヴァイヴァー）を使うことはできません。（WFPU 1993a=1993）

このような投稿に対してオーヘイガンは、ニュースレターの号外で名称について議論できればもっとも良いが、一九九三年に東京で開催予定の第２回総会までニュースレターを発行する予定はないため、第２回総会までに事務局に手紙で提案を送ってもらい、それを元に第２回総会で議論したいと応えている。ニュースレターには、その他にも各地域からの活動報告の欄が設けられており、日本、ザンビア、米国の会員による「ドイツとスカンジナヴィア」の旅行報告、スロヴェニア、ギリシャからの報告が掲載されている（WFPU 1993a=1993）。

２-２　第２回総会

ＷＦＰＵの第２回総会は、一九九三年八月二三日から二七日に千葉県の幕張メッセで開かれたＷＦＭＨの世界大会に合わせて開催された。ＷＦＰＵの会議は、二四日から二七日の四日間に渡っておこなわれ、初日の時点での出席者は、日本から一六名、ニュージーランドと米国からそれぞれ三名、英国から二名、オランダとスウェーデンからそれぞれ一名の合計二六名だった（WFPU 1993b）。ＷＦＰＵのニュースレターには、「世界精神保健大会に九人のユーザー／サヴァイヴァーを招待してくれたことに対し、大会関係者にお礼を言います」（WFPU 1993a=1993）[46]と書かれており、日本以外の地域の出席者は、ＷＦＭＨの招待を受けてその資金で総会に参加したと推察できる。ＷＦＭＨの世界大会には精神障害者の活動に関する分科会が設けられており、「国際的なユーザーの運動」の分科会ではＷＦＰＵの第１回総会に参加した日本の小金澤政治が議長、オーヘイガンが講演者を務め、「市民の権利擁護は、精神保健活動を通して、スティグマを止め傷を癒し予防を促進できる」という分科会では、米国のロビンスが講演者を務めた（WFMH 1993: 173-174）。

第２回総会の初日には主に、一九九一年の総会から現在までの状況が報告された。第１回総会のときの委員の会議に出席した八名の中で今回の会議に出席できたのは三名だけだった。その三名のうちまず、議長のオーヘイガンがＷＦＰＵのメンバーの数やニュースレターの発行状況などを説明した。また、自身がいくつかの国際会議で発言し、ＤＰＩとの関係も築けていることを報告した。副議長のデル・ヴェッキオ（Paolo

46　この九名の選出方法については第2回総会において、オーヘイガンに対して手紙で問い合わせがあったことが報告され、それについて話し合いがもたれた。選別の経緯としては、ＷＦＭＨの大会の主催者から大会に参加するための資金提供をするユーザーの名前を八人挙げるようにオーヘイガンに依頼があり、時間も適切な決定のための仕組みもできていなかったのでオーヘイガンの判断でメンバーを決定したことが共有された。オーヘイガンは、会議の出席者に対して、もし今後もＷＦＭＨから会議に出席するための渡航費用の援助を受けられるとしたら、そのメンバーをどのように決定すべきか問いかけた。議論は、具体的な決定には至らず、今後そのような決定をおこなえる仕組みをつくっていくことが合意された（WFPU 1993b）。

del Vecchio）は、資金獲得に向けて動きつづけているが、ほとんど成功していないことを報告した。三〇個ほどの私的な財団と連絡をとっていたが、申請はすべて却下されていた。日本の小金澤は、ＷＦＰＵの日本部会を立ち上げたことを報告した。そして、この日の最後に、ＷＦＰＵの会議にはユーザーしか出席が認められないことが合意された（WFPU 1993b）。

二五日にはいくつかの国の状況が共有された。まず、日本から二件、国内での活動に対する支持の要請があった。一つは、保安処分についてであり、山本眞理と大野萠子が資料を配って説明した。もう一つは、確定判決前に「幻覚妄想状態（分裂病の疑い）」と診断されていた川中鉄夫の死刑が一九九三年三月に執行された件についてであり、違法かつ差別であるとして日本政府に抗議していたところだった（大野・山本 1996）。これら二つの件について訴えがあり、ＷＦＰＵはこの活動を支援していく意向を示した。メキシコのメンバーからは、自国の精神病院について写真を使って状況が共有された。この報告に対してオーヘイガンは、ギリシャのレロス島の例を挙げた[47]。この例と同じように国際社会の圧力を使って問題を改善できるのではないかと考え、ＷＦＰＵがメキシコの状況への抗議の手紙を書くことが提案された（WFPU 1993b）。

二六日の会議では、ネットワークの名称、規約、構造について話し合いがもたれた。ネットワークの新しい名称に関しては、このときには議論は決着に至らず、次回の総会が開催される一九九五年にもちこされることとなった。また、組織の規約についても事前に草案はつくってあったのだが、結論には至らず、次回の総会までに会員全員にみてもらえるようにすることになった。組織の構造については、オランダのヴァン・ダー・メールが、欧州のネットワークの構造がＷＦＰＵのモデルとなると提案し、それについて欧州のネットワークには議長や会長がいないこと等を説明した。その結果、欧州のように仕事を課題ごとに分けるというアイディアは採用するが、議長という役割は残しておくことに決まった（WFPU 1993b）。

最終日二七日の話し合いでは、前日の議論を踏まえて組織を運営するための構造が決定された。運営機関は、運営委員会（Coordination Group）と分科会で構成されることとなった。運営委員会は、議長と分科会のまとめ役で構成され、各分科会の計画を承認して進捗状況を確認し、新たな課題を始めたり追加の課題を割り振ったりする役割を担う。また、ＷＦＰＵの総会の運営に関すること、二年ごとの総会の間に決定すべきことがあれば運営委員で意思決定がなされることが決まった。さらに、運営委員会を招集したり運営委員会内で情報共有を図ったりするコーディネーターの役割も設けられた。議長は、二年ごとに開催される総会での選挙で選出され、その際に自国だけでなく他の国からも推薦されなくてはならない。選挙の方法は、一か国につき一人を推薦し、それぞれの国の選択が一票として計算されることになった。分科会のまとめ役は、ＷＦＰＵのメンバーであれば誰でも立候補でき、二年ごとの総会で承認を受けることとされた。分科会のメンバーは、そのまとめ役によって選ばれる。分科会は、全部で四つあり、一つ目はニュースレターと運営、二つ目は会計、三つ目は政治活動、四つ目は「第三世界」のユーザーの支援だった。一九九三年から一九九五年までの予定として、分科会は六カ月ごとに進捗状況を運営委員会に報告することになった。運営

47　患者が裸のままでいたり虐待を受けながら収容されていたりしたレロス島の精神病院の様子が一九八〇年代に入ってメディアにさらされ、特に欧州連合などから強い非難を浴びた。その後、障害者などの就労の場を提供するソーシャルファームの運動などが介入して、状況が改善したということがあった（WFPU 1993b）。

委員会の会議は、ファックス、掲示板、電話などを用いて六カ月ごとの分科会の報告の一カ月後におこなわれる。また、臨時の会議は運営委員のだれでも招集できることが合意された。これから考えていかなくてはならない問題として、分科会の中での力関係、また情報を英語以外の言語に翻訳する必要性があげられた。最後に、議長と副議長を一人ずつではなく二人の共同議長を置くことが合意された。共同議長に推薦されたのは、一九九一年から一九九三年まで議長を務めてきたオーヘイガンと副議長を務めてきたデル・ヴァッキオであり、二人が共同議長となった（WFPU 1993b）。

第2回総会のあと、一九九三年一二月にオーヘイガンは、第2回総会の参加者など一一人にファックスを送って、第2回総会の決定事項と今後の予定を確認した。そこでは、各分科会に一九九四年二月末までにまとめ役を決めて、分科会としてどのようなことをする予定か報告が求められている。[48] 第2回総会では新しい組織の名称は決定に至らず、引きつづき議論するとの決定は、一九九四年五月のニュースレター第3号によって会員に通知された。もしよい名称を思いついたら一九九四年の九月末までにＷＦＰＵに送ってほしいと求めている。そして、次号のニュースレターでは、名称の代替案をすべて並べた上で、投票を募りたいとしている（WFPU 1994: 6）。[49] ニュースレター第3号には、第2回総会の議事録が掲載され、各分科会に貢献したい人のための連絡先が書かれている。その他、各地からの投稿も掲載されており、第2号に掲載されていなかった地域では、ジョージア、ロシア、南アフリカ共和国、スウェーデン、メキシコからの投稿があった。また、一九九五年にアイルランドのダブリンで開催される予定のＷＦＭＨの世界大会に合わせて、ＷＦＰＵの第3回総会の開催が提案されている。さらに、ＷＦＰＵの分科会に関わっている米国の会員からは、ＷＦＭＨの世界大会よりも一日早く集まり、丸一日を使って絆を深め相違点よりも共通点の方が多いことを確認するために人生を語り、その日の最後に癒しや鎮静の時間を設けたらよいのではないかとの提案があった（WFPU 1994）。

3　欧州の組織における名称決定

欧州では一九九一年一〇月にザンドヴォールトにて第1回総会が開催され、欧州の精神障害者のネットワークが、「欧州精神医療のユーザー・元ユーザーネットワーク」という名称で発足した（第3章）。ヴァン・ダー・メールは、第1回目の総会における名称の議論について、非常に困難（very difficult）でうまくいかないかと思われたと話した。組織をつくるとき、名称について合意が得られなかったとしても組織自体が失敗と自分たちは考えないけれど、ドイツの人たちにとって正しい（right）名称であることは非常に重要であったという。すべての人の合意を得ることはできなかったので、「今はこの名称でやっていこう。サバイバーと呼ばれていないからといって組織を去るのはやめてほしい」と頼むことにした。このため、第1回総会での決定が永続的なものとなることを望みつつも、名称について合意しておらずもう一度議論したいと

48　一九九三年一二月二〇日付けのオーヘイガンによる「Memorandum」と題されたファックスメッセージを参照した。
49　この通知は、一九九四年冬に発行されたアオテアロア（ニュージーランド）の精神障害者のネットワークである「アオテアロア精神医療サバイバーネットワーク（Aotearoa Network of Psychiatric Survivors）」のニュースレター第14号にも掲載された。

思っている人がいることをわかっていたので、一時的な名称だと思っていたという（Van der Male interview on 30 July 2018）。

第1回総会のあと、ヴァン・デ・グラーフと、ヴァン・ダー・メール、ヴァン・ホーン、ヴァン・アブショーフェンたち患者組合のメンバーは、アムステルダム市にお礼をしに行くと共に、欧州デスクに対する経済的支援を依頼しに行った。アムステルダム市は、欧州デスクに対して三年間、[50]六〇〇〇ギルダーの支援をすると約束した。[51]その資金で、ボランタリーな組織のためのセンターの一室を借り、そこでヴァン・ダー・メールが欧州デスクに関する仕事をすることになった（Van de Graaf interview on 20 September 2019）。ヴァン・ダー・メールは、当時、精神病院から出てきて仕事を持っておらず、生活保護を受給して生活していた。入院する前は、二つの大学に通っていたため奨学金をもらっていたが、入院によりそれは打ち切られていた。そこで三年間、欧州デスクの事務局として働くことにしたという（Van der Male interview on 30 July 2018）。[52]

第1回総会では、ネットワークの運営のためにオランダに「欧州デスク」を設けることが決まった（第3章）。第1回総会では、意思決定機関を設けないとの合意に至っていたものの、オランダ政府からネットワークへの資金は、オランダの患者組合を通して提供されていたため、患者組合が実質的な決定権を持つ状態となった（Jensen interview on 02 September 2019）。また、誰を欧州デスクの秘書として雇うのかは、ネットワークの決定ではなく患者組合による決定であった。欧州デスクは、ネットワークの理事の一員でもなかったため、ネットワークと欧州デスクのあいだには緊張関係があり、いくつかの誤解も生じていた。ネットワークを組織として登録しようというとき、その名称を決定したのは欧州デスクであったという。また、理事会に対する招待状などの多くは欧州デスクに届いており、そちらが組織の代表だと思われていた（Lehmann interview on 31 August 2019）。

第1回総会の後、欧州のネットワークは、一九九二年に二通のニュースレターを発行した。最初の二通のニュースレターを発行した組織の名前は、「欧州患者組合ネットワーク（The European Client Unions Network）」となっている。この二通のニュースレターは、A4サイズ一枚の両面刷りで、第2回総会以降に出されたものと比較すると情報量が少なく、会員による投稿も掲載されていない。第1号のニュースレターでは、第1回総会の報告と、危機的状況に陥った時にどのような対応をしてほしいのかを事前に意思表示しておく精神医療に関する宣言書についての説明が、掲載されている。精神医療に関する宣言書の説明では、その考え方を最初に提案した人として、その反精神医学運動の主導者の一人とされるサズの論文（Szasz 1982）が紹介されている（The European Client Unions Network 1992a）。第2号では、欧州のネットワークが欧州内で実施しようとしている調査についての説明のほか、団体やイベントの紹介が掲載されている。その

50　資金探しは、第1回総会の直後から開始され、約一年の後にアムステルダム市の自治体からの助成金を得ることに成功した。三年間は、一九九二年から一九九四年までである（Van der Male no date）。

51　六〇〇〇ギルダーが一年間分の金額であったのか、三年間分であったのかは不明である（Van de Graaf interview on 20 September 2019）。ギルダーは、オランダにおいてユーロ導入前に使われていた通貨で、XE国際送金会社の換算によれば六〇〇〇ギルダーは三〇万円から四〇万円ほどである。

52　Van der Male（no date）では、欧州デスクに対する助成金はデスクの場所を借りる費用等として使われており、ヴァン・ダー・メールは専任だが無給で仕事をしていたと書かれている。

中にはＷＦＰＵの紹介もあり、ＷＦＰＵがどのような目的で設立されたのかが説明されるとともに、さらなる情報が欲しい人はオーヘイガンと連絡を取ってほしいとされ、連絡先が掲載されている（The European Client Unions Network 1992b）。

一九九三年、欧州デスクを担当していたヴァン・ダー・メールは、欧州デスクの状況について、欧州デスクの発足により欧州のネットワークは、郵便のやりとり、電話の受け答え、講演、欧州からの訪問グループの受入れなどができるようになったと報告している。欧州デスクの仕事は徐々に増えていき、ヴァン・ダー・メールはそれに多くの時間を注ぎ込むようになったため、普段の仕事を辞めて、支払いのない専任として欧州デスクの仕事をするようになった[53]。ヴァン・ダー・メールは、欧州デスクに対するニーズの高まりに応えるため、また、より効率的に仕事を進めるために、さらなる資金が必要であり、それを探しているところだと述べている（Van der Male no date）。

4　欧州の組織における名称変更

本節では、欧州のネットワークにおける名称変更の過程を記述する。ネットワークの第２回総会では、名称変更の提案がおこなわれ、名称に関する議論が紛糾した。そこでネットワークは、意思決定はせず意見を出し合うことを目的とした自己認識に関するセミナーを開催した。また、ニュースレターの紙面上に会員からの名称に関する意見を掲載した。このような話し合いを経て、第３回総会では、あまり議論を要することなく名称変更がおこなわれた。

4-1　第2回総会

欧州のネットワークの第2回総会は、一九九四年五月二六日から二九日にデンマークのエルシノアでおこなわれた。デンマークが会場として選択されたのは、デンマーク政府からの経済的援助があったからである。この総会は、デンマークの社会政策省と外務省、エルシノア市、また、欧州連合のヘリオス2プログラムの枠内で、障害者の統合を推進する課である欧州委員会の第5総局第3課からの資金提供を受けて開催された（European Network of Users and Ex-Users in Mental Health 1994a: 5）。オランダ政府は、欧州のネットワークに対して、自国が数年間の支援したのちには、今度は他国の政府がネットワークを支援すべきだといった。欧州連合の理事会は、半年ごとに議長国が交代することになっており、議長になった国がその度に異なる問題やテーマの取り組みを促進することができた（Lehmann interview on 31 August 2019）[54]。この仕組みを利用して、デンマークのジェンセンやオルセンたちは、デンマーク政府から資金を得ることに成功した（Olsen interview on 10 August 2018; Jensen interview on 02 September 2019）。

この総会は、デンマークのＳＩＮＤと、スウェーデンの組織ＲＳＭＨが主催した。この当時、デンマーク

53　上述のようにインタビューにおいて、ヴァン・ダー・メールは、欧州デスクは、有給の仕事であったと話している。これについての詳細は、確認できていない。

54　欧州連合理事会とは、「連合発展のための政策、対外政策についての政治的指針を決める」機関であり、「立法権は有しない」。「理事会は一九七五年三月開催を皮切りにこれまで年二回開かれてきた」。議長は、構成国が半年ごとに交替で務めてきたが、二〇〇九年のリスボン条約の発効に伴って常任議長が務めることとなった（岡村 2010: 56-58）。オランダ政府は一九九一年後半の議長国、デンマーク政府は一九九三年前半の議長国を務めていた。

には精神障害者だけの組織はなかった。全員で七〇名が出席したほか、八名が通訳者として参加した。一か国から三名以上が参加したデンマーク、イタリア、ポーランド、スウェーデンについては、各国の代表者としての出席者とオブザーバーとしての出席者がいた。総会の日程は、二六日はレセプション、二七日は分科会の内容について講演会がありその後五つの分科会に分かれての活動、二八日は分科会の報告のあと全体の会議がおこなわれ、午後はフェリーでスウェーデンにいってＲＳＭＨを見学した[55]。最終日には、全体会議のつづきと役員の選出がおこなわれた。開催式にエルシノア市の市長代理が歓迎の言葉を述べたり、なか日にはエルシノア市によって市内のドロップインセンターでレセプションが開催されたりした（European Network of Users and Ex-Users in Mental Health 1994a: 5, 51-53, appendix 2）。

二七日には、まずオーヘイガンが講演した。オーヘイガンは、翌日からスペインで開催されるＷＦＭＨの理事会に理事の一人として出席することになっていた。そこでジェスパーソンが、第２回総会にオーヘイガンを招待することを提案したのだった。ジェスパーソンが招待を提案したとき、欧州の会員たちは、「メアリー・オーヘイガンって誰?」「その聞いたこともない組織は何?」などと言って、ジェスパーソンの言うオーヘイガンやＷＦＰＵの存在を信じようとしなかった。その人たちは、世界組織やオーヘイガンについて聞いたことがなかったので、ジェスパーソンは説得するところから始めたという（Jesperson interview on 02 August 2018）。講演においてオーヘイガンは、ＷＦＭＨの中でユーザー、サバイバーの声が大切にされていないと述べ、何かＷＦＭＨに言いたいことがあれば伝えると言った。講演に対しては、ＷＦＭＨを変えようという活動は自分たちにとって意味のあることなのかなどＷＦＭＨとの関係に関する質問が挙げられた（European Network of Users and Ex-Users in Mental Health 1994a: 11-14）。

分科会は五つ企画されており、一つ目のテーマは自己決定、社会統合（social integration）、福祉についてであった（第6章参照）。二つ目は、法的な問題、人権、強制治療についてであった。この分科会の講演は、英国で活動するウォルクラフトがおこなった。ウォルクラフトは、まず一九七五年に国連で採択された拷問等禁止宣言の定義を引用して[56]、精神科の治療が拷問に該当する場合があることを指摘した。それから、英国の強制入院を正当化する法律の歴史的変遷と、一九九一年に採択された国連原則に言及して国内法でも国際法でも精神障害者の人権侵害は許容されていると述べた。そして、最後に地域治療命令の立法への反対運動について、初めて自分たちの声が聞き入れられた運動として言及した[57]。

三つ目の分科会は、医学モデル、診断、治療方法についてであった。この分科会の講演は、ドイツのレー

55　ジェスパーソンたちが活動していたＲＳＭＨは、スウェーデンの南部のヘルシングボリにあった。デンマークのエルシノアとスウェーデンのヘルシングボリは、何故か発音が非常に似ているため苦労したという。ＲＳＭＨは、欧州のネットワークのために食事を用意し、パーティーのような催しをしてくれた（Jensen interview on 02 September 2019）。グーグルマップによると、エルシノアとヘルシングボリとの距離は七キロメートル弱であり、一時間かからずに移動できる。

56　総会の報告書には、拷問等禁止宣言（UN Doc. A/Res/3452(XXX)）の第1条が引用されている（European Network of Users and Ex-Users in Mental Health 1994a: 26）。拷問等禁止宣言は、一九八七年に法的拘束力のある条約（UN Doc. A/Res/39/46）となった。

57　地域治療命令（Community Treatment Order）は、一九九四年の時点では法制化されていなかった。しかしその後、二〇〇七年に精神衛生法（Mental Health Act）として法制化されている。英国の精神衛生法は、一九五九年に制定され、一九八三年に大きく改正された。その後、一九九四年に一部が改正されたあと、一九九八年から再び改正が検討された。九年に渡る議論ののち二〇〇七年に改正が成立した。地域治療命令は、退院後に治療が中断することによって症状が再発または悪化するのを防ぐために設けられた。

マンがおこなった。レーマンは、精神医療の治療のなかでも特に薬物療法についてのその治療法の考え方と有害な作用について説明したあと、精神障害者が運営する精神医療のオルタナティブの確立に向けて運動を進めていくことの重要性を強調した。そして、それに向けて、精神医療を改良した上で利用したいと考えるユーザーの立場の人と、精神医療を二度と利用したくないと考えるサバイバーの立場の人は協力しなくてはならないと述べた。

四つ目の分科会は、精神医療のオルタナティブについてであった。この分科会の講演は、米国のチェンバレンがおこなった。チェンバレンは、オルタナティブを精神医療と対置して説明し、自分たちの手でつくるオルタナティブが精神医療にとりこまれてしまってはならないと主張した。そして、米国とカナダの例を中心に、オルタナティブの実践の成功例と失敗例を挙げた。この分科会には、一二か国から一五人の参加があり、オルタナティブの実践の構造やセラピーなどさまざまなテーマのモデルケースについて話し合ったと報告された。その議論によって導かれた一七のアイディアのリストが提示されたが、話し合いは合意には至っていないためそれらのアイディアは一貫していないと報告されている。全体の話し合いでは、医学モデルから離れた精神医療になるよう、ユーザー、サバイバーが専門職を訓練するというアイディアが出された。現在の精神医療のままではよくないという合意は形成されており、どのようなオルタナティブの方向性がありうるのかイタリアのワーナー（David Warner）の調査[58]によって情報を集めていくことが確認された。レーマンは、この分科会が提示した文書は、公開するには精神医療への批判が強すぎるために内部の議論でのみ使用することを提案し、投票によってこの提案は承認された。そして、今後のこの分科会の運営の仕方として、ワーナーからプロセッサー担当を設けることが提案された。プロセッサー担当の仕事は、いくつかの分野に分かれて情報を集め、それを短い英文にまとめて、情報センターに送ることである。情報センターは欧州デスクが務めることになった。プロセッサー担当として多くの人が立候補し、ハウジングや映画、立ち寄り所など一一の項目について分担して情報収集をおこなうことになった。

五つ目の分科会は将来の組織とネットワークの構造についてであった。この分科会の講演は、英国のグレイリーとデンマークのジェンセンがおこなった。グレイリーは、英国の精神医療ユーザーの三つの全国組織であるマインドリンク、SSO、UKANが、一九九二年から二年間かけて協力して遂行していた政府のプログラムについて説明した。そのプログラムにおいて三つの組織は、施設から地域への移行を進め、地域で適切な支援が受けられるようにするために三つの課題を設定して、その課題のもとに連帯していた。ジェンセンは、一九九一年の会議でつくった欧州のネットワークの構造は、情報を共有し連帯していくためには適したものだが、このネットワークがより政治的な力をもって自分たちの意見に影響力をもたせていくためには、より強固で整理された構造が必要であると述べた。また、第1回総会のときに組織の代わりに意思決定する権力も義務もない機関として設置した各課題の調整委員会が、実際にはこの二年間意思決定機関のように機能してきたことが報告された。そして、欧州の組織が、情報交換や交流のためのネットワークでよいのならこのままの組織構造でもよいが、今後、組織として統一した意見を出し政策に影響を与えていくために

58　第1回総会においてイタリア、ギリシャには、「精神医療のオルタナティブとしての協働組合、作業療法、治療共同体に関する情報収集」が割り当てられており、その調査のことを指すと考えられる。

は、意思決定機関をもった組織の構造に変えていく必要があると述べた（European Network of Users and Ex-Users in Mental Health 1994a: 25-42)。

この分科会は、議論の時間として定められた時間以外の空き時間にも話し合いをおこなった。そして、ネットワークの構造の変更を提案した。それぞれの課題グループをまとめてきた運営委員会の代わりに、六人で理事会をつくるという提案が出された。議長一名と、欧州を五つの地域に分けてそれぞれの地域から一名ずつ理事を選出し、その五名のうちの一名が共同議長となる構造である。また、それぞれの理事にはその人が会議に出席できないときのために代理人がつけられる。理事会は六か月ごとに会合をもって、総会で決まった通りにネットワークを運営し、それぞれの分科会とも連携していく。事務局の役割をになってきた欧州デスクは、これまで無給だったが六か月間有給で雇用される。ネットワークにはまだ法的な組織体制ができていなかったため、オランダの患者組合が法律上の雇用主になった。ニュースレターは、年に三回以上発行することとし、スウェーデンのメンバーがその役割を担う。二人の共同議長も欧州デスクとニュースレターに直接関わり、これら二つの役割を担うメンバーには投票権はないが六か月ごとの理事会への出席は求められる。これらの提案が全体の議論において披露され、拍手によって採択された。そのほか六か月ごとの会議に出席するための費用は、基本的に個人またはそれぞれの地域の組織が確保することになっていたが、例外としてスロヴェニアから参加する理事の分については、理事会がその費用を見つけてくることになった。また、女性の問題と少数民族の問題に対処することの重要性が指摘され、少数民族の問題に特別関心を寄せている女性であるチェコ共和国のフェイグローバ（Eva Feiglova）を中心に情報を集め、将来的にはこの問題に関する分科会をもちたいということになった（European Network of Users and Ex-Users in Mental Health

1994a: 41-45)。

分科会とは別に二つの提案が出された。一つは、次回の総会の会場について、議長から次回総会の英国での開催が提案された。この提案を英国の代表団が受け入れ、ほかのメンバーが拍手をして採択された。もう一つは、ネットワークの名称についてである。ドイツの代表団が二五名の署名とともに「欧州精神医療ユーザー・サバイバーネットワーク(European Network of Users and Survivors of Psychiatry)」という名称を提案した(European Network of Users and Ex-Users in Mental Health 1994a: 46)。提案された名称は、現在の名称と比較して、元ユーザー(ex-users)が含まれていない点のみが異なる。レーマンは、最初に決まった名称を好ましく思っていなかった。パンフレットを作って、さまざまな人のところを回り、名称変更のための署名を集めていたという(Van der Male interview on 30 July 2018)。この提案は投票の結果、反対過半数により却下された(European Network of Users and Ex-Users in Mental Health 1994a: 46)。

変更を提案したドイツの人々についてジェスパーソンは、精神医療が役に立ったと思っていないため、ユーザーあるいは元ユーザーという用語を使いたくないと思っていたという。その人たちは、自分たちのことをサバイバーと呼んでいた。それに強く反対したのが、オランダの会員たちであった。既にこの名前で発足したのに、どうしてその名前を使わず変更しようとするのかとの疑問を呈していた。ジェスパーソンは、非常に怒って「ドイツ人はきらいだ。ドイツ語さえもきらいだ」と叫んでいたメンバーがいたのを覚えているという(Jesperson interview on 02 August 2018)。ルソは、一九九一年の第1回総会には入院していたため出席できなかったが、第2回総会には出席した。このときはじめて、ヴァン・ダー・メールに会い、欧州のネットワークの創設者として、人としては非常に気に入った(really liked him very much)という。また、ヴァン・ダー・メールは、ネットワークが発足したばかりなのになぜ名称を変更する必要があるのかと言って、名称変更について心配していたという。ルソは、この心配についても理解を示していた。しかし、何と呼ばれるかは重要な問題ではないというヴァン・ダー・メールの姿勢には疑問をもっており、思想的な観点（ideological level）から名称を変更したいと考えていた。サバイバーという用語を加えることは精神医療に対する政治的姿勢を提示するために重要なことだと考えていた（Russo interview on 10 September 2019）。他方、ヴァン・ダー・メールにとって、組織の名称の変更は三年間活動してきた組織が終わってしまうことを意味しており、頭の痛い問題だったという。しかし、名称の変更それ自体よりも不愉快だったのは、強力な活動家の強力な意見が通ってしまうことだったという。また、ヴァン・ダー・メールは、ＥＮＵＳＰという名称に対する懸念について、省略形に馴染みがないことを挙げている。誰も知らない省略形を使っていては、何のことかわからず、新たな会員に出会いにくいのではないかと考えていた。しかし、実際にはＥＮＵＳＰはすぐに知られるようになったという（Van der Male interview on 30 July 2018）。

投票にいたるまでの議論について総会報告では、決定の過程に関して、第1回総会では「半日を費やしてすでに議論したことである」という名称変更に反対の意見と、「未決定である」という意見に割れていた。未決定という見方の中には、第2回総会で決めるべきであるとの変更賛成意見と、時間をとって考えてから次の総会でこの議題を扱えばよいとの反対意見が含まれていた[59]。また、変更に反対の理由として、スポンサーなど外部組織の混乱を招いたり、外部組織がサバイバーという用語に否定的な意味づけをしたりしており、名称変更によっては「自分で声をあげられないほかの患者たちへの責任」を果たせないことが指摘された。賛成の理由としては、「意見の大きな連続体をカバーする共通の名前をつける必要があり、『ユーザー・

サバイバー』はそれを満たしている」ことが挙げられた。

また、サバイバーという用語については、「ナチスの時代および中世の私たちの前の世代の人たちと違って、精神医療から生還したという肯定的な意味がある」という意見や、「何かと闘って負けることを意味するが、私たちの闘いはまだ続いているので、自分のことをサバイバーだとは思っていない」という説明があった（European Network of Users and Ex-Users in Mental Health 1994a: 46-47）。レーマンは、サバイバーという用語について、強制収容所との関係において使うべきだと考えていた人もいたという。その人たちは、強制収容所で親を亡くしたりそこから生還したりした親を持つ、本当のサバイバーがいるのだから、それ以外の文脈でサバイバーという用語は使うべきではないと考えていた。ただし、飛行機事故のサバイバーや病気のサバイバーなど、強制収容所とは直接に結びつかない文脈でも、サバイバーという用語が使われることは理解されていた。それでも名称変更の過程で、欧州のネットワークを去っていた人が僅かながらいたという（Lehmann interview on 31 August 2019）。ジェンセンは、欧州で使われるようになった精神医療のサバイバーという用語は、米国から来たものではないかとする。また、この用語の意味について、次のように話している。

私たちのうちの何人かは、自己認識の問題について、自分たちは精神医療の元利用者ではないと考えてい

59　第1回総会での議論については、文書の記録は見つかっていない。

たんだね。精神医療とのつながりが強制のみによってもたらされていたり、強制治療や拘禁についての法律によってもたらさせていたりしたとしたら。精神医療とつながらなくてはいけないという経験しか持っていなかったら。そこに意思に反してそこに連れて行かれていたとしたら。精神医療の元利用者というレッテルを嫌うかもしれないし、使いたくないかもしれない。なぜなら、精神医療のサバイバーって言うのは――精神医療のサバイバーとされる人たちの中に抵抗のようなものがあるんだ。彼ら――私たちの多くは、精神医療が私たちにとって好ましくないことしたという経験があって、精神医療は不健康で、私たちの身体や精神（soul）を傷つけたけれど、私たちは生還した。だから、自分のことを、そこから逃げたり離れて抵抗したりする人として考えているかもしれないんだよね。（Jensen interview on 03 September 2019）

第2回総会では、このような議論になったので、そこでは新しい名称を決定することはせず、一九九五年[60]までニュースレター上で議論を続けることになった（Jesperson interview on 02 August 2018）。総会の最後に理事の選出がおこなわれた。議長の立候補者は三人いたが、投票の候補となっていたのは英国のグレイリーだけであった。多くの国の代表が、女性が議長になることを重要視したためである。グレイリーが、投票によって議長になった。議長の代理には七名の立候補者がいたが、そのなかで投票の候補となったのはドイツのレーマンとデンマークのジェンセンであり、開票の結果、ジェンセンが当選した。そのほか五つの地域からそれぞれ代表と代理が一名ずつ選出された（European Network of Users and Ex-Users in Mental Health 1994a: 50）。

第2回総会の後、八月一三日から一六日にロンドンにて第1回目の理事の会議が開催された。この会議は、主にロンドン・スクール・オブ・エコノミクスの学生食堂でおこなわれたものの、毎度場所を変えて会議をしたため移動にエネルギーが使われて、議題に集中することが難しかったという（European Network of Users and Ex-Users in Mental Health 1995c: 7）。出席者は、議長と共同議長、ニュースレター担当者、欧州デスク担当者、各地域理事四名の合計八名であった。理事は、全員で五名であるが、南欧地域の理事のスロヴェニアの人が出席できなかった。欠席者及び理事代理の五名には、後日、会議の議事録が配布された。会議では、第2回総会について、報告書の作成に必要な手続きが確認されたほか、「自己決定、社会統合、福祉」についての分科会が大きすぎてうまく活動できていないことなどが確認された（European Desk 1994b: 1）。ジェスパーソンは、分科会等の活動についてあまり多くのことはおこなわれなかったという。会議のときには意欲的に課題を挙げるが、家に戻ると実際には何も起こらないことが多かった。そのような中、少なくともオランダの欧州デスクとスウェーデンのニュースレター発行は活動を続けていた（Jesperson interview on 02 August 2018）。

また、理事の会議について、定足数や欠席の場合の対応等が確認された。資金については、五万デンマーククローネ（四〇九〇欧州通貨単位）[61]が残っており、報告書の印刷や配布に利用されることになっていた。今後の欧州デスクの活動やセミナーの開催等に向けて、さらなる資金の確保が必要とされており、オランダの厚生省や、ＷＦＭＨやＤＰＩを通して欧州連合のヘリオス２への応募が検討されていた。また、それぞれの

60　実際には第３回総会は一九九七年に開催された。

61　五万デンマーククローネ（四〇九〇欧州通貨単位）は、通貨換算ツールのオアンダによると、一九九四年八月一三日の時点の換算でおよそ七〇万円から八〇万円ほどである。

理事の活動している地域での理事会議の開催の可能性が検討され[62]、次回の会議は、ＤＰＩからの資金を使って後述のセミナーと同じくデンマークのコリングで開催することとなった。その他、クロザピンに関するユトレヒト大学の実験に対する抗議[63]、電気ショック療法に関する実態調査の実施などが合意された。また、世界組織であるＷＦＰＵの名称について、欧州のネットワークの理事から、「世界精神医療ユーザー・サバイバー連盟（World Federation of Psychiatric Users and Survivors）」を提案することになった（European Desk 1994b）。これは、当時のＷＦＰＵの名称にサバイバー（and Survivors）を加えたものである。

4－2 「私たち自身の私たちの理解」セミナー

欧州のネットワークは、一九九四年一二月一六日から一八日にデンマークのコリングで「私たち自身の私たちの理解（Our Own Understanding of Ourselves）」というセミナーを開催した。このセミナーは、第3回目の総会に向けてイデオロギー、政治、行動について計画していくためにいくつかの根本的なことを異なる意見や経験をもつ人たちがあって話し合うことを目的として開催され、一一か国から三〇人が参加した。このセミナーは、欧州委員会とデンマークの社会福祉省から資金援助を受け、ＤＰＩとデンマークの社会開発センター（Socialt Udviklingscenter）から資金以外の支援を受けて開催された（European Network of Users and Ex-Users in Mental Health 1994b: 3-4）[64]。

セミナーでは、自己理解、自己定義、自己決定、特別な権利か単に平等かという四つの議題があげられ、それぞれについてグループごとに意見を交換したあと、全体での話し合いがおこなわれた（European Network of Users and Ex-Users in Mental Health 1994b: 3-4）。ルソによると、セミナーでは組織の名称についての議論はあまりなされず、自分たちのことをどのように理解すべきか、どのように見るのかといった大きな組織の像について話し合った（Russo interview on 10 September 2019）。

62 デンマークのジェンセンは、自分の働いているドロップインセンターのお客として、理事たちに食事や宿泊施設を提供できると述べている。しかし、交通費については、欧州のネットワークとデンマークのＳＩＮＤのあいだにいくつかの意見の相違があるため、調達が難しいかもしれないと言った（European Desk 1994b）。

63 ユトレヒト大学の実験の報告書は、「統合失調症」や「抗精神病薬」といった用語がその存在が疑わしいにもかかわらず使われている点、向精神薬によって死に至る場合があることが言及されていない点で批判された。このため、ユトレヒト大学に新たな実験をやめるように要望するほか、報告書に対する欧州のネットワークの声明文を作成し、その報告書と共に配布してもらえるよう要請することになった（European Desk 1994b）。これに対して、一九九五年四月、ユトレヒト大学から回答があった。大学の薬物についてのサイエンスショップの担当者は、声明文の内容に不愉快な驚きを感じ、それが報告書の公開前に提出されなかったことを残念に思ったと述べている。クロザピンについての研究は、欧州のネットワークの要望を受けて開始され、研究の目的についてヴァン・ダー・メールやヴァン・アブショーフェンと繰り返し議論した上で実施された。声明の内容については、多くの点が研究の目的を越えており、この期に及んで議論しても仕方ないことである。報告書の質や信頼性に疑問を呈する声明文を同封することはできないが、欧州のネットワークのクロザピンについての意見を書いた紙なら同封してもよいというのがユトレヒト大学の立場であった（Science Shop for Drugs 1995）。そのユトレヒト大学からの回答に対して一九九五年五月に開催された欧州のネットワークの理事の会議では、欧州のネットワークの担当者も機会があったときに意見を出さなかったのであり、ユトレヒト大学の無視と失敗だけを責めることはできないとの意見が出された。その後の行動としては、ユトレヒト大学の実験ではなく、クロザピンそのものについての声明を用意することが合意された（European Desk 1995a: 8-9）。

64 ネットワークの元議長のジェンセンによると、コリングでのセミナー開催のための欧州連合からの資金援助は、ＷＦＭＨの欧州地域評議会ではなくＤＰＩを通して受けたものであるという。この説明は、第5号のニュースレターの内容に対して、ＷＦＭＨの欧州地域評議会の事務局長による、コリングのセミナーのための欧州連合からの資金は、ＤＰＩではなく欧州地域評議会を通して提供されたものであるとの訂正を受けて、ニュースレターの編集者がジェンセンの説明を掲載したものである（ENUSP 1997: 15）。

第1部は、自己理解と自己定義についてのセッションであり、前者は「私たちは平均的な市民とは違うのか。そうであるとしたら、どうしてなのか」、後者は「どうしたら伝統的な精神医学あるいは障害の用語を使うことなく、私たちを定義することができるのか」という問いについて、それぞれ参加者が自分の意見を紙に記入した。呼称を統一することの困難や、他人に決められたりすることの不適切さが、複数の出席者から指摘された。たとえば、「私たちはあらゆる集合的何か（collective-）の一部でありたくないと思っている。だから、欧州のネットワークの新しい共通の名称を見つけ出すのは難しい」、「私たち全員に当てはまる共通の分類を見つけようとすることには反対です。精神医療からの生還が、私たちに共通しているものであり、私たちの自己認識はそこで終っておくべきです」、「[私たちを定義する] すべての用語は、連合の名前となりうるものでしかない。それらの用語は、私や他の人を人として定義はしない。もう二度と定義されたくない」、「私たちは精神医療のサバイバーあるいはユーザーである。私たちは、自分たちの組織でこれらの両方の用語を使う。でも、他人が私たちに対してこれらの用語を使うのはいやだ。定義なんてされたくない」といった意見があった（European Network of Users and Ex-Users in Mental Health 1994b: 3, 7-10 [　] 内引用者）。その後の三時間に渡る議論について、ジェスパーソンは、全体会議の場で、自分たちは他の人々と同じ市民だけれど違う経験をしているという合意に至ったと報告した。「精神病」は精神的な危機といえるが、肯定的な面にも注目しなくてはいけない、自分たちは平均的な市民になることを望んでいるのではないといった意見が共有された（European Network of Users and Ex-Users in Mental Health 1994b: 11）。

第2部は、自己決定と特別な権利か単に平等かというテーマでのセッションであり、前者は「どのようにして私たちは現在の社会的状況のなかで自己決定を達成するのか」、後者は「私たちは特別な社会権（たとえば仕事、住居、お金）を要求すべきか。そうであるなら、どの権利が私たちにとって優先すべきものなのか」という問いについて、それぞれ参加者が自分の意見を紙に記入した。このセッションについては、英国のワード（Neil Ward）から、自分たちは平均的な市民と変わりないが、もしかすると障害を持っているのかもしれないとの合意に至ったと報告された。平等に扱われる機会を得られるよう、住居などの社会保障がなされるべきだとされた（European Network of Users and Ex-Users in Mental Health 1994b: 3, 22）。

第2回目の理事の会議は、一九九四年一二月一五日から一九日に、セミナーの開催に合わせてコリングで開催された。出席者は、議長と共同議長、ニュースレター担当者、欧州デスク担当者、各地域理事四名の合計八名であった。中欧地域の理事のスイスの人が出席できなかったが、自分の現状を伝える手紙を理事会に宛てて出していた（European Desk 1994c）。この会議では、東欧地域での取り組みなどが中心的な議題となった（第6章）。

4-3　ニュースレターにおける議論

一九九五年一月、第1号とされる欧州のネットワークのニュースレターが発行された。このニュースレターでは、全八ページのうち二ページ以上を割いて組織の名称についての意見が掲載されている。エルシノアでの総会ではネットワークの名称に関する疑問がもっとも熱く（hot）議論されたことの一つとされ、ニュースレターにはそれに関する三名の投稿が掲載されていた。二名はベルリン[65]、一名はルーマニアのブカ

65　一名のうち一名はルソである。

レストからの投稿であった。三名とも、名称を変更して「サバイバー」という用語を含めるべきであるという立場で投稿していた。その理由として挙げられたことは、大きく四つに分けられる。一つ目は、第1回総会では名称が決定しておらず、現在の「ユーザー」「精神医療（mental health）」という用語は欧州デスクの担当者によってつけられたものだということである。二つ目は、第2回総会では名称について話し合うよりも活動を進めた方がよいとの主張があったが、名称は活動の基盤となるものであり、それを決定する過程は非常に重要だということである。三つ目は、欧州のネットワークには、精神医療体制を利用したいと考えたり自身のことを精神病者と呼んだりする人々と、精神医療によって傷つけられそこから生還したと思っている人々がおり、そのあいだには大きな経験や意見の差異があるということである。四つ目は、その差異によって分裂してしまわないよう、差異の存在を明確にし、お互いを尊重すべきであるということである（European Network of Users and Ex-Users in Mental Health 1995a: 2-4）。

一九九五年「春」に発行された第2号のニュースレターでは、第1号の投稿に大きな反響があったことが報告された。紙面にはその中でも、当時、ＷＦＭＨの事務総長を務めていた米国の精神科医のブローディーからの手紙が掲載されていた。ブローディーは、精神医療に対する意見は多様であるというベルリンからの投稿に賛成しつつ、精神医療は廃絶してしまうのではなく適切に選択して薬物を利用できるようにすることが、多くの苦痛をかかえた人が普通の生活（normal living）をとり戻す助けになると書いた（European Network of Users and Ex-Users in Mental Health 1995b: 2）。

さらに、一九九五年「夏」に発行された第3号のニュースレターでは、チェコ共和国からの投稿が掲載され、そこでは「ユーザー」も「サバイバー」も使わない名称が提案されている。「サバイバー」を使わない理由は、その用語に衝撃を受けてしまう人々がおり、そのような人々を含めた集団の主要な基盤となる団体においては、医療者とさえ議論するための適切な状況を提供する必要があり、交渉をする前に攻撃してしまっては意味がないからだと書かれていた。「ユーザー」を使わない理由は、それが自分たちによる定義ではなく、他人の側からの定義であるからだとされた。ユーザー、サバイバーの代わりに提案されたのは、「精神医療に出会った／経験した人々（human beings）」であり、私たちは第一に人間であり、少数民族といったその他の少数者の人たちのことも気にかけるということを表していると説明された（European Network of Users and Ex-Users in Mental Health 1995c: 2）。

一九九五年「秋」に発行された第4号のニュースレターでは、「私たち自身の私たちの理解」セミナーが紹介され、ネットワークの名称についての議論を深めるために、一三人の意見が引用されている（European Network of Users and Ex-Users in Mental Health 1995d: 2-4）。一九九六年「冬」に発行された第5号のニュースレターでは、セミナーでの意見の紹介の続きとして、ジェスパーソンの意見が半ページを使って紹介されている。ジェスパーソンは、ネットワークの名称については直接的には言及していないものの、「私たちは非常に特別で珍しい経験をしているかもしれないものの、それは［逸脱行為や障害といったものではなく］普通の人間の反応の範囲である」と考えることを提案していた（European Network of Users and Ex-Users in Mental Health 1996: 2［　］内引用者）。

4-4　第3回総会

一九九七年一月二日から六日まで第3回総会が英国のレディングで開催された。第3回総会の詳細は第6

章に譲り、本章では名称変更に関する議論のみを記述する。また、第3回総会の準備の過程では、一九九四年のセミナーに合わせて開催された第2回目の理事の会議以降、第7回目までの五回の理事の会議が開催された。しかし、理事の会議では、名称に関する議論はほとんどおこなわれていないため、この過程の記述は第5章、第6章に譲る。

第3回総会において、ネットワークの構造と名称についてのワークショップのファシリテーターは、共同議長または議長の代理であるデンマークのジェンセンが担当した。ジェンセンは、NGOとして認められるために組織の構造を変更する必要があると、組織構造の変更の理由を説明した。組織構造についての説明の中でジェンセンは、ほかの強固な構造をもった組織が欧州のレベルでユーザーを代表して発言していることを踏まえて、自分たちのネットワークも法的な構造をもたなくては意見をとり上げてもらえないであろうという懸念を表明した。ただし、忘れてはならないこととして、多くのメンバーが積極的にネットワークに関わることのできるボトムアップ型のネットワーク構造とのバランスに言及した。また、もう一つジェンセンが、バランスをとることを忘れてはならないと述べたのが、精神医療の改良をめざすユーザーとその廃絶をめざすサバイバーとのバランスである。両者が対立構造をつくってしまうことは自分たちの利益にはなりえず、どちらかがネットワークを去ってしまうような事態は避けなくてはならないとした（ENUSP 1999a: 16-17）。

名称を変更するかしないかを決定する全体会議では、五〇人ほどが輪になって座っていた。ジェンセンが出てきて、まずは歌を歌ってそれから話し合いをしようと言った。この提案についてヴァン・ダー・メールは、素晴らしい（Brilliant, brilliant）提案だと評価している。全員でばかげた歌を歌った。これが非常に重要な場面であった。そのあとでジェンセンたちは「それではお互いの意見を聞きあいましょう」と言い、それによって場の緊張がほぐれたという（Van der Male interview on 30 July 2018）。ルソは、名称変更に関する主な議論がおこなわれたのは第2回総会であり、第3回総会のときにはすでに変更の準備が整っていたという。第3回では、名称を変更したらネットワークが終わってしまうというような心配が表明されることはなく、第2回総会で使われた提案がもう一度提示されたため、あまり議論することなく大半の参加者は変更の準備ができていたという。一九九四年にコリングで、自分たちをどう理解するのかについて議論しておいたことも、第3回総会において大きな議論が必要なかった理由である（Russo interview on 10 September 2019）。第3回総会での議論について、ジェスパーソンは次のように述べている。

一九九五年[67]に英国のレディングに来てみると、何の異議申し立て（call）もなかった。突如として名称を変更し、全員が賛成した。問題をもっている人はいなかった。（中略）二年前[68]にはあれほど白熱した議論があったのに、そのときには誰も——ほとんど全員が受けいれて、新しい名前が普及していった。（Jesperson interview on 02 August 2018）

結果として、すべてのメンバーが名称に自分のアイデンティティが入っていると思うことができ、かつ最

66　第3回総会の報告書では、参加者は二七名と書かれている（ENUSP 1999a: 24-25）。
67　実際は一九九七年に開催された。
68　一九九四年の第2回総会のことだと思われる。

初の名称を大きく変えすぎないようにとの配慮から、ネットワークの名称が現在も使われている「欧州精神医療（元）ユーザー・サバイバーネットワーク」と変更された（ENUSP 1999a: 17）。ルソは、このような名称変更は欧州のネットワークに特徴的なことであると述べている。たとえば米国では、精神医療に対する主張の違いを理由にサバイバーとコンシューマーで分裂がおこった。それに対して、欧州のネットワークは現在に至るまで分裂することなく共に活動している。名称変更は、自分たちには異なりがありつつも共通点があって共に活動していることを可視化している点で貢献している（Russo interview on 10 September 2019）[69]。

自己定義に関するニュースレターへの投稿掲載は、第3回総会での名称変更を以て終わったわけではなく、一九九七年「春」に発行された第6号のニュースレターでも、ルーマニアのマリン（Mihai Marin）からの投稿が半ページを使って掲載されていた。その投稿では、「精神医療が、そのような［「超常的な」］現象について公衆に伝える代わりに、超常的な事件を最小化するために行動する」こと、「望ましくない反抗を管理し抑圧するために使われている」こと、「抗精神病薬が個人を征服するために使われていること」などが述べられていた（ENUSP 1997: 2［ ］内引用者）。

5　世界組織における名称変更

本節では、世界組織における名称変更の過程を記述する。第3回、第4回総会を開催した当時、世界組織は主に資金難のためにあまり活動ができていなかった。しかし、ニュースレターや声明では、ユーザーとサバイバーが併記されるようになっていき、第4回総会でサバイバーという呼称を含んだ名称に変更されるに至った。

5-1　第3回総会

ＷＦＰＵの第4号目のニュースレターは、第3回総会の約一か月前となる一九九五年五月に発行された[70]。第4号のニュースレターでは、表紙となる一ページ目に欧州評議会の報告書に対する欧州のネットワークの支持が掲載されている。そのほか、三ページ目と五ページ目から九ページ目に渡って各地の活動が紹介されている（WFPU 1995）。第3号で、ＷＦＰＵの新しい名称の募集についての通知があったものの、第4号で

69　ルソは、この名称変更について、一九九九年に米国で開催されたコンシューマーとサバイバーの全国集会で講演をおこなったという。一九九九年は、ニューヨーク州で地域治療命令（Kendra's Law）が導入された年である。地域治療命令は、その後、米国の他の州でも導入されていった。このような動きに対して、コンシューマーの人たちが、サバイバーと共にどのように抵抗していくか考えるために、サバイバーを招待して全国集会を開催した。その全国集会には、六〇〇人ほどが出席しており、講演者として欧州からルソの他にもう一人が招待されていた。しかし、その後、地域治療命令は米国のすべての州で導入されてしまった（Russo interview on 10 September 2019）。二〇一四年のステッティン（Brian Stettin）らの報告によると、四五の州に地域において裁判所の命令で治療をおこなうことを許す法律がある。このうち一二の州は、まったく、あるいはめったにそのような法律を適用して治療をしたことがないという。また、そのような法律のない五つの州は、コネチカット州、メリーランド州、マサチューセッツ州、ニューメキシコ州、テネシー州である（Stettin et al. 2014）。

70　ＷＦＰＵ及びＷＮＵＳＰのニュースレターは、第4号以降二〇〇七年にウェブ上で発行されたニュースレターまで確認できておらず、世界組織は一二年ほどニュースレターを発行していなかったと考えられる。しかし、その間にも欧州のネットワークのニュースレターは発行されつづけており、そこでは世界組織の活動についても言及されていた。

は名称については特に言及されていない。ただし、情報交換の効率化のために電子メーリングリストの運営を始めたことが報告されており、ここで議論がなされていた可能性はある（WFPU 1995: 10）。また、第3回、第4回の総会に向けては、アイルランドやフィンランドの地元の精神障害者の運動がＷＦＭＨの世界大会に参加しておらず、ＷＦＰＵの会員と連携できていないことが危惧されていた（WFPU 1995: 2）[71]。

第3回総会は、一九九五年八月にアイルランドのダブリンで開催された。第3回総会の開催にあたっては、出席者の旅費の確保が重要な問題となり、それについてＷＦＰＵのほか欧州のネットワーク、ＷＦＭＨも交えてやりとりがおこなわれた。一九九五年三月にはＷＦＭＨから欧州デスクに対してＷＦＰＵがダブリン大会の出席者の渡航費集めに苦労しているので欧州のネットワークが支援できないかとの打診がなされ[72]、それを受けて四月に欧州デスクのヴァン・アブショーフェンがオーヘイガンに、欧州のネットワークが一〇人分の資金を申請していることを伝えた[73]。オーヘイガンは、ＷＦＭＨの大会予算が少ないためかユーザーを優先していないためか、ユーザーの使える資金が少ない状況であることや、アイルランドがユーザーの運動についての経験が乏しい現状を説明し、ＷＦＭＨに支援を要請したことをヴァン・アブショーフェンに報告した[74]。ＷＦＭＨの担当者は、オーヘイガンに対して欧州のネットワークに直接に連絡を取るように勧めていた[75]。

一九九五年五月一二日から一四日にユトレヒトで開催された、欧州のネットワークの第3回目の理事の会議では、一九九五年七月のＷＦＭＨの世界大会について、参加のための資金集めが進んでいないことが共有された。欧州のネットワークの中のＷＦＭＨの担当者は、欧州連合のヘリオスプロジェクトから資金を得ようとしているものの、プロジェクト担当者からの具体的な回答はなく、たとえヘリオスから資金を得られたとしても渡航費用の半分しか拠出できないと説明した。結局、ＷＦＭＨはユーザーを大会に招待しているにもかかわらず、それを実行するための段取りが進んでいないというのは矛盾しているように思われるという旨の欧州のネットワークからの公式の手紙を送るとの合意に至った。また、欧州のネットワークの第3回総会の資金について英国の理事のコンラン（Edna Conlan）は、英国の厚生省と連絡をとっているが、具体的な回答は得られていないことを報告した。これに対して欧州デスクからは、欧州デスクからの手紙や世界保健機関の地域事務局などからの支持によって、資金が得られやすくなるかもしれないと助言した（European Desk 1995a）。欧州のネットワークのニュースレターでは、ＷＦＰＵのことが「グローバルなレベルで精神医療のユーザー／サバイバーの組織化をすることは非常に難しいため、ＷＦＰＵはまた小さな連盟である。私たちの欧州のネットワークとは異なり、ＷＦＰＵは個人を組織化するにとどまっている」と紹介されてい

71　欧州のネットワークの第2回総会におけるオーヘイガンの講演に対してチェンバレンは、これまで通りＷＦＭＨの大会の合間にＷＦＰＵの総会をおこなうのか、ＷＦＭＨの大会と同時に並行して会議をおこなうのか考えた方がよいと意見した。それは、ＷＦＭＨがユーザー、サバイバーの声をきこうとしていないからだった。これに対してオーヘイガンは、ＷＦＭＨの大会と同時または前後の日程で時間をかけておこなうというのはよい考えだと応えた。しかし、次回のＷＦＭＨの世界大会が開催されるアイルランドの人は、まだ一度もＷＦＰＵの会議に来たことがないことを懸念していた。また、ＷＦＭＨは発足してから五〇年ほど経つのに対し、自分たちの組織はまだ五年も経っていない組織であり、草の根レベルでの活動を大切にしていくことの重要性が確認された（European Network of Users and Ex-Users in Mental Health 1994a: 13-14）。

72　一九九五年三月三一日付けのＷＦＭＨによる「Dear Jan Dirk」と題されたファックスメッセージを参照した。

73　一九九五年四月一四日付けのヴァン・アブショーフェンによる「Dear Mary」と題されたファックスメッセージを参照した。

74　一九九五年四月二八日付けのオーヘイガンによる「Dear Jan Dirk」と題されたファックスメッセージを参照した。

75　一九九五年四月二八日付けのオマホニー（Mary O'Mahony）による「Dear Mary」と題されたファックスメッセージを参照した。

る。組織化が困難である理由は、「経済的な大きな困難」と説明されている（European Network of Users and Ex-Users in Mental Health 1995d: 4）。

一九九三年から九五年の活動についての共同議長による報告によると、この頃、ＷＦＰＵのメーリングリストには二五か国から約四五〇人の名簿があり、ニュースレターの購読料と寄付により二〇〇〇米ドル集まっていたという。また、実質的な人的資源の深刻な不足のために、資金調達や参加者集めのさまざまなとりくみをしているものの、あまり多くの成果を上げられていないことが報告された（O'Hagan and Del Vecchio 1995）。

第３回総会の報告書は、発見できていないが、議事は各国の活動報告、今後二年間のＷＦＰＵの活動計画、共同議長及び理事の選挙などであった（WFPU 1995）。ジェスパーソンによると、会場は、ダブリン大学のトリニティ・カレッジで、一六世紀に建てられた古い場所だった。ＷＦＭＨの世界大会が開催されたときは、夏季休業で学生たちは寮を空けており、ジェスパーソンは寮に宿泊した。ジェスパーソンたちは、ＷＦＭＨに頼んで一部屋を貸してもらい、そこでＷＦＰＵの総会をした。総会の会場には四〇人から五〇人ほどの人がいたという（Jesperson interview on 02 August 2018）。欧州のネットワークのニュースレターでは、時間的制約によりこの総会での意思決定は素早くなされ、いくぶん不明瞭であったと報告されている。組織の名称については「世界精神医療ユーザー・サバイバー連盟」と変更される可能性があると報告され、次回の総会でも議論が続くかもしれないと予想されている（European Network of Users and Ex-Users in Mental Health 1995d: 4）。

第３回総会では、名称に関する議論は記録されていないが、ＷＦＰＵの声明（position paper）が採択された。声明には、ＷＦＰＵは「精神保健サービスを現在受けているかあるいはかつて受けていたことのある者の国際組織」であり、「世界中のすべてのユーザー／サヴァイヴァーの人権、自己決定そして尊厳を守ることに専念する」とされている（WFPU no date=1994: 27）。「ユーザー／サヴァイヴァー」という用語については、次のように注記がつけられている。

精神保健システムを経験した個人を表現する用語についてこの運動の中で多様な意見がある。これらの用語は、ユーザー、サヴァイヴァーズ、コンシューマー、クライエント、元患者、精神科的（原文ママ）にラベリングされた者、元収容者など、を含んでいる、簡潔にするためこの文章では、ユーザー／サヴァイヴァーを使った。（WFPU no date=1994: 32）

ここからは、ユーザーとサヴァイヴァーが並列されるようになり、組織内に「多様な意見がある」状態が自覚されていることがわかる。

総会のほか、このＷＦＭＨの世界大会に合わせてＷＦＰＵは、デモ行進をおこなった。米国のサバイバーによってプラカードが準備され、ユーザー、サバイバーだけでなくＷＦＭＨの世界大会の参加者も行進に参加した。その様子は、『アイリッシュ・タイムズ』などで報道された。欧州のネットワークのニュースレターに掲載された『アイリッシュ・タイムズ』の記事によると、行進には約一五〇名が参加し、記者会見では精神病が公衆にたいして危険であるかのような神話をメディアが継続させていると批判したという。このほか、一九九五年「秋」に発行された欧州のネットワークのニュースレターでは、アイルランドの運動や精神医療の状況などについての記事が、全一六ページのレターのうち八ページ以上に渡って掲載されている（European Network of Users and Ex-Users in Mental Health 1995d: 7-16）。

5-2　第4回総会

一九九七年のWFMHの世界大会は、フィンランドのラフティでの開催が予定されていた。フィンランドでは、国内の精神保健協会がその年に一〇〇周年を迎えるのを祝うために、WFMHの世界大会の国内での開催を望み、そのために二回連続で欧州地域での開催になった（Jesperson interview on 02 August 2018）。

同年二月一五日、ラフティでの世界大会におけるユーザー、サバイバーの関与を計画することを目的とした会議がワシントンDCで開催された。その会議には、五か国から一一人のユーザー、サバイバーが出席し、米国からの参加者を決めたり、ワークショップやシンポジウムのテーマを決めたりした。その会議の二日後、米国、メキシコ、カナダ、フィンランド、オランダの一三名のユーザー、サバイバーの署名とともに大会開催委員の議長に要望書が送られている。[76] 要望の内容は、少なくとも五〇名のフィンランドのユーザー、サバイバーに、大会の登録料、移動手段、大会中の宿泊施設、食事を保障する助成金を提供することであった。また、「フィンランド全国精神保健患者連盟」がその助成金を受ける人を任命することも求めていた。[77]

WFPUの第4回総会は、一九九七年七月六日から一〇日にラフティの成人教育センターで開催された。[78] 一八か国から出席者があり、そのうち一三か国は欧州の国であった。その他は、アフリカからエジプト、アジアから日本、北米から米国、太平洋からニュージーランドとオーストラリアであった。各国からの出席人数の記録は発見できていない。この総会で議論の中心となったのは、ネットワークの組織構造についてであり、資金不足のために一九九五年からの二年間で「特に何も活動できていない」という状況についてであった。他方で、世界保健機関などから、対話のできる国際的なユーザー、サバイバーの団体の存在が求められていることも報告されていた。この総会では、理事に変わって世界委員（world panel）を設けることになり、アフリカから一名、アジアから一名、欧州から四名、北米から三名、太平洋から一名の合計一〇名が委員として選出された（ENUSP 1998: 3）。

　また、世界精神医療ユーザー、サバイバーネットワーク（WNUSP）を発足させるという決議が賛成多

76　要望書の執筆者は、「Judi Chamberlin, Virginia Gonzalez Torres, Joel Slack, Ron Thompson, Sylvia Caras, Virpi Vesterinen, Patrick Burton, Tom Leibfried, Clemens Huitink, Larry Fricks, Gilberto Romero, Paolo del Vecchio and Joseph Rogers」の一三名であり、一九九七年二月一七日付けで「Dear Ms. Lahti」というタイトルで提出されている。

77　一九九七年、ＷＦＰＵは、ＷＦＭＨに対して、自分たちの生活に影響するすべてのサービスのあらゆる側面において自分たちが意義ある関わりができるよう求める決議を出している。そこでは、ＷＦＭＨの理事などの要職にユーザー、サバイバーを一定の人数含めること、ＷＦＭＨのニュースレターにユーザー、サバイバーの活動についての記事を掲載すること、ユーザー、サバイバーの活動に資金提供することなどを求めている（World Federation of Psychiatric Users and Survivors 1997）。

78　この総会の際には、ラフティの地元の精神障害者のグループが夕食会に招待してくれたという。このグループは別荘を持っていて、総会の参加者たちはそこで過ごしたのだという。また、ＷＦＭＨの世界大会の会場には、サイエントロジー教会の人々も、フィンランド語で書かれたプラカード等を持ってきていた。ジェスパーソンは、サイエントロジー教会に原則的には反対しているわけではないが、自分たちの活動が教会と結びつけられてしまうと問題があるという。実際、ウェブサイトに電気ショック療法反対などと書いていると、サイエントロジー教会に所属していると勘違いされてしまうこともあった。問題なのは、サイエントロジー教会と結びついていると見做されると、その意見にまったく注意が払われなくなることであった（Jesperson interview on 02 August 2018）。

数で採択されたとの記録がある。また、同時にさまざまな国際組織においてＷＮＵＳＰが意義ある参加をし、自分たちの利益のために影響力を行使できることを確保するための国際委員会も発足した（Ronald and Lehmann 1997）。レーマンは、活動の初期においては、世界組織よりも欧州の組織の方が大きな組織であったが、これは驚くことではないという。なぜなら欧州のネットワークの方が物理的距離が小さいため、簡単に会うことができるからだと説明する（Lehmann interview on 31 August 2019）。

第４回総会でのＷＮＵＳＰを発足させるという決議をもって、ＷＦＰＵはＷＮＵＳＰと名称を変更し、二〇二一年現在までＷＮＵＳＰという名称で活動を継続している。ただしその後、二〇〇〇年一一月二日三日に開催されたＷＮＵＳＰの暫定委員会の会議では、一九九九年のチリでの総会の後の進捗状況についての報告がおこなわれた。組織の名称について、ＷＮＵＳＰという名称で確定とはまだ考えられておらず、暫定委員が二〇〇一年の総会までに幾つかの候補を考えることになっていた（WNUSP 2000h）。一九九七年の変更後も、必ずしも組織の名称は確定したものとはみなされていなかったといえる。

6　小括

精神障害者の世界組織、及び欧州の組織の発足時の名称に対して出された主な批判は、それらの組織には（元）ユーザーという立場を共有していないメンバーもいるということであった。このようなメンバーにとって、両組織の発足時の名称は、自分の組織であるという所属感が得られないため、変更すべきであると主張された。ユーザーとサバイバーの違いは、概ね、精神医療における体験を否定的に捉えているか必ずしもそうではないか、精神医療を改良すべきと考えるか廃絶すべきと考えるかといった違いとして説明されてきた。また、ユーザーあるいはサバイバーというそれぞれの用語の意味についても、他の運動などとの関係で多様な意味があることが指摘されていた。

変更に反対する側が主張した反対理由の一つは、変更による混乱であった。特に欧州のネットワークについて、すでに最初の名称が知られているため、変更した場合には新しい名称を改めて周知せねばならず、それは運動にとって損失であると主張された。また、組織の中で声の大きいメンバーの意見が通ってしまうことに対する懸念も表明されていた。さらに、ユーザー、サバイバーの仲間にとって省略形がわかりにくいことや、サバイバーという用語のインパクトの強さにより支援者を遠ざけ、運動に加わっていない精神障害の

77　一九九七年、ＷＦＰＵは、ＷＦＭＨに対して、自分たちの生活に影響するすべてのサービスのあらゆる側面において自分たちが意義ある関わりができるよう求める決議を出している。そこでは、ＷＦＭＨの理事などの要職にユーザー、サバイバーを一定の人数含めること、ＷＦＭＨのニュースレターにユーザー、サバイバーの活動についての記事を掲載すること、ユーザー、サバイバーの活動に資金提供することなどを求めている（World Federation of Psychiatric Users and Survivors 1997）。

78　この総会の際には、ラフティの地元の精神障害者のグループが夕食会に招待してくれたという。このグループは別荘を持っていて、総会の参加者たちはそこで過ごした。また、ＷＦＭＨの世界大会の会場には、サイエントロジー教会の人々も、フィンランド語で書かれたプラカード等を持ってきていた。ジェスパーソンは、サイエントロジー教会に原則的には反対しているわけではないが、自分たちの活動が教会と結びつけられてしまうと問題があるという。実際、ウェブサイトに電気ショック療法反対などと書いていると、サイエントロジー教会に所属していると勘違いされてしまうこともあった。問題なのは、サイエントロジー教会と結びついていると見做されると、その意見にまったく注意が払われなくなることであった（Jesperson interview on 02 August 2018）。

仲間のための活動が疎かになるのではないかと危惧されていた。実際には、変更後の名称、特にENUSPという名称は、急速に知られるようになり、この点の問題はなかったとされている。

また、決定の手続きについては、変更に反対の側も賛成の側も問題にした。論点となったのは、最初の決定時に十分な議論が尽くされていたかであった。また、名称に関する議論よりも具体的な活動に関する議論に時間や労力を費やした方がよいという意見があった。これに対しては、どのようなアイデンティティの下に活動していくのかは、重要な問題であるとの反論がなされていた。

このような議論は、ニュースレターの紙面や総会などで継続的になされていたものの、ユーザーとサバイバーのどちらの立場がより望ましいのかという議論は確認できていない。二つの立場のどちらが望ましいかを決めようとする議論は、ほとんどなかったと考えられる。ユーザーとサバイバーのバランスをとったり、どちらかが組織を去ってしまわないようにしたりすることが重要だと考えられており、両者の立場をすり合わせようとはされていなかった。他人によって定義されてきたという経験が多くのメンバーによって語られ、たとえ同じ用語であっても自分で用いるのと他人によって呼ばれるのとでは異なるとの発言もあった。異なる自己認識を持っている人が、同じ用語の下で活動するのは困難であり、多様性を認めることの重要性が繰り返し述べられていた。

組織が分裂してしまうのを防ぐべきだとされた理由の一つは、WFMHなどの他の組織に対抗するためであった。欧州のネットワークでは、名称変更がおこなわれた時期、NGOとしての登録に向けて規約作りなどを活発におこなっており、法人登録は資金や発言権を獲得するための手段であった（第5章）。また、ユーザーとサバイバーには、主張が異なっていても、共通点があると考えられていた。具体的には、他の人と自分たちを分かつものとして、自分たちしか経験していない体験がさまざまな言葉で説明されていた。

これらのことから、精神障害者の世界組織及び欧州の組織は、組織内に異なる主張を持つ人がいることを明確にするために組織の名称を変更したといえる。主張の違いがあっても、自分たちには別の共通点があり、連帯して運動すべきであることが確認され、連帯ための手段として多様な主張を持つ人が自分の組織であると感じられるように、両組織は名称を変更した。

第5章

精神医療のユーザー、サバイバーは精神障害者か

1　はじめに

本章の目的は、欧州のユーザー、サバイバーのネットワークが障害者運動の一員として活動するようになった経緯と理由、それによる影響を明らかにすることである。

特に精神障害の社会モデルに関する先行研究において、精神医療のユーザー、サバイバーの運動は、必ずしも障害者運動の一員として活動してきたわけではないことが指摘されてきた。これは偶然ではなく、どちらか、あるいは両方の運動が意図して別々に活動してきたとされている。[79] 欧州のユーザー、サバイバーのネットワークにおける障害者運動を巡る議論について、ネットワークのメンバーであるルソとシャルケス（Debra Shulkes）は、欧州のネットワークが欧州障害フォーラムに加盟したと知ったときのことを、それぞ

れ「私の世界は崩壊した」、「本能的に身を引いた」と述べている。その上で、ネットワークの総会等の記録を参照しつつ、精神医療のユーザー、サバイバーに障害という概念が適用できるのかに関するネットワークにおける議論を、個人のレベル、社会的経済的レベル、組織としてのレベルの三つの層に分類して分析している。その結果として、国際的なユーザー、サバイバーのネットワークには背景、経験、意見等についてかなり多様性があり、この多様性が共通性のある包括的な原則や立場を築いていく上ではこの上ない資源となると結論づけている（Russo and Shulkes 2015: 29）。

ルソとシャルケスの論文は、ネットワークでの議論における障害者運動に関する言説を時期区分せずまとめて分析しているのに対し、本章では、その変化にも注目する。この理由は、ルソとシャルケスは、社会的経済的レベルで影響するものとして障害年金制度や社会福祉制度、組織としてのレベルで影響するものとして障害者権利条約などの権利擁護という目標達成のための枠組みを主に想定しているのに対して、組織としてのレベルの決定にも経済的な制度変化が大きな影響を与えているのではないかと推測されるためである。そこで、本章では、欧州のネットワークにおける議論の内容に加えて、組織の資金の動員の方法や運営戦略にも注目しながら、欧州のネットワークが欧州障害フォーラムに加盟して、障害者運動の一員となっていく過程を分析する。

79　障害者として活動するか否かについて議論があった運動として、ユーザー、サバイバーの運動の他にろう者の運動があげられる。ろう者の運動は、それまで聴力に注目して聴覚障害者と定義されてきたが、それに対して、手話という言語を使う文化圏の人々としてろう者を定義した。

また、障害者運動と精神医療のユーザー、サバイバーの運動の距離に、これまで特に注目して研究を進めてきたのは、英国の活動家や研究者である。先述の通り、精神障害者の社会運動の先行研究は、主に英国と米国の運動に注目してきたが、米国の運動に関する研究では障害者運動との距離は中心的な論点とされることが少ない。もちろん特に精神障害者の運動に関する研究は蓄積がなく地域的な偏りがあるため結論づけることはできないものの、この論点が重要視される度合いには、地域による差異が少なくないと考えられる。本章ではこの点にも注目したい。

2 「私たち自身の私たちの理解」セミナー

欧州のネットワークは、一九九四年一二月一六日から一八日にデンマークのコリングで「私たち自身の私たちの理解」と題したセミナーを開催した（第4章）。このセミナーは、同年五月に開催された第2回総会において、組織の名称に関する議論が紛糾したことを受けて開催されたものであったが、ユーザー、サバイバーの運動と障害者運動との関係も重要な議題の一つとなった。自己定義、自己理解についての会場全体での議論では、「ユーザー、サバイバーは障害者として団結（unite）すべきか?」という議題で話し合いがおこなわれた。スウェーデンのバーグストローム（Hans Bergström）は、自分たちが障害者であることを受け入れる唯一の利点は、欧州のコミュニティにおいて政治的な活動を可能にすることだと述べた。ヴァン・アブショーフェンは、ＤＰＩなどとの関係はすでにできていると指摘した。その例として、欧州のネットワークの理事である英国のメンバーが、同じく英国で活動するネットワークの議長を、欧州議会を訪問するＤＰ

Iのメンバーとして推薦したことを挙げた。これに対して、ジェンセンは、障害者の運動との連帯は、資金目的ではなく共通の利害のためにすべきだと意見した。また、障害者運動と連帯することは、必ずしも彼らの定義や用語を受け入れることではないとした。

障害者との連帯は、時期尚早との見方もあった。ドイツのザイプト（Matthias Seibt）は、障害者との連帯を考える前にまずは自分たちのネットワークを確固としたものにすべきだと述べた。ドイツの運動の状況について、八〇〇〇万人の人口に対してＦＡＰＩには二〇人ほどの会員しかいないことが共有された。これに対してジェスパーソンは、各国内の組織の発展の状況は多様であり、ここでは議論を欧州のユーザー、サバイバーの組織の発展に絞るべきだとした。自分たちは、より複雑な状況を考慮すべきであり、人々があまり依存することなく（less dependent）批判的な意見を表明できるよう支援し、多様な意見を持ち、代替的な選択肢を持っていない人たちに対して意識が高まってくるのを待ちつつ実践的な組織であるべきだと主張した。また、ジェスパーソンは、障害者と連帯することによってネットワークが大きくなることについて、それはいつでもよいことではないと述べた。多くの人が加わると、精神医療の提供者に対して批判的ではなく、彼らのためにプロパガンダ活動をする人が入ってくるからである。薬物や治療的な環境さえなくても生活していけるという意見（belief）を強化していく必要があり、現在の体制に依存してそれに批判的でなくなってしまっている組織は危険であると述べた。

障害者運動に入っていくことへの反対意見として、英国のバトラー（Richard Butler）から、障害者運動に入ると自分たちは二級と扱われてしまうことが挙げられた[80]。自分たちが得られるものは、障害者運動が決めたものになってしまわないよう注意する必要があり、自分たちの自己決定を維持すべきだとされた。バトラーは、資金や影響力を獲得するために障害者運動とつながるというのは、売春するような感じがすると話した。それは欧州連合にアクセスするために、もっとも簡単な方法だが唯一の方法ではないと指摘した。ザイプトも同様に、障害者は健常（normal）の視点で自分たちのことを見ており、支配者階級の視点を持っていると述べた。障害者との関係について、自分は自身の仕方で生き方を選択しているのであり、それを社会が受け入れるべきだと主張していると言った。ザイプトは、小さな集団であることが重要だと考えており、その理由は健常の視点はヒエラルキーの中で支配的な中間層の視点であるから、大きな組織の場合そのような視点が混じってしまうためであるとした。また、ジェスパーソンは、自分は障害者と呼ばれたくないと言った。障害者は、いつでも普通（normal）であるように見られ、普通の生活をしたいと思っているようにみえるからだった（European Network of Users and Ex-Users in Mental Health 1994b: 14-16）。このセミナーは、総会ではなく、議論することを目的としていたため、この場での意思決定はなされていない。

英国のネトルは、ネットワークの議長のグレイリーに誘われてこのセミナーに参加した。ネトルにとって、このセミナーが初めての欧州のネットワークの活動への参加であった。ネトルは、このセミナーについて、「多くの人が自分たちは障害者であるとは思っていなかったため、非常に論争的（controversial）だった」と話している。「自分自身や自分の病気によって障害が生じているのではなく、病気に対する社会の見方によって障害が生じているという障害の社会モデル」の考え方は、当時、精神保健（mental health）の分野では非常に新しい考え方であり、精神保健の問題はそれまで障害とは考えられてこなかったという。人々は、「精神障害を持っているというよりも、狂気や苦痛といったものに影響を受けた人としてレッテルを貼られている」という方を好み、狂気というレッテルを貼られるのを恐れていたという（Nettle interview on 26 July 2018）。

3　理事の会議

セミナーの後、一九九五年五月一二日から一四日に、第3回目の理事の会議がユトレヒトで開催された。出席者は、共同議長、ニュースレター担当者、欧州デスク担当者二名、各地域理事五名の合計九名であった。議長である英国のグレイリーは、出欠連絡のないままであった。この会議では、ネットワークを基金（stichting）として、オランダで登録することによる効果と、そのための手続きが検討された（European Desk 1995a）。これは、ネットワークの資金をどのように運用していくべきかが問題になったからであった。欧州のネットワークは、定款などを持った組織ではないために、銀行口座の開設ができない状況にあった。このような問題を解決するために基金という形態にすることが提案されたのだった。これに対しては、基金という組織形態は、理事以外のメンバーが基金に影響を与えられなくなってしまう点で民主的ではないという理由で反対意見が出された（European Network of Users and Ex-Users in Mental Health 1996: 11）。オランダからの参加者は、基金として登録することは、資金をもち、設定した目的を追求するための法的機関になる

80　ドイツのレーマンは、かつての障害者運動における意見について、「彼ら［身体障害者］は、精神医学的診断のついている人たちと同じ立場（corner）に立つことに大きな恐怖を持っていたようだったよ。なぜって、［精神医学的診断のついている］後者は、危険あるいは責任がとれない者として、狂った者として、馬鹿者（silly）として、病者としてみられていたからね。身体障害者は、障害されているだけであって、病気ではないんだ」と説明した（Lehmann interview on 31 August 2019［　］内引用者）。

ことであるが、それは現在存在しているネットワークの運営機関がネットワークの目的に反するものだということも、ネットワークの民主主義を支配してしまうような権威が発生することも意味しないと説明した。基金としての登録に向けて次回の総会で、組織の名称と規約を検討することが合意された（European Desk 1995a）。この議論についてニュースレターでは、個人や組織が欧州のネットワークのメンバーになるための手続き、総会における各国の代表者の人数が運営的経済的理由によって制限されたままであるべきなのかといった疑問点も提示されたとの報告があった（European Network of Users and Ex-Users in Mental Health 1996: 11）。

次回の理事の会議は、南欧地域の理事の活動するスロヴェニアのリュブリャナでの開催を目指すこととなった。開催が難しくなった場合には、ルソに連絡をとってベルリンで開催する予定となった。また、会議の持ち方について、議題をもっと早めに、また意思決定する事項を明確にするべきだとの提案があった。それにより、事前にその事項について意見を募って議事次第の最終版に掲載することができ、その結果としてよりよい（high degree of）合意に至ったり熱心に議論したりできるほか、効率的な進行の結果として形式的でない会議をおこなえる可能性があるとされた。この提案を踏まえて会議の一か月前には、議題、日程、場所が各理事に通知されることになった（European Desk 1995a）。

第４回目の理事の会議は、一九九五年九月二九日から一〇月一日にリュブリャナで開催された。リュブリャナのユーザーの運動は急速に発展しており、当時ＡＬＴＲＡとＳＥＮＴという二つの組織があったという。両組織ともデイセンター、グループホーム、危機介入チームなどを運営していた。欧州のネットワークの理事たちは、両組織のデイセンターを訪問した（European Network of Users and Ex-Users in Mental Health

1996: 12)。会議の出席者は、共同議長のジェンセン、理事五名、ニュースレター担当者、欧州デスク担当者の合計八名であった。議長を務めていたグレイリーから議長及び理事を辞めたいとの話があり、誰が議長になるべきかが検討された。コンランとルソが候補となり、ルソが辞退したため、コンランが共同議長、ルソがその代理となった（European Desk 1995b）。

ＷＦＭＨに関して、ジェンセンは、ダブリンで開催されたＷＦＭＨの理事および会長の選挙について報告した。選挙では、聴衆から誰が候補者を選んだのかとの質問があったが、それに対するＷＦＭＨの回答はなかったという。さらに、ＷＦＭＨとＷＦＭＨの欧州地域評議会とのあいだで、製薬企業からの資金提供を受けるかどうかで意見が割れており、ＷＦＭＨは資金を受け取るのに対し、欧州地域評議会は受けとるべきでないと考えていることが報告された。そして、欧州のネットワークは、製薬会社からの一切の資金を受け取らないことが確認された。欧州地域評議会は、欧州のネットワークに対して、欧州地域評議会の実行委員会のメンバーになるようにとの招待状を出していた。しかし、ユーザー、サバイバーのネットワークは、これを受けいれず、ネットワークは欧州地域評議会と対等の立場でいることになった（European Desk 1995b）。こクは、欧州委員会から資金援助を受けたいと思っていたが、資金はいつも欧州地域評議会の方にいってしまった。この理由は、ＷＦＭＨの欧州地域評議会の方はブリュッセルに事務所を構えており、欧州委員会と緊密な関係を持っていたのに対し、自分たちはそうではなかったからである。欧州地域評議会は、ユーザー、サバイバーが小さな会議を開催できるようにいくらかの資金を出してくれたが、それは十分ではなかったという（Lehmann interview on 31 August 2019）。

また、欧州地域評議会の「精神保健と人権委員会」において、ユーザーの関心を提示してくれる人を紹介してほしいとの依頼が、欧州のネットワークに対して寄せられた。これに対してはジェンセンが、意見の提示（presentation）はネットワークとしての公式の意見である必要があるとの意見を表明しに行くことになった（European Desk 1995b）。

第3回目の欧州のネットワークの総会について、第3回目の理事の会議の時点では、ロンドンのレディング大学にて一九九六年九月に開催が予定されており、二〇か国から理事を含めて一五〇名が招待される予定になっていた。英国の実行委員会はマインドリンク、ＳＳＯ、ＵＫＡＮの三つの全国組織が務める予定だった。第1回目及び2回目の総会には、通訳者が呼ばれていたものの、第3回総会では今後さらなる資金獲得ができない限り英語のみでおこなわれることとなり、その旨が招待状に記載されることとなった。東欧のユーザーグループには、早い段階で総会について告知することが合意された（European Desk 1995b）。

第5回目の理事の会議は、一九九六年二月九日と一一日にフランスのパリで開催された。この会議の議事録は入手できておらず、[81] 議題のみしかわからない。議題としては、各地域での活動や欧州のネットワークが参加した催しの参加報告、今後開催される催しの予告、欧州のネットワークの第3回総会の計画、そのほか組織運営の事務的な事項などが挙がっていた（European Desk 1996a）。

ネットワークの理事にフランスの活動家はいなかったが、パリが会議の会場として選ばれたのは、理事会企画の二月一〇日と一二日にフランス語圏のユーザー、サバイバーのグループのためのセミナーがパリで予定されていたからだった。セミナーには、フランスから一〇団体の他、スイス、ルクセンブルグ、ベルギーからそれぞれ一団体が参加した（European Network of Users and Ex-Users in Mental Health 1996: 13-14）。このセミナーの資金は、ＷＦＭＨの欧州地域評議会の支援によって、欧州委員会のヘリオスプロジェクトから提供されていた（European Desk 1996d: 4）。

そのセミナーには、「ユーロプシ（EuroPsy）」[82]の傀儡組織（puppet organisation）のトギャザー[83]が参加しており、他のフランスのグループと同様に自分たちの団体について説明したいと言った。この申し出をジェンセンは断った。なぜならトギャザーの理事や代表者は、選挙のような手続なくユーロプシの専門職によって任命されており、トギャザーは民主的な組織とはいえないからであった。さらに、ユーロプシの専門職たちは、トギャザーには一握りのベルギーのユーザーがいるだけでしかないにもかかわらず、欧州の精神医療のユーザーの代表的な組織だと言って、欧州のネットワークを退けようとしていたからであった。そのために、専門職たちはトギャザーに多くの資金を投入して、贅沢なパンフレットの印刷などに使っていた。このジェ

81　この会議の議事録はコンランが作成する予定だったが、体調不良のため、作業を進めることができず、一九九六年六月八日の電話会議までにジェンセンと欧州デスクの担当者が第一版を作成し、コンランがその後加筆することになっていた（European Desk 1996b）。

82　ユーロプシは、欧州心理学協会連盟による心理学における教育、専門職トレーニング、能力の欧州基準である。欧州心理学協会連盟に加盟している国の心理療法士が、認定を受けるとユーロプシの心理療法士として登録することができる（EuroPsy 2019）。

83　トギャザー及びトギャザーが改称した「トギャザー欧州サービスユーザーネットワーク」については、ＥＮＵＳＰのニュースレターと本書のインタビュー以外に史料を入手できていない。前述の通りユーロプシは、主に心理療法士の認定をおこなう組織であり、よりよい心理療法技術の開発や教育に主な関心があると思われる。この団体における精神障害者の関与の仕方や、精神障害者の自助活動や社会運動との関係についての調査は今後の課題としたい。

ンセンの介入により、トギャザーのメンバーの女性が泣いたために、フランスのユーザーたちが彼女に話をさせないのは厄介だと思ったり、セミナーの主催者の一人でありユーロプシで活動している精神分析家と欧州のネットワークとの間に対立が生じたりした（European Network of Users and Ex-Users in Mental Health 1996: 13-14）。ジェンセンは、トギャザーの活動について、[84]次のように話した。

ある団体が現われて、私たち［ＥＮＵＳＰ］であると言い、単純に私たちの名前を盗んだんだ。私たちの名前を使った偽物のパンフレットを作っていたよ。それは、何人かの専門家たちが、彼らに資金を与えて、私たちであるかのようにふるまいなさいと彼らに教えたからだったんだね。（Jensen interview on 02 September 2019［ ］内引用者）

ジェンセンによると、専門職や製薬会社に資金提供されているグループが、欧州のユーザー、サバイバーのネットワークであるかのように振る舞うことは、この頃、何度かあった。また、ＷＮＵＳＰについても同様で、ＷＮＵＳＰのウェブサイトを盗んで、ＷＮＵＳＰの名前で精神科の薬物を宣伝しようとした人がいたという（Jensen interview on 02 September 2019）。

このような出来事がありつつも、セミナーは大成功だったとジェスパーソンは書いている。セミナーにおいて特に話題になったのは、強制治療であった。セミナーでは、フランスが、家族や近隣の人の訴えに基づいて精神科医に相談することなく政府が拘禁の決定を下せるという点で、欧州の中でもっとも良くない状況の例の一つとして取り上げられた。[85]その上で、他国の法律や経験をフランスの法律を変えていくための武器として使おうという展望を持ったという（European Network of Users and Ex-Users in Mental Health 1996: 13-14）。

一九九六年六月八日には、電話会議が開催された。参加者は、共同議長二名、ニュースレター担当者、欧州デスク担当者、四名の理事の合計八名であった。欧州のネットワークの第3回総会についての記録が議事録全体の三分の一ほどを占め、第5回目の理事の会議でもこの議題が中心的に議論されたと記録されていた。総会の日程は、同年二月の理事の会議の時点では一九九六年九月に予定されていたが、この電話会議では一九九七年の一月三日から五日あたりと延期された。この総会では、一九九六年の活動のためのＷＦＭＨの欧州地域評議会からの補助金を利用することになっていたが、一九九七年の開催になったことによりこの補助金が適用できるのかが心配された。欧州地域評議会の補助金の他にも欧州デスクとネットワーク自身の

84　ジェンセンは、インタビューにおいて団体名を明言していなかったが、年代とイベントの開催地から、筆者がトギャザーの話であると判断した。

85　フランスの精神衛生法は、ピネル（Philippe Pinel）の弟子たちの進言によって、一八三八年に制定された。その後、約一五〇年間維持された後、一九九〇年に改正された。強制入院には、主に二種類あり、一つは緊急の治療や継続的な観察の必要があるにもかかわらず、本人が入院に同意できない場合に第三者の要請に基づいて医師の判断で入院させる制度である。もう一つは、自身あるいは他者に危険の及ぶ可能性のある場合に、行政機関の判断で入院させる制度である。欧州のコミュニティでは、強制入院の手続きに司法が介入すべきであると考える国が多く、二〇一一年の法改正時に入院後、一定の期間の後に司法機関が必ず患者や家族の訴えを聞いて、強制入院が適切か否かを判断するという手続きが追加された。また、この改正時に、地域で強制的に治療を受ける制度も加わった。さらに、二〇一三年の改正では、強制入院に関する司法機関の役割がいっそう強化された（Gourevitch et al. 2013; Senon et al. 2016）。

資金、第2回総会の残金を利用することになっていた[86]。総会の計画のほかには、ハムレットトラストによる会議の計画や、ニュースレターの進捗状況などが報告された。「名称の変更、自助／人権、次回の世界大会」も議題に上がっていたが、電話会議で議論できるよりもより深い議論をする価値がある議題として議論の対象とならなかった（European Desk 1996b）。

一九九六年八月、欧州デスクのヒュイティンク（Clemens Huitink）は、「比較的地理的距離が遠く、異なる文化的背景をもっている人々が共に働く組織」においては、よいコミュニケーションの優先度合いが高いはずだとして、欧州デスクの活動の進捗状況を報告している。ヒュイティンクは、ネットワークや欧州デスクの活動について、何人かの人に聞いて思ったことは、「ネットワークやデスクが脆弱な機関である」ことだと述べた。ヒュイティンクは、ネットワークに対する自分の印象について次のように述べている。

私の印象は、人々はある程度は連帯によって活動してきたということです。野心が非常に高いようなのですが、成果にはあまり結びついていないのです。すべて同様で、みんなデスクやネットワークの仕事に対する熱意を見せるように話をするのですが、その野心を具体的な形にする力がないように思われるのです。

（Huitink 1996a: 1）

ヒュイティンクは、一九九七年一月からはオランダ政府からの助成金が得られない予定になっていることに注意喚起している。また、欧州デスクを担当してきたオランダの患者組合が、オランダのパンドーラ基金、全国患者プラットフォームと合併する予定になっていると報告した。合併の書類（contracts）は、未だ準備中だが、欧州デスクの運営は患者組合の単独のプロジェクトとして継続できるよう強く提言していた(Huitink 1996a)。

第6回目の理事の会議は、一九九六年八月二三日から二五日にロンドンで開催された。出席者は、議長と共同議長、ニュースレター担当者、欧州デスク担当者、理事三名の合計七名であった。外部の組織との関係についての議論では、WFMHの世界大会、WFMHの欧州地域評議会、世界保健機関、ユーロプシ、世界精神障害リハビリテーション連盟、ハムレットトラストとの会議やセミナーの報告といった、これらの団体や催しに欧州のネットワークがどのように関わっていくべきかが話し合われた。ユーロプシについては、ユーザーがまったく知らない会議を開催していたことが報告され、次回のユーロプシの会議は英国で開催される予定なので、欧州のネットワークの英国のメンバーを通してネットワークの代表者を送りたいという話になった。そのためには、欧州のネットワークとは「まったく異なる組織の構造」を理解する必要があるとされた。ハムレットトラストの関係については、第3回総会をハムレットトラストを通じて告知することが検討されたが、ネットワークの独立性を確保するために、それはしないことになった。その代わりに、ルソがワークショップを担当する予定のエストニアでのハムレットトラスト主催のトレーニングで、リーフレッ

86 金額は、WFMHの欧州地域評議会からの補助金が二万欧州通貨単位、欧州デスクとネットワークの資金が八〇〇〇ダッチフローリン、第2回総会の残金が一万二〇〇〇ダッチフローリンであった(European Desk 1996b)。通貨換算ツールのオアンダによると、一九九六年六月八日の時点の換算で合計およそ二九〇万円であった。

トや招待状を使って告知することになった（European Desk 1996c）。

その後、ジェンセンから将来のネットワークの構造について、「どのように私たちの精神（spirit）を維持するのか、構造をできる限り開かれたものにしておくか」という疑問が提示された。ネットワークが法人になるべき理由として、資金獲得の可能性を上げられること、さまざまな権力や責任の境界を設定できることが挙げられた。また、メンバーの決め方、理事の役割、各国代表の役割といったネットワークの構造に付随する疑問が提起された。そこで欧州デスクの担当者が、オランダの法律における基金（stichting）と協会（vereniging）の違いを説明し、次回の会議までに議長と欧州デスク担当者とで実行可能な法人登録についての提案を考えてくることになった（European Desk 1996c）。

会議最終日の二五日にはレディング大学にて、英国の第3回総会組織委員会と欧州のネットワークの理事との合同の会議が開催された。理事たちは、レディング大学の担当者にさまざまな施設を案内してもらい、どの部屋を第3回総会で利用するのか大学の担当者と相談しつつ決定した（European Network of Users and Ex-Users in Mental Health 1996: 14）。出席者は、欧州のネットワークから七名と、英国の組織委員会から六名であった。最初にジェンセンから、欧州のネットワークから組織委員会に対して指示を出そうとしているわけではないことが説明され、対話を目的としていることが強調された。まず、ワークショップのテーマについて、「自助、権利擁護、駆け込み寺を含めた草の根活動（challenging roots）、雇用／トレーニング、人種差別主義[87]と性差別主義、将来の［ネットワークの］構造／理事の選挙」の四つが挙げられ、さらに「精神科の薬物療法と電気ショック療法」も提案された。これらはワークショップであって、議論のためのグループ（debating groups）ではないことが確認された（European Desk 1996d［ ］内引用者）。

また、運営面に関して、通訳者を雇う資金がない状況が共有された。助成金の規定によれば、欧州の中の助成金適用範囲で可能な限り多くの活動家を招待することが義務であった。代替策として、講演者が予め内容を提出して、当日は翻訳版を見られるようにすることが提案された。参加者の人数としては、九〇名から一二〇名が見込まれていた（European Desk 1996d）。会議の招待は既に始まっていたが、フィンランドのある団体は、国内の別の団体が招待されていることを理由に参加を拒否していた。また、ノルウェーにも互いに好意的に思っていない二つの団体があった。欧州のネットワークの理事たちは、二団体がどのような行動をするか見守ることにしていたが、両団体がともに総会に参加するのではないかと予想していた（European Desk 1996c）。資金調達のための活動はとても忙しく（very busy）継続されていた。宿泊費節約のためにスケジュールに厳格にしたがうことや、助成金の状況によって交通手段を検討することなどが確認された。また、欧州を細分化した地域毎で集まれることも重要だとされた。会議の最後に、一九九七年一月にレディングで誇るべきことが達成されることを信じて解散した（European Desk 1996d）。

第7回目の理事の会議は、一九九六年一一月二二日から二四日にベルリンで開催された[88]。会場は、「張子の虎」という図書館で、寄付以上の利用料はないところであった。宿泊施設は、スロヴェニアのスプレイ

87　会議では、「黒人（black people）が精神医療において大きな比率を占めているように思われるのに対して、自分たちの組織ではそうではない。特にワークショップで、彼らに関わってもらうべきではないか?」（European Desk 1996d: 2）という話があった。

88　この会議の記録は、事前に送られた招待状とそこに同封されていた書類しか手元になく、事後の記録は確認できていない。

ザー（Igor Spreizer）はルソの家、ドイツのザイプトはレーマンの家に泊まり、その他の参加者のためにシングルルームが三部屋、ダブルルームが三部屋それぞれ予約されていた（Huitink 1996b）。宿泊施設は、元西ベルリンのもっとも東側に位置していて、欧州出身でない移民が多く住んでいる地域であった。ベルリンの壁があった場所には、無人地帯をできるだけ早く埋めようとして多くの大きな建物が立っていた（European Network of Users and Ex-Users in Mental Health 1996: 14）。

会議の議題は、理事全員で電話会議を開催して検討しておこうと思ったものの、予定を合わせることが不可能だったため、共同議長のジェンセンと欧州デスクのヒュイティンクが電話で議論して提案したものであった（Huitink 1996b）。議題として用意されていたのは、これまでの議事録等の承認、外部の組織との会議等の報告、第3回総会の計画、将来の計画といったことであった。これらの議題のための資料とし一五通の資料が同封されていた（Huitink 1996c）[89]。

この会議で重要な議題の一つとなったのが、他のNGOとの関係であった。欧州のネットワークは、WFMHの欧州地域評議会とよい関係を築いてきたと考えていた。しかし、オランダの雑誌『並はずれ（Buitengewoon）』に掲載された、ベルギー在住の欧州地域評議会の重役のインタビューに、ネットワークは衝撃を受けたという。そこには、欧州にはクライエントの強い（strong）組織はなく、いくつかの組織が欧州レベルで組織されている状況だと書かれていた。欧州のネットワークについては、資源不足のため弱い連盟であり、また、一か国から一団体しか受け入れていないと、事実に反することも述べられていた。欧州のネットワークの理事たちは、これはトギャザーを欧州のユーザーの代表的なネットワークとして認知させるためであると考えた。トギャザーは、一九九六年一一月のユーロプシのセミナーで、「トギャザー欧州サービスユーザーネットワーク（〝Together〟European Service Users Network）」と名称を変更した。これは、欧州のネットワークと名称を似せることによって混乱を招き、一握りほどのユーザーを専門職がコントロールして作っている組織を、欧州の代表的なユーザーの組織として認知させようとしているのではないかと疑われた。これについてＷＦＭＨの欧州地域評議会に事情を確認し、ＤＰＩなど他の国際的なＮＧＯとの連携を強めていくことが合意された（European Network of Users and Ex-Users in Mental Health 1996: 14-15）。

これに関して、ＷＦＭＨの欧州地域評議会の事務局長は、欧州のネットワークのニュースレター第６号で、雑誌に載った記事は電話でのインタビューをジャーナリストが切り貼りしたものであり、自分はその後休暇を取っていたために最終稿を確認できず、このため部分的に間違いが書かれていることを認めた。また、ＷＦＭＨの欧州地域評議会とトギャザーとの間には正式な関係はなく、別のベルギーの団体に欧州のネットワークに入れないとの不満をきいていると述べた。インタビューの内容は主にベルギーの状況について話しているのであり、そのような文脈を踏まえて読むべきであると説明した（ENUSP 1997: 15）。

一九九八年「春」の欧州のニュースレターには「ＷＦＭＨは、ユーザーの運動について本当は何を思っているのか」という記事がある。その記事には、ラフティでのＷＦＭＨの世界大会のような場では自分たちは非常に肯定的に扱われ、ＷＦＭＨはユーザーの運動やその運動の意向に好意的であろうとしているが、そ

89　このうち筆者が入手できたのは、「同封資料２」のみである。同封書類２は、欧州デスクからの進捗報告（Huitink 1996d）であった。

の裏では自分たちの運動に関してそれに反するような意見を流布していると書かれている。そしてオランダの精神医療に関する雑誌である『月刊公衆精神保健（Maandblad Geestelijke Volksgezondheid）』の記事が英訳の上で引用されている。その引用には、「西洋の患者の代表者たちは自身のことを精神医療の『サバイバー』と呼ぶことが多い。彼らは施設収容型の精神医療で悪い経験をして非常に批判的である。彼らはWFMHの中で重要な役割を担いたいと考えている。WFMHは精神病を患う人々のためにある。（中略）［ユーザーの参加という］始点を疑う者はいないけれど、サバイバーの運動からの批判的な立場は連盟内におけるバランスや対話の追求を危険にさらしうる」と書かれていた（ENUSP 1998: 4［　］内引用者）。

第7回目の理事の会議のおよそ一か月後、第3回総会の参加者に総会についての案内が送付された。そこでは全体のテーマとして「精神医療の草の根運動」が掲げられている。八月に開催された第6回目の理事の会議の時点では、ワークショップのテーマの一つであったものが、全体のテーマとして選ばれた。ワークショップのテーマは六つ用意されており、第6回会議で提案されていた、雇用／トレーニング、人種差別主義と性差別主義といった多様な抑圧、ネットワークの構造と名称、薬物療法と電気ショック療法といった精神医療の理論や実践の批判のほかには、自助や駆け込み寺といったオルタナティブ、言語、非言語コミュニケーションが追加されていた[90]。参加者には、必要、有用な情報等があれば持参してほしいことが案内状には書かれており、また、プログラムや前回総会などの報告書、欧州障害フォーラムの参加についての提案、ネットワークの構造と名称についての理事からの提案などが追って配布されることになっていた（Huitink 1996e）。

一九九五年「秋」に発行された第4号以来、約一年ぶりに欧州のネットワークのニュースレター第5号が一九九六年「冬」に発行された。このニュースレターは、「とても厚い――一六ページ――ので、実際には二号分に当たる」と編集担当のジェスパーソンは書いている。紙面は、英国の活動家の募集、ルーマニアの活動報告、ブラジルのサバイバーによる新刊の紹介がそれぞれ一ページ、一ページ、四ページを使って掲載されているほか、第2回から第7回目までの理事の会議が七ページ弱に渡って報告されている。理事の会議の報告は、欧州デスクによる議論の論点や合意事項をまとめたものとは異なり、ジェスパーソンによって会議の開催地の街の歴史や概観、会議以外の食事や観光の様子などが説明されていた（European Network of Users and Ex-Users in Mental Health 1996: 3-15）。ニュースレターについては、一九九六年八月の理事の会議で、理事の中で活発であるわけでもなければ、総会に出席しているわけでもない人たちから多くの投稿や反応があることが報告された。このためジェスパーソンは、ニュースレターをコミュニケーションに使えるものになるよう改善していると述べた（European Desk 1996d: 3）。

一九九六年一一月と一二月に、欧州デスクから患者組合の運営状況についての報告が再びなされた。一一月の時点では、資金について第2回総会の残金が一万二二〇〇ダッチフローリンあり、これは今後のネットワークの活動で利用できる予定だった。また、その他の活動の余剰がおよそ二万ダッチフローリンあったが、オランダ政府はこのうちおよそ一万一五〇〇ダッチフローリンを国庫に返却すべきとの立場をとっていること

90　第3回総会の報告書によれば、言語、非言語のコミュニケーションについてのワークショップは実施されていない（ENUSP 1999a）。

とが報告された[91]。この金額の算出理由、返却を求める理由については書かれていなかった（Huitink 1996d）。オランダ国内の組織の合併については、一一月の時点でも一二月の時点でもまだ多くの部分は不透明であるものの、患者組合は独立した組織として存続するだろうとの見通しが提示された。合併によって、形式的には幾つかの変更があるものの、運用上の変更はあまりなく、直接的な変更点は事務所がロッテルダムからユトレヒトに移動しなくてはならないことだと説明された（Huitink 1996d, 1996f）。

4　欧州及び国際的な障害者運動

国連では、一九四八年に開かれた第3回総会において「世界人権宣言」を決議した。一九七〇年代に入ってからは、一九七一年に「精神遅滞者の権利宣言」、一九七五年に「障害者の権利宣言」が決議された。一九五〇年代には、障害者の「親や友人の組織、時にはリハビリテーションの専門職の組織が、欧米の多くの国で次々と誕生し」、「障害の予防や障害のある人の社会への統合に関心を抱く各国の民間非営利組織（ＮＰＯ）からなる国際組織が誕生するに至った」。「これらの国際組織はすべて一つの障害に焦点をあてた『障害種別』組織」であり、「その会員に障害のある人自身を受け入れる努力をしたり、ましてや組織の意思決定に参加させるような組織はほとんどなかった」。「しかしこの頃には障害者自身も国内的、国際的に障害種別組織を作り始めていた」。一九五一年に世界ろう連盟、一九五三年に障害労働者・市民連盟が発足し、一九六四年には世界盲人福祉協議会から分裂する形で世界盲人連盟が発足した。また、一九七四年には米国のオレゴン州で知的障害者とソーシャルワーカーにより「ピープル・ファースト」が結成され、それが一九七〇年代後半を通じて国際的な組織になっていった（Driedger 1989=2000: 32-35）。

さらに、一九八一年には障害種別をこえた障害者の国際組織であるＤＰＩが結成された。ＤＰＩは、「主に医師、理学療法士、看護師、ソーシャルワーカーといたリハビリテーションの専門職によって構成される国際組織である」リハビリテーションインターナショナルから分裂する形で発足した。リハビリテーションインターナショナルは、一九二二年の発足以来[92]、「障害者を病気で、ゆりかごから墓場まで専門職が世話をしなければならない子どものような患者と見なしがちであった」。リハビリテーションインターナショナルにおいて障害者は、一九七〇年代まで財源の不足などにより、その世界会議にほとんど参加していなかった。障害者は、一九八〇年にリハビリテーションインターナショナルに対して「対等な発言権を求めて最後の要求を行った」ものの、「またも拒絶された」ため、翌年、障害者だけでＤＰＩを発足させた（Driedger 1989=2000: 55-57）。

ＤＰＩの発足と同じく一九八一年に、同年が「国際障害者年」であるという宣言が出された。国際障害者年のテーマは、「完全参加と平等」であった。同年「障害者に関する世界行動計画」が審議され、一九八二

91　一九九六年の資金状況について、患者組合は四万八五〇〇ダッチフローリンをオランダ政府に要請したが、実際に支援を受けたのは三万五〇〇〇ダッチフローリンであったと報告している。また、一九九七年の状況も前年と大きく変わらないというのが患者組合の推定であった（Huitink 1996f）。

92　リハビリテーションインターナショナルは、一九二二年に「国際肢体不自由児協会」として発足し、その後、成人も活動の対象とするようになって、二回の名称変更の後に一九六七年に現在の名称となった（Driedger 1989=2000: 56）。

年に予防、リハビリテーション、機会均等化を三本柱とした計画が採択された。この計画の実施期間として一九八三年から一九九二年までの一〇年間が「障害者の十年」と定められた。この一〇年の折り返し地点となる一九八七年、障害者の権利と差別撤廃について法的拘束力のある条約を策定することが提案された。しかし、この提案は採択には至らなかった（長瀬 1994: 28）。条約策定の提案は、一九九七年にイタリア政府、一九八九年にスウェーデン政府からなされている。長瀬は、この当時の障害者運動について、「国連総会での動きに対する敏速なフォローが全くできていなかった」と述べている。「国際的な政治的存在感は他の障害者NGOを圧倒していた」という「DPIにしても、まだまだ国連総会の場でイニシャティブを取れるには至っていなかったし、自らの世界的なネットワークを活かすことはな」く、八七年、八九年の動きに対して障害者団体の動きは「ほとんどなかったと言っても過言でないだろう」という（長瀬 2000: 8）。結局、条約の代わりとして一九九三年の第48回国連総会で法的拘束力をもたない「障害者の機会均等化に関する基準規則（以下、基準規則）」が採択された。

基準規則では、モニタリング機構の一つとして設置された専門家パネルは、その過半数が障害者の組織であることが定められていた（UN General Assembly 1993: IV-3）。この基準規則の特別報告者となったリンドクヴィスト（Bengt Lindqvist）は、スウェーデンの視覚障害者で国会議員であった。リンドクヴィストは、同じくスウェーデンのジェスパーソンに専門家パネルに入ってほしいと依頼した。これに対してジェスパーソンは、自分ではなく精神障害者の世界組織の代表であるオーヘイガンが入ったほうがよいと答えた。

ジェスパーソンは、イタリアでプレゼンテーションをしたときに出会った英国の精神科医たちに、一九九一年の秋にロンドンで開催された精神医療に関する会議に招待されていた。オーヘイガンも、ウィンストン・チャーチル基金から支援を得て一九九〇年に渡英していたため、このロンドンでの会議に招待されていた。ジェスパーソンは、このロンドンでの会議で、その数か月前にあたる一九九一年八月のＷＦＭＨの世界大会でＷＦＰＵが発足したという話をオーヘイガンから聞き、その場でニュースレターの購読費用を支払った。ジェスパーソンは、自分は欧州で最初のＷＦＰＵの会員ではないかと述べている（Jesperson interview on 02 August 2018）[93]。このような経緯で、一九九四年に基準規則のモニタリングの専門家パネルが発足したとき、ＷＦＰＵはその一員となり、オーヘイガンが精神保健の分野の代表となった。モニタリングは一九九五年から始まり、オーヘイガンは二〇〇一年までその役を務めた（O'Hagan interview on 03 September 2016）。

ＷＮＵＳＰにおける障害者運動との協力に関する議論について、ジェンセンはそのような議論はなかったと述べている。最初から、障害者運動との関係を維持し強化していくべきであると合意があったという（Jensen interview on 03 September 2019）。オーヘイガンも、同様に、ＷＮＵＳＰにおける障害者運動との連帯に関する意見について次のように振り返っている。

障害者運動と関係を持つべきではないと言った人は覚えていないね。聞いたのは、私たちの多くの問題

93　ＷＦＰＵの第１回目の運営委員会の会議の記録では、その会議にはオランダからヴァン・アブショーフェンが出席したと書かれている（WFPU 1991）。

はかなり共通しているから、障害者運動と関係と持つというのはよい考えだねということ。ただ、強制治療については、障害者運動は同じ問題を抱えていないというのは本当で、障害者運動が精神障害者（people with mental distress）に偏見を持っているから、障害者運動との関係に消極的な人もいたのかもしれないね。（中略）でも、よい考えじゃないという他の理由は思い当たらないよね。（O'Hagan interview on 03 September 2016）

欧州では、欧州経済共同体及びそれが改称された欧州共同体は、一九九〇年代に障害者などを対象とした三つのプログラムを実施した。ヘリオス1（一九八八年から一九九一年まで）、ヘリオス2（一九九三年から一九九六年まで）、ホライズン（一九九四年から一九九九年まで）という名称のプログラムである。ヘリオス1は、障害者のための自立生活を促進するための活動の中で、職業訓練やリハビリテーションを通して経済的社会的統合を推進することを目的としていた。ヘリオス2は、機能的なリハビリテーション、統合教育、経済的社会的統合の分野において加盟国と非政府組織が直接に協力してコミュニティレベルの政策の発展に関わることによる、障害者の平等な機会とよりよい統合の促進を目的としていた。ホライズンは、「経済社会基金（Economic and Social Fund）」による資金提供を受けた雇用に関するプロジェクトで、そこでは障害者も雇用市場において問題に直面しているグループの一つとして認識されていた（Best 2005: 82-83）。

ＤＰＩ欧州会議の議長を務めたハースト（Rachel Hurst）によると、欧州経済共同体の「雇用、労使関係、社会省における障害者（Handicapped People）のための活動局」（第5総局第3課／DGV E3）によるプログラムであったヘリオス1及びヘリオス2は、社会における障害者の統合に焦点を当てたものであったが、実質的には各地のよい実践に関する情報交換のプログラムであった（Hurst 2005: 68）。一九九一年、ＤＰＩ欧州会議はヘリオスからの資金援助を断られてしまった。このとき、ＤＰＩのメンバーたちは、国際的なロビイングの経験を活かして、プログラムに関するより民主的な諮問機関が設置されるように働きかけた（Hurst 1995: 532）。ヘリオス２プログラムには、その前のヘリオス１プログラムとは異なり、諮問機関と呼ばれる障害者団体による諮問のための形式的な機関が設置された[94]。諮問機関は、一二か国の加盟国によって選ばれた障害者の代表者により構成されていた。諮問機関は、プログラムの優先事項を決めたり調整をしたりする機能を任されていたものの、仕事の範囲や機能は限られていた。また、諮問機関はプログラムについて政府組織などと議論する対話グループにも入ることができたが、そこでは障害者やその家族の意見はあまり反映されず、政府組織や資金力のある慈善機関、専門職の組織などが大きな力を持っていた。その後、障害者団体は、独立の組織が必要だと考えるようになり、一九九七年に欧州障害フォーラムとしての活動を開始した（Hurst 1995: 531, 2005: 68; European Disability Forum 2020）。

欧州障害フォーラムが発足した当時、欧州のネットワークの議長を務めていたジェンセンは、ＷＦＭＨの欧州地域評議会からフォーラムについて聞かされた。フォーラムは、障害者のための（for）組織ではなく、障害者の（of）組織をメンバーにしたいと思っていたため、欧州のネットワークを投票権のあるメンバーと[95]

94　ハーストは、この諮問機関のことを欧州障害フォーラムと呼び、「一九九二年に欧州障害フォーラムは初めて会った」と述べている（Hurst 1995: 532）。

して迎えることを希望していた。フォーラムは、欧州のネットワークにメンバーになるための書類に署名するように依頼してきた。ジェンセンはその求めを受けて署名し、こうして欧州のネットワークは欧州障害フォーラムの発足時からのメンバーとなったが、この決定に激しく反対する人もおり、のちに強い対立を生んだという（Jensen interview on 03 September 2019）。

欧州障害フォーラムと同じく一九九七年、ＧＡＭＩＡＮ（Global Alliance of Mental Illness Advocacy Networks）の欧州支部が発足した。ＧＡＭＩＡＮは、国際組織であるが、ジェンセンによると、分裂して欧州支部と米国を基盤とした支部ができた（Jensen interview on 03 September 2019）。この分裂の理由について、ウーリーは、次のように説明している。

ＧＡＭＩＡＮは、専門職が完全に操っており、グループ内にサービス利用者は僅かしかいなかったよ。私は、ものすごい圧力をかけられていて、自分の意見は聞かれていないと感じたよ。そして、専門職の問題点は、特に関係を持っていたのが、またしても製薬会社の資金だったこと。[96] 私は、それにずっと反対してきたし、認めたことはないし、これからもそんなことはしない。それで対立があったんだ。これがＧＡＭＩＡＮ欧州支部が生まれざるを得なかった理由だよ。北米支部と、製薬会社の資金と専門職の関与を受け入れる欧州支部とで、組織の分裂が起きたんだ。（Wooley interview on 08 September 2019）

他方、ＧＡＭＩＡＮ欧州支部のホームページによると、ニューヨークに本部をおくＧＡＭＩＡＮからの独立の要因は、製薬会社からの資金が主要なものだとは説明されていない。「アプローチ、哲学、目的、プログラム、法人ＧＡＭＩＡＮの運営方法」と広汎に渡る要因が説明されている（GAMIAN Europe 2020）。

ジェンセンによると、ＧＡＭＩＡＮは、「精神医療の患者」を中心とした組織ではあるものの、精神医療や薬物療法は良い（good）という考え方を普及させようとする組織であった。ＧＡＭＩＡＮ欧州支部は、欧州のユーザー、サバイバーのネットワークにとって代わって、欧州のユーザー、サバイバーの声の代表となりたがっていた。欧州のネットワークは、一九九〇年代を通して、さまざまなネットワークと連携し、欧州連合等からの資金援助を得ており、いくつかの国際規模、欧州規模の会議に出席したり機構に席を持っていたりした。欧州障害フォーラムに欧州のネットワークが加盟してからＧＡＭＩＡＮが現われ、フォーラムの中で自分たちが精神医療の患者の声を代表したいと言った（Jensen interview on 03 September 2019）。

「フランスうつ病の会」は、ＧＡＭＩＡＮ発足に関わった組織の一つであった。フランスうつ病の会で活動していたウーリーは、ＧＡＭＩＡＮでの経験について「極めて残念であり、精神病院に引き戻すに近い」経験だったと語った。このような体験はウーリーに特異なものではなく、ＧＡＭＩＡＮにおいてウーリーのような体験をした人を何人か知っているという。しかし、ウーリーは、専門職や家族の運動への関与を全面

95　メンバーには、完全会員（full）、通常会員（ordinary）、オブザーバー会員（observer）賛助会員（associate）の四つの区分がある。完全会員として認められるのは、各国の障害者組織の代表者委員会と欧州の障害者のＮＧＯである。この障害者組織は障害者本人の組織とは限らない（European Disability Forum 2011）。欧州のユーザー、サバイバーのネットワークは、欧州障害フォーラムが発足したときからの完全会員である。

96　ジェンセンも、ＧＡＭＩＡＮ欧州支部が、製薬会社の資金提供を得て、設備を整えたり、高級なホテルに泊まったり、多くの人を会議に招待したりしていたことを指摘している（Jensen interview on 03 September 2019）。

的に否定しているわけではなく、資金提供や活動の手伝いなど役に立ってきた場合もあるとする。その上で、「彼らには彼らの立ち位置があるが、彼らはしばしばその立ち位置にとどまっていない。それが自分たちにとっては重大な問題なのだ」という。さらに、「専門職や家族が、自分たちの代表性に干渉してくること」ももう一つの問題だという。精神医療ユーザーの名を借りて、大規模なサービス提供者の団体が発言しようとしていることを、ウーリーは大きな問題として指摘している（Wooley interview on 08 September 2019）。

ただし、ウーリーがＥＮＵＳＰに出会った二〇一〇年頃、ＧＡＭＩＡＮ欧州支部の方針も大きく転換している。ＧＡＭＩＡＮ欧州支部は、ニューヨークに本部のあるＧＡＭＩＡＮから一九九八年に独立したのち、二〇〇二年にブリュッセルに本部を置く法人となった。その後、ベルギーの法律の改正に合わせて、規約を変更する過程で、もっとも大きく変更されたのは会員についての規定であるという。組織の運営機関に患者が含まれているか、組織の活動に患者の参加を保障している団体のみが、ＧＡＭＩＡＮ欧州支部の正会員になれるようになった（GAMIAN Europe 2020）。団体のホームページからは、より効果的に精神障害者の組織の活動への参加を促進しようと変化していることがうかがえる。

5　第3回総会における議論

障害者としてその運動に加わるべきかという議論は、一九九七年一月に開催された第3回総会（第6章）でも継続された。総会の二日目には、六つのワークショップが開催され、そのうちの雇用と訓練についてのワークショップでこの話題があがった。このワークショップのファシリテーションは、英国のネトルが主に担当した。ワークショップの主な参加者は七名だった。ネトルからは、精神障害者のニーズとして、感情の変動に柔軟に対応できる仕事の構造などが挙げられた。その他、障害年金と仕事の給与の関係も指摘され、精神障害者は仕事をしているか否かにかかわらず年金を受けとることができる、理想的なあり方としてカナダがとりあげられた。また、英国や米国の障害者差別禁止法には精神障害者も含まれているが、精神医療のユーザーの運動には自分たちを障害者と考えるべきかについて議論があると述べた（ENUSP 1999a: 12-14）。ネトルは、この問題について、「もし社会がある人に対して異なる取り扱いをし、それが精神病のレッテルに依っていることに疑いがないのであれば、その人は障害者である」と自分の意見を表明している（ENUSP 1997: 10）。

そのあと、二つのテーマについて話し合いがあった。一つは、それぞれの国の精神障害者の雇用に関する取り組みについて[97]、もう一つは、仕事を得るために「障害者」であることを申告した方がよいのか、あるいはそのようなレッテルは仕事を獲得する妨げとなるのかについてであった。さらに、障害者としての申告というテーマに関係して、欧州のネットワークは欧州障害フォーラムに残るべきか否かも検討された。障害と

97　一つ目の雇用のテーマについて、よい状況とされたのはルクセンブルグとデンマークである。そこでは政府が仕事に戻るためにきちんとした（decent）給与と訓練を提供し、働けない人には十分な年金などを支給している。その他の国の状況は望ましくないとされた。精神障害者であると申告することは仕事を失うことにつながり、精神障害者は雇用されている人々のなかでも底辺におかれているという状況が共有された。また、ワークショップの終わりにファシリテーターのネトルは、欧州のネットワークも参加した一九九五年にスウェーデンで開催された雇用についての会議について、そこで採択された四つの原則を報告した。そして、自分たちにはこの原則を自分たちの国でどのように実現していくのかが問われているとして、参加者からのアイディアを歓迎した（ENUSP 1999a: 13-14）。

いうテーマについてファシリテーターのネトルは、国連の障害者の定義は、差別に対処する責任について社会よりも個人に負担をかけるものであることを指摘した。また、ワークショップの参加者の多くは、劣った個人として見られるよりも、社会の差別の犠牲者として見られるほうが妥当であると考えていたと報告されている。さらに、多くの参加者が、医学的診断によって年金や雇用の機会などを得られることもよいことだと考えていた。ただし、欧州の中でも国によって障害者の状況は異なっており、西欧では障害者というレッテルによって利益を得られることが多いけれど、東欧ではそのレッテルがひどい結果を招く場合があることが共有された。このため、欧州という単位で自分たちは障害者であると考えた方がよいかどうかという問いに答えを出すことは難しいという合意に至った。ワークショップの最後に、ネトルがフィードバックをおこなった。ネトルは、欧州のネットワークでは精神医療のユーザーの定義は個人に委ねられており、障害の定義についても同様に考えたらよいのではないかと提案した（ENUSP 1999a: 12-14）。

ルソは、このワークショップに「欧州障害フォーラムにおける『私たちの』メンバーとしての身分を考え直すための提案」と題した提案をした。この提案の中でルソは、欧州障害フォーラム加盟の手続きについて、次のように問題提起している。

> ネットワークが他の組織や機関に参加するかどうかという問題は重要な政治的問題です。このためネットワークの理事や議長だけに委ねることはできません。欧州レベルでどこと公式に連盟したいのか、またその連盟を必要とするのかは、私たち全員に関係することです。（中略）総会が、そのような事項を決定する唯一の権限として残されているべきです。もしこの方法では完全な合意を保障できないのであれば、少なく

とも全過程の透明化を保障すべきです。（中略）私たちの意見や経験は非常に異なっていると思います。それについて話し、レディングでのワークショップや全体議論の議題にしましょう。私たちで決めましょう。（ENUSP 1997: 11 傍線原文）

また、ルソは、障害者と考えるべきかという問題そのものについては、「私たちが障害者の／のためのいかなる機関のメンバーにもなってほしくない」と書いている。「障害者と共通して持っているかもしれない問題について考えられるし、協働もできると確信しているけれども、彼らのフォーラムのメンバーになることは、（金銭的なものを含めて）いかなる理由であっても私たちにとっては想像もできない」と説明している（ENUSP 1997: 11）。この提案は、第3回総会直後のニュースレターに掲載されており、そこには次のような注意書きが添えられていた。

一九九六年一二月三一日で欧州連合のヘリオス2プログラムが終わりました。ヘリオスは、欧州の障害者団体にとって欧州委員会から資金を得るための主要な資源であったため、これは大きな問題でした。私たちの欧州のネットワークのほとんどの会議やセミナーも、ヘリオスの資金で開催されてきました。一九九七年一月一日以降も欧州委員会との交渉を続けるために、障害者団体は欧州障害フォーラムを結成することを決めました。参加するように求められたとき、欧州のネットワークの理事は、後から参加するのは困難であろうと思われたので、参加を決めました。（ENUSP 1997: 11）

このワークショップについてネトルがニュースレター上で報告した。報告の紙面は、「欧州のユーザーのネットワークは自分たちのことを障害者のネットワークと考えるべきか」という議論に費やされていた。報告では、まず障害の定義が個人の経験によって違っており、経験の説明の仕方が国によって違っており、欧州のネットワークでは、ユーザーの定義も障害の定義も個人に委ねられていることが書かれている。そのあと、欧州障害フォーラムの構造と、欧州のネットワークの現在の役割はフォーラムとの関係を作りそこに影響を与えられるようになることだとの説明があってから、ワークショップにおける合意事項について次のように報告されている（ENUSP 1997: 12）。

多くの議論ののち、合意に至ることは非常に困難であると合意されました。妥協の結果としての結論は、総会にかけられ採択されました。それによってネットワークは、フォーラムとの協働を続けることが可能になりました。（ENUSP 1997: 12）

「民族、ジェンダー、社会階層、貧困」といったさまざまな抑圧についてのワークショップにおいても、障害者運動との関係が論点として取り上げられた。このワークショップでファシリテーターを務めたのは、アルバニアのフライシュマン（Peter Fleishmann）とドイツのルソであった。フライシュマンは、英国の精神病院には少数民族の人が大きな割合を占めていることを指摘した。さらに出席者からも、同性愛が精神病とみなされたり、少数民族の文化が病気とみなされたりする場合があることが指摘された。このワークショップで合意されたことは、文化や性的指向を理由に精神病院に拘束されたり強制的に治療されたりしてはならず、自分たちは「狂っていること」、少数民族であること、同性愛者であることを誇りに思うべきだということである。自分たちは障害者なのか、また障害者組織に加わったり連携したりするべきなのかという問題については、個人として定義できるようにすべきだという意見が共有された。また、他の組織に参加するまえに自分たちのアイデンティティを強めていく必要があるとされた。障害者運動との関係について、総会の全体セッションで発表されるべき意見として合意されたことは、ネットワークは障害者グループと連絡し協働すべきではあるけれど、ほかの組織と連携しない独立とアイデンティティを保つべきだということであった（ENUSP 1999a: 15-16）。

精神医療のオルタナティブについてのワークショップでは、精神医療のオルタナティブな方法の実践の仕方について、医療専門職との距離が重要な話題となった。ワークショップでは、まず英国のコールマン（Ron Coleman）が講演した。コールマンは、オルタナティブの在り方は、精神医療の中と外の二種類に分けられるとした。精神医療の中にオルタナティブの実践をつくっていくときには、それが精神医療にとりこまれてしまわないように注意しなくてはならないことを、過去の失敗例を挙げながら強調した。[98]その上でこのよう

98　この講演でコールマンは、自助活動は治療（therapy）ではなく、自身の経験や自分の人生をコントロールできるようにすることだと述べた。そして、自身の経験は精神科医やソーシャルワーカーに所有されることなく、自分でもっていなくてはならないとした。薬物療法が導入される前と後で統合失調症の回復率は変化していないという報告を挙げ、精神科医が精神科医になったのは他の科で役に立たなかったからかもしれないと提起した。自分たちでつくるオルタナティブにおいては、本人が選択できることが重要であり、自分たちが求めていることの一つは自由であるとした（ENUSP 1999a: 7-9）。

なオルタナティブをつくっていくには、国をこえた協力が不可欠であるとしてそのようなネットワークがすでにできていることを歓迎した。

その後の話し合いでは、精神医療の中でのオルタナティブと外でのオルタナティブに分けて議論された。まず、精神医療の仕組みのなかでオルタナティブを実践することについて、それは精神医療の専門家との協力を意味し、そのようなオルタナティブは通常は受け入れられないとされた。オルタナティブの考え方の例の一つとして挙げられたのは、スウェーデンのジェスパーソンが提唱してきたジャングルモデル[99]である。精神医療にオルタナティブをつくっていくことにおいて、一番の困難はジャングルモデルのような精神医療とは異なる考え方を医療の専門家たちにどのように受容させていくかであるとされた。これは困難な課題であるが、同時にワークショップの参加者には精神医療体制の中で何らかの役割をもって働いている人が多くいることも確認された。その上で、自分たちが精神医療体制の中に入っていくことは、困難が多く危険が伴うけれど、継続することで変化を生み出す可能性もあるという合意に至った。精神医療体制の外でのオルタナティブの創造について、まずはユーザーと専門家の混合の組織ではうまくいかない可能性が高いことが確認された。医療の専門家のイデオロギーは、自分たちの考え方を他の考え方より上位においてしまう傾向が強く、オルタナティブはユーザーが運営する組織でおこなっていくことが重要だとされた。そのほかにも、従来のビジネスのモデルを理解しながらもボトムアップ方式などそのオルタナティブなあり方も柔軟に考えていくことや、自分の経験を認め他のユーザーの経験に学ぶことなど、重要だと考えるポイントが六つ列挙された。その上で欧州のネットワークでおこなっていくべき課題として四つがあげられた。一つ目はワーナーが中心となって実施している調査を継続していくこと、二つ目はオルタナティブの理論や実践についてのデータベースをつくること、三つ目は自分たちの経験や自助の概念の意味を発展させていくこと、四つ目は向精神薬を止めることによる問題への対処を含めて代替医療についての情報を集めることであった（ENUSP 1999a: 7-11）。

第3回総会の頃、ジェンセンは父親を亡くし、ひどく落ち込んでいて、理事を辞めようと決めていた。父親とは「非常に問題のある関係」だったが、それでもやはり悲しい気持ちになっていた。そのような状況の中で、共同議長の自分とコンランが、自分たちの決めた民主的な決まりを無視して欧州障害フォーラムに加入すると決めてしまったと責められたという。そこで、欧州障害フォーラムのメンバーになることを受け入れ認めるか、それに反対するのか投票がおこなわれた。その結果として、大多数（huge majority）[100]が、欧州障害フォーラムにメンバーとして関わっていくという決定を認めた。このため、一九九七年から障害者運動と協力した多くの活動が可能になった（Jensen interview on 03 September 2019）。第3回総会直後に発行されたニュースレターで編集担当のジェスパーソンは、第3回総会について「レディングでの総会でもっとも白熱した議論を呼んだのは、欧州障害フォーラムのメンバーとしての身分についてだった」と報告した。そし

99　ジャングルモデルでは、危機（crisis）にある状態をジャングルの中で迷っている状態と考える。危機的な状態にある人を支援するには、そのジャングルに入っていき、一緒に脱出の方法を考える。危機的状態にある人の考えていることや感じていることがすべてわかることはありえないけれど、それをわかろうとすることを重視する。このようなジャングルモデルの考え方に対して、精神医療はジャングルの周りにコンクリートの壁をつくって、その中に入れないようにするものであるとする（ENUSP 1999a: 9）。

100　投票については、他の史料に記述を見出すことができず、「大多数」が具体的にどの程度なのかはわからない。

て、「結局、メンバーになることは、ネットワークの資金の重要性を理由に受け入れられた」と述べた。その上で、それに賛成、反対の投稿をそれぞれ掲載した（ENUSP 1997: 1）。

6　欧州障害フォーラム加盟後

欧州障害フォーラムにおいて、欧州のネットワークを代表したのは、デンマークのオルセンであった。欧州障害フォーラムにおいてオルセンは、精神保健の問題を持つ人々や組織が、各国の障害種別をこえた障害者組織に招待されているのかを調査した。その調査によると約半数の国で、障害者運動に精神保健の問題を持つ人が統合されていることがわかったという。この数字について、オルセンは「十分ではない」と評価している。精神保健（mental health）について、オルセンは自分の考えを次のように話した。

僕の考えでは精神保健は、もちろん部分的には精神医療でもあるんだけど、障害の問題でも社会の問題でもあるんだ。完全に自由（all free things）なんだ。それぞれの人によって立場は異なっている。でも、完全に自由な領域で仕事を進めなくてはならない。なぜなら、社会的排除、社会的な問題は、精神保健の問題なんかを作りだすからね。（Olsen interview on 10 August 2018）

オルセンは、欧州のネットワークの中で、障害者運動と共に活動する必要はないという強い意見に出会ってきたという。しかし、それは障害概念の理解の仕方の問題であり、障害者になることによってパラダイムが変わるわけではないと説明する。オルセンは、欧州障害フォーラムで八年間活動した。フォーラムは四年ごとに役職の選挙を実施しており、オルセンは最初の四年間は執行委員会、その後の四年間はその下の理事を務めていたという。執行委員会にいるあいだは、欧州中をあちこち移動しなければならず、少なくとも一か月に二度は出張があったという。欧州連合で起きていることを追いかけ、各国の首脳や王、女王にすべての障害グループを代表して話をしなければならなかった。欧州連合の決定において影響を与えられる領域とそうでない領域を見分けるのは大きな仕事であり、多くのことを学ばなくてはならなかったが、欧州障害フォーラムの事務局にはわかりやすく説明してくれる人がいたという。執行委員会にいた間は、精神保健の問題にばかり集中することはできなかったが、理事になってからは自分たちの関心事を推し進めることができたという。理事を務めていたときオルセンは、強制的な（forced）治療についての議論（get reasons）が非常に難しかったと述べていた。なぜなら、欧州障害フォーラムには、知的障害（people with learning disabilities）や親の組織もおり、彼らは強制ができなくなったら何ができるのかを心配しており、欧州のネットワークとは異なる意見を持っていたからであった（Olsen interview on 10 August 2018）。

国際的には、一九九九年に国際障害者団体長同盟（International Disability Presidents Alliance）が、基準規則のモニタリング委員会の障害者組織のメンバーを中心に「協力・共同の国際活動ネットワークのあり方を探るという目的で」結成された。さらに、国際障害者団体長同盟は、二〇〇〇年に開催された第2回総会で国際障害同盟（International Disability Alliance: IDA）へと発展解消を遂げた。結成当初のＩＤＡのメンバーは、ＤＰＩ、世界ろう連盟、世界盲人連合、国際育成会連盟、世界盲ろう者連盟、ＷＮＵＳＰであった（高田2000）。モニタリング委員会の障害者組織のメンバーたちは、基準規則の重要性を認めつつも法的拘束力のある条約の策定を望んでおり、多くのロビイング活動を重ねていた。専門家パネルの多くのメンバーは、条約の策定までには長い道のりがあると推測しながら、議論を進めていた。しかし、それは突如として起こったという。[101] メキシコ政府が条約を国連総会において議題に上げ、それに対して中国政府からも支持があった。中国共産党の指導者の中に、障害のある息子を持つ人がおり、その息子が活発な活動家であったことが要因の一つかもしれないという。[102] 当時、オーヘイガンは、メキシコ政府や障害の特別報告者、IDAといった機関がどのように動いていたのか正確にはわからないものの、「障害者権利条約の国連総会の場」[103] にいた多くの人は、あと一〇年から二〇年はかかるだろうと思っており、にわかに策定の決定がなされたことに非常に驚いていたという（O'Hagan interview on 03 September 2016）。

ネトルは、精神保健の問題を精神障害という障害として考えるようになったのは、障害者権利条約の策定の始まりの過程における、米国のミンコウィッツ（Tina Minkowitz）の仕事によるという。しかし、現在でも、障害という考え方を有益であると考えていない人もいるという。それでも、障害者権利条約の起草などに関わっていったのは、障害者との連携を強めていくことについて、より大きな絵を見通せていた人たちが欧州のネットワークの中にいたからであり、実践的（pragmatic）な理由によるという。また、精神障害以外の障害者の人々も、精神保健の問題を精神障害とは必ずしも考えていなかったという。例えば、身体障害者が障害によるスティグマや差別によって心理的な問題をかかえたとき、その人たちは精神保健の問題を持ったとは思わないという。なぜなら、精神保健の問題を持つことは、対処できない病気に罹ったことを意味するからである（Nettle interview on 26 July 2018）。

ホリングは、欧州障害フォーラムに加盟するかどうかの議論が始まったとき、それに反対した人の一人であったという。ホリング自身は、障害者権利条約の履行の過程でＷＮＵＳＰが定義し同条約の一般的意見や総括所見などで使われている精神障害者（people with psychosocial disabilities）という用語を自分のアイデンティティとして使ったことはないという。しかし、フォーラムについての議論では、精神障害者という用語をアイデンティティとする人たちのことを尊重してもいたし、障害者権利条約の範疇に入っていくための用語を必要としてもいた。フォーラムについての議論の中でホリングは意見を変えたとして、そのことについて次のように述べている。

私は、障害者の範疇に入ることに、強く反対していたの。なぜなら、精神医療のサバイバーであるという経験と障害者であるという経験の間には距離があると思ったから。でも、私の意見を変えた、というか一緒だなと思ったのは、障害の社会モデル。私がまったく反対していなかったのは、障害者運動と連携を築いていくこと。議論を始めたときから、障害者運動に入りたくないとは思っていたけど、その運動と協力して連

101　二〇〇一年の第56回国連総会でメキシコのイニシアティブにより「条約に関する諸提案を検討するため」の特別委員会を設置するという決議が採択された。

102　当時の中国の半官半民の中国障害者連合会の会長は故トー小平氏の長男のトー樸方氏であった。中国政府は、二〇〇〇年三月に「世界障害ＮＧＯサミット」を開催し、「障害者の権利に関する国際条約の採択を訴える『新世紀における障害者の権利に関する北京宣言』を決議した」。また、同年のＥＳＣＡＰ総会において、「アジア太平洋障害者の十年」の宣言の採択にこぎ着けたのは、「北京すなわち中国政府、中国障害者連合会の存在感が一番大きかったのは否めない」という（長瀬 2000）。

103　二〇〇一年の第56回国連総会のことだと思われる。

携していくことに反対したことは一度もないの。でも、私にとって障害者運動は、女性の運動や性的少数者の運動と同じレベルだった。（中略）いままでも［障害者運動との］共通点はあると思っているけど、距離もあって、もちろん障害者の側からの――障害者運動からユーザー、サバイバーに対するね――反対もある。(Hölling interview on 07 August 2018［　］内引用者)

また、ユーザー、サバイバーの経験と障害者の経験の違いは何かという筆者の質問に対して、ホリングは難しい質問だと断った上で、次のように返答した。

差別っていう共通した経験があるんだけど、差別の種類が違うと思う。精神医療の経験があると、精神医療って正気や自由意思を疑ってくるから、ある種の権利が否定されるでしょう。これって一定の他の障害にも当てはまるんだよね。たとえば、いくつかの障害種別には当てはまるんだけど、身体障害には当てはまらない。（中略）それからたとえば、法律についても（中略）ドイツでは、精神医療のユーザー、サバイバーだけに適用されて、障害者には適用されない法律があるの。これって根本的な違いだと思う。(Hölling interview on 07 August 2018)

ルソも、ホリングと同様に障害の社会モデルが、障害者運動に対する態度を変えるきっかけになったという。一九九七年当時、欧州のネットワークの多くのメンバーは、「もし欧州障害フォーラムに所属しなかったら、将来はなく、仲間はなく、所属先はない」と思っていたようだったという。ルソは、ネットワークが障害フォーラムに加盟したことに、非常に怒っていたが、そのような意見は少数派であった。その後、知るようになった障害の社会モデルにおける障害の概念は、それまでの障害概念と全く異なっていると思った。ルソは、障害の社会モデルをとてもよい（like very much）と思ったが、そのまま精神医療の経験には応用できないと考えた。そこで、精神障害の社会モデルについての独自の理論を作り出すことを博士論文のテーマとして取り組むようになったという（Russo interview on 10 September 2019）。

7　小括

欧州のユーザー、サバイバーのネットワークは、一九九六年末に欧州委員会のヘリオス２プログラムが終わるまで、ＤＰＩやＷＦＭＨの欧州評議会を通じて、ヘリオス２からの助成金を得て、それを主たる財源の一つとして活動してきた。その間、ＤＰＩなどの障害者組織は、ヘリオス２プログラムに諮問機関の一員として関わり、その場で自分たちの意見があまり決定に反映されないことを不満に思ってきた。そして、ヘリオス２プログラムの終了を機に、欧州障害フォーラムという独立の障害者のネットワークを立ち上げ、欧州委員会などとの交渉に臨もうと考えたのだった。このフォーラムの発足にあたって、ユーザーのネットワークに声を掛けた理由は、ネットワークが障害者のための組織ではなく、障害者本人の組織だと思われたからだと説明されていた。また、その誘いを受けて、ユーザーのネットワークがフォーラムに加盟した理由は、直接的には活動資金を継続させるためだと説明されていた。ネットワークは、一九九七年の時点では、ＮＧＯとしての登録がまだ済んでいなかったため、単独ですぐに資金調達することは困難だと予測されていた。

また、ユーザーのネットワークが欧州障害フォーラムへの加盟を急いで決めたもう一つの理由として考えられるのが、当時、欧州の精神障害者の組織と名のる組織がユーザーのネットワークのほかにもいくつか発足していたことである。具体的には、トギャザーやGAMIANの欧州支部が挙げられる。これらの組織は、ユーザー、サバイバーという自己認識を持つ人だけでなく、精神医療の専門職もメンバーの中にいた。さらに、両者がいるというだけでなく、組織の運営をしているのは専門職の方であった。また、そのような組織の主張は、ユーザー、サバイバーのネットワークと比べて精神医療を肯定する側に偏っていた。この理由の一つは、製薬会社から資金提供を受けていることであった。資金提供を受けていると、精神医療、特に薬物療法の批判が難しくなるという理由で、欧州のネットワークだけでなく、WFMHの欧州地域評議会やGAMIANの北米支部といった専門職を擁する団体も、製薬会社からの資金提供は受けるべきではないと考えていた。トギャザーやGAMIANの欧州支部は、ユーザーのネットワークに変わって、精神障害者あるいはユーザー、サバイバーの声を代表して、欧州障害フォーラムに加盟し欧州規模の意思決定の場に出席したいと考えていた。このような組織の動きに対して、ユーザー、サバイバーの組織である自分たちこそが、精神障害者の声を代表したいという意図も欧州障害フォーラム加盟を促進した要因であったと考えられる。

精神医療のユーザー、サバイバーは、精神障害者として障害者運動の一員になるべきかという議論は、欧州のネットワークにおいて一九九四年頃から継続的におこなわれてきた。その議論の中では、この問いに対する欧州のユーザー、サバイバーの答えは多様であることが繰り返し確認され、その上で連帯のメリットやデメリットが話し合われていた。フォーラムに加盟せずともヘリオス2プログラムの資金を得られていた時分には、その問いに対する答えをネットワークの中で統一する必要はなく、個々人で多様なままでいられた。

ところが、ヘリオス2プログラムが終了するにあたって、組織として障害者運動の一員になるか否かを決定する必要が生じた。

もちろん個人としての意見と組織としての意見が異なっていることは、特別な出来事とはいえない。しかし、自分の意思に反して精神医学的診断を下されたり、精神医療のユーザーあるいはサバイバーという呼称によって自分の体験や意見が救われたと感じたりしてきた人たちにとって、自分の加入している組織が障害者組織と名のっているか否かは重要な問題であった。つまり、ネットワーク内の個々人の障害に関するアイデンティティについて、ネットワークをめぐる活動資金の制度の変更によって、不本意な変更を迫られたと感じる人が現われた。他方で、ネットワークの中で議論したり、障害者運動として活動したりすることによって、障害者運動としての活動に対する見方が肯定的になったという語りもあった。

さらに、アイデンティティは、個人によって異なるものの、障害者運動の一員としての活動に反対する主張は、英国やドイツといった西欧、中欧地域に特に強かったように思われる。本書のインタビュー調査の対象者は西欧の活動家に偏っており、本章で検討したユーザーのネットワークの初期においては、特に東欧からの参加の促進が重要な課題として認識されていたため、地域性を確かめるためには今後より丁寧な研究が必要である。ただし、WFPU及びWNUSPでは、このような議論は確認できておらず、一九九五年から基準規則のモニタリング委員会の一員を担っていた。

第6章

東欧地域における欧州のネットワークの活動

1　はじめに

本章の目的は、欧州のユーザーのネットワークが東欧地域との連帯をどのように実現していったのかを明らかにすることである。

第3章では、欧州のユーザーのネットワークの発足の経緯を明らかにした。その結果、そのネットワークの形成において重要な役割を果たしていたのは、英国、オランダ、ドイツ、スウェーデンなど西欧、北欧、中欧地域の運動であったことがわかった。また、欧州のネットワークの第1回総会に東欧から出席したのは、ポーランドだけであり[104]、東欧との連帯が重要な課題の一つとして認識されていた。また、第2章では、ソヴィエト連邦の精神医療の乱用とそれに対する西洋社会からの批判を記述した。一九八九年頃の東欧革命以前、東欧地域はソヴィエト連邦の影響を強く受けていたため、東欧地域の精神医療は西欧や北欧とはかなりの程度異なる状況にあったと考えられる。しかし、前述のとおり、精神障害者の運動に関する研究は主に英国と米国の運動を対象に、精神医療の理論に対する批判や専門職との関係を分析してきた。これらの研究では、東欧地域の精神障害者の運動について説明することは、ほとんどできないと考えられる。本書が対象としている一九八〇年代以降の東欧地域の精神医療の状況についての記述や分析は少なく、精神障害者の活動に関する資料はさらに僅かである。

そこで本章では、東欧における欧州のユーザーのネットワークの活動を記述する。ここで焦点を当てたいのは、東欧各地でどのような運動がおこなわれてきたのかよりも、欧州のネットワークが東欧地域でどのような活動をし、東欧地域の精神障害者の個人あるいは運動団体がどのようにして欧州規模の運動に加わるようになったのかである。精神医療の制度や社会運動の状況が大きく異なる中で、どうして共に活動するようになったのか、どのような点に連帯の困難があったのかに注目して、欧州のネットワークの活動の中でも、東欧における活動を記述する。

104　レーマンは、ドイツ民主共和国の人を第1回総会に誘ったと話している（Lehmann interview on 31 August 2019）。第1回総会の報告書では、ドイツ連邦共和国も民主共和国も、「ドイツ」としてまとめられているため、参加者のドイツ統一前の活動地についてはわからない（European Network of Users and Survivors in Mental Health 1991: xiii）。また、当時、ユーゴスラビア連邦在住だったルソは、第1回総会に出席予定であったものの、入院していたため叶わなかったという（Russo interview on 10 September 2019）。

2　東欧各地における欧州規模の運動の前史

一九四五年二月、英国、ソ連、米国によるヤルタ会談によって東欧諸国は、ソ連の直接の影響下に置かれるようになった。一九四七年のソ連共産党を中心としたコミンフォルム（共産党情報局）の結成より、「ソ連の力を背景にした共産党による他勢力の弾圧や党内の粛清が行なわれ、また、農業の強制的な集団化が実行されて農民の動きも抑えられ、やがて共産党の独裁体制が確立されていった」。その後「一九五三年三月にスターリンが死去すると、東欧諸国に改革派が生まれ」、一九五〇年代にはポーランドやハンガリーで市民や労働者、学生による改革運動がおきた（加藤一夫 1991: 20-21）。さらに、一九六〇年代〜七〇年代にかけて、チェコスロヴァキアの「プラハの春」などの学生運動、ポーランドの自主独立労働組合「連帯」の結成など、市民による民主化運動が無数に生じた（加藤一夫 1991: 24）。

ソ連は、一九八〇年にモスクワでオリンピック大会を開催した。その際、パラリンピック大会の開催も提案されたものの、ソ連は「私たちのところには病弱者（invalids）はいない」と解答したという[105]。同年、障害者組合の立ち上げのために「障害者の権利を擁護する活動組織」が結成されたものの、秘密警察の抑圧にあい、年内にメンバーは刑務所に入れられて、亡命を余儀なくされたり終始監視にさらされたりした（Tomov et al. 2007: 404）。

一九八五年にゴルバチョフ（Михаил Сергеевич Горбачёв）が政権に就くと、ペレストロイカ政策によって、経済体制や選挙方法などが見直されていった。これは、「東欧諸国との関係見直し」を含んでおり、東欧の革命はペレストロイカ政策の進展に応じて展開した（加藤一夫 1991: 27）。一九八九年一月、「ポーランドとハンガリーでその後の帰趨を決する重大な決定があった」。ポーランドでは「労働組合活動という条件づきで『連帯』（委員長L・ワレサ）の復権が決定され」、ハンガリーでは「国会で『結社法』が制定され、在野活動が自由にな」った。これらが、「東欧革命指導の口火」となって、東欧の多くの国で一党独裁体制が終わり社会主義体制から市場経済に移行した（加藤一夫 1991: 29）。

しかし、その頃からその後にかけての精神障害者の状況は、共産党体制だったときの巨大な施設収容から抜け出せていないという。脱施設化に向けた議論はなされているものの、具体的な政策の立案には至らず、理念的な議論に留まっている。世界銀行の調査によると、一九九〇年代には、東欧で約一三〇万人が七四〇〇の巨大な施設に収容されていた（Tomov et al. 2007: 405, 410）。しかし、東欧でも精神障害者の運動は活発になってきている。

ハンガリーでは、一九九三年に最初の精神障害者の家族の組織、翌九四年に最初の精神障害者の本人の組織が結成された。その両方の立ち上げに関わったのがゴンボ（Gábor Gombos）である。ゴンボは一九六一年に生まれ、初めて精神医療にかかわったのは三歳のときであった。叔父が自殺を図り、その数か月後に母親がひどく落ち込んで妄想を抱くようになった。ゴンボにとって唯一の支えであった母親は、何度も入院し、ゴンボが独立するかしないかという頃亡くなってしまった。ゴンボは、母親が亡くなって深く落ち込み、

105　一九八〇年には、第6回目のパラリンピック大会が、オランダ中部のアルンヘムで開催された。

一九七七年から一九九〇年までに四回精神病院に入院した。その後、精神障害者の家族、本人の組織を立ち上げ、二〇〇一年にはアショカフェローに選ばれた。また、二〇一〇年には障害者権利条約の条約体である障害者権利委員会の一八名のうちの一人に選出された。ハンガリーには、社会的ケアホームと呼ばれる施設があり、それらの多くは共産党によって一九五三年以降に設立されたものだという。共産党は、精神病は資本主義の特徴であり、共産主義のもとではおきえないものだと主張する。社会的ケアホームに入居するまでには、平均して三年の待機期間があるという。これは、多くの人が入居を希望しているためではなく、その他に選択肢がないためであり、しかも多くの場合、後見人によって入居の決定がなされるためである。社会的ケアホームに入居する人の九割以上は被後見人である。社会的ケアホームでは、作業療法と名づけられた労働などの人権侵害がおこなわれているが、知的障害者の施設ではより深刻な人権侵害が起きているという(KI Media 2011)。

ジョージアのカリーナは、国内の精神障害者の運動の中心を担う運動家の一人であり、二〇一四年以降、ENUSPの議長を務めている。カリーナが最初に「危機的状況」に陥ったのは、生物学の修士号を取るために大学で勉強していたときだった。ジョージアでは、科学者という仕事は普及しておらず、生物学は必要とされていなかった。失業率は高く、やりたいことができる機会は名ばかりのものだった。このような状況で選択肢が見出せず、居場所を失ったカリーナは、二〇〇七年に初めて入院した。同年、もう一度入院し、その際に精神障害者と精神医療の専門職との混合の組織と連絡を取り合うようになり、現在までそこで活動している。精神障害者だけの組織を作ろうという試みは、インタビューをした二〇一八年当時までに少なくとも二回はあったという。一回目は、カリーナが運動に関わり始めるよりも前に起こったが、あるとき怒ったメンバーが事務所の電気機器のいくつかを破壊してしまい、それが重大な問題となってとん挫した。二回目は、カリーナが混合の組織で活動を初めてからであった。精神科医やソーシャルワーカーもいる組織において、ソーシャルワーカーが患者が組織に関わる書類を作成するのを手伝って、患者だけの組織を発足させようとしたものの、結局組織には一人のソーシャルワーカーと数名の患者しか残らず不活発になって終わってしまった。このため、現在も精神障害者だけの組織は発足していない。カリーナによると東欧では、さまざまな資源が乏しいことやソ連の影響が残っていることにより、ウクライナには西欧の精神障害者組織とは様相の異なる精神障害者の組織があるものの、ラトビア、モルドバ、リトアニアといった国では精神障害者の運動はおこなわれてないという（Kalina interview on 04 August 2018)。

ソ連において、ペレストロイカ政策が採られ、グラスノスチと呼ばれる情報公開がおこなわれるようになった頃、ユーゴスラビア連邦は六つの共和国と二つの自治州から構成されていた。ユーゴスラビアでは、ソ連の政策の影響を受けて、一九八〇年まで大統領を務め国父としてあがめられてきたヨシップ・ブロズ・チトー[106]を、すべての困難の元凶とみなす発想が生まれた。また、「体制批判が自由に行われるようになると同時に、これまでタブー視されてきた民族主義的な発言も可能になった」。このような流れの中で一九九一年から、いくつかの共和国が国としての独立を宣言する「解体」と呼ばれる出来事がおこっていっ

106　ユーゴスラビア連邦では、多様な言語が使用されており、チトーの名前の原語表記も多様である。本項では日本語の発音のみを記載し、原語表記を省略する。

た。一九九一年にはクロアチア、スロヴェニア、マケドニアの三か国が独立を宣言し、一九九二年にはボスニア・ヘルツェゴビナが独立を宣言した（山崎 1993: 20-27）。それによってその後、二〇〇五年まではセルビアとモンテネグロの二つの共和国が、ユーゴスラビア連邦を構成することとなった。また、共産党の批判に対する鎮圧が弱まったソ連では、一九九一年にゴルバチョフが最高指導者を辞任して、連邦の解体が宣言された。

ルソによると、ベオグラードには、精神医療のオルタナティブに関心を持ついくつかの小さな集団がありルソもそこに参加していた。一九八七年に「狂人の攻撃」を訪問した際、ドイツの団体の人は、ユーゴスラビアを訪問することもできると言い、実際に一、二年後に七人くらいでミニバンに乗って訪ねてきて、ユーゴスラビアの三つの地域を回った。その七人の中にはレーマンも含まれていた。一九九一年、ルソは、父親の同意によって二度目の入院を経験したとき、今後も望まない入院が起きるのではないかと考えた。また、セルビア共和国のベオグラードは、ボスニアとの戦争によって政治状況が悪化していた。その他の事情も勘案してルソは、一九九二年、ユーゴスラビアを離れることを決め、ドイツに移った。イタリアに移ることも考えたが、結局、インタビュー当時までドイツに住み続けている（Russo interview on 10 September 2019）。

一九八八年からスウェーデンの精神障害者の組織であるＲＳＭＨの地域事務員となったジェスパーソンは、当時のＲＳＭＨの活動について、政府の国際開発機構の助成を受けて、ポーランドのワルシャワの精神障害者の組織を支援していたと述べている。

私たちのところには躁うつ病の会員がいたんだ。彼は本当に独創的だった。（中略）ルンド市内中を駆け回って、無料の食糧、物品、さらにはトラックまで探してきたんだ。彼が人を見つけてきてくれたお陰で、私たちはトラック代を払わないで済んだ。躁状態のときの彼はそれほどのエネルギーを持っていた。彼はありとあらゆるところを訪ねて回った。何千カ所も回れば、解決策も見つかるさ。(Jesperson interview on 02 August 2018)

二週間に一度ワルシャワから果物を輸入するトラックがルンドからワルシャワに行く際、RSMHはその空のトラックに食べ物や衣類を詰めて運んでいた。その後、ワルシャワから何人かを一、二か月ほど、組織をどのように利用するのか見せるために、ルンド[107]に連れてくるようになった。ワルシャワには、精神科医が始めた小さなグループがあったものの、彼らは会議の開催の仕方も理事の持ち方もわかっていなかった。このため、ルンドでの活動の様子を見せたことで、彼らを少し安心させられたという(Jesperson interview on 02 August 2018)。

レーマンは、主に東ベルリンを通じて東欧との関係を持っていた。レーマンの家族は、当時のドイツ民主共和国にもいた。レーマンは、家族や幼いころからの友人を訪ねて、ドイツ民主共和国の主要都市の一つであったライプツィヒに行ったとき、違法なことをしている集団に会ったり、彼らに雑誌をあげたりしていた。施設収容されていた人々は、ドイツ民主共和国では仕事を得られないため、その人たちは「若年年金者」と

107　ルンドは、スウェーデン南部の都市で、グーグルマップによると、ワルシャワまで車で一一～一三時間ほどかかる。

して東ベルリンから西ベルリンへの境界を通ることができた[108]。その他にもレーマンは、東欧に旅行した際などに、当時のユーゴスラビア連邦の人たちと友人になったりしていた（Lehmann interview on 31 August 2019）。

ジェスパーソンは、一九九一年、当時のチェコスロヴァキアのブラキスラバで、精神科医や精神医学の教授などがたくさん出席した会議に出席した。会議の会場は、共産党のホテルだった[109]。ジェスパーソンは、会議に二、三時間いて、一五人から二〇人ほどのスロヴァキアのユーザーたちに、自国の組織について話をし、次回の欧州のネットワークの会議にその人たちを招待したという（Jesperson interview on 02 August 2018）。

3　第2回総会

欧州のネットワークの第2回総会は、一九九四年五月にデンマークのエルシノアで開催された。総会では、五つの分科会に分かれて議論がおこなわれた（第4章）。分科会のテーマの一つは、自己決定、社会統合（social integration）、福祉であった。この分科会についての講演をおこなったのは、スウェーデンのRSMHで活動するバーグストロームである。バーグストロームは、まず自分の経験を共有した[110]。それからスウェーデンの精神障害者が活発な活動を始めた一九七〇年代からの歴史を概観して精神障害は最後の恥ずべき病気とされていることを述べた上で、自分たちがどのような活動を展開していくべきだと考えるかを挙げた。最後にそのような活動に参加すべきは、精神病をもつ人として扱われたことのある人だと言った。そして、さまざまな文化をもったさまざまな国から集まっている自分たちが欧州のネットワークで共有できるものは、精神医療のユーザーであることの痛み（mutual pain）だと話した（European Network of Users and Ex-Users in Mental Health 1994a: 21-23）。

この分科会では、精神医療を受けた経験をあまりもたない東欧からの出席者が多かったため議論は難しかったと報告された。しかし、分科会の参加者たちは、これからも東欧のような地域と、精神医療を受けた長い経験をもつスカンディナビアや英国のような地域の人たちの両方がいた方がよいと考えていた。東欧の

---

108 東西ドイツの往来について、「西ドイツ人が東へ行く理由としては、親戚の訪問、ビジネス、あるいは、東の団体が主催する催し物への参加などだけが認められていた。もちろん、ビザが要る。また訪問は、一年に合計で三〇日以内という制限があった。つまり日本人など外国人のように、市内見物とかオペラ観劇という理由は、許されていなかった」（川口 2010: 204-205）。他方、「東［ドイツ］の人間が西に出ることは、ソ連軍関係者を除いては、ほぼ不可能だった。ただ、例外はもちろんあった」。ドイツの人々の西と東の関所であった「フリードリヒ通り駅は、（中略）東ベルリン内にあったため、（中略）東ドイツ政府は、邪魔になった人物を、ここから自由に西に送り出すことができた」。「アルコール中毒者や精神病患者は、皆、西に送り出」されていたほか、「年金生活者は、希望すれば、すぐに出国が認められた。（中略）こういう場合、年金は西ドイツ政府が支払うことになった」（川口 2010: 206［ ］内引用者）。

109 ジェスパーソンが、タクシーに乗って会議の会場のホテルまで行ってほしいと運転手に言うと、運転手は「そのホテルにはいかないよな?あれは、共産党のホテルだぞ。本当にそこに行くのかね?」とジェスパーソンに聞いてきた。ジェスパーソンは、「そこに行くんだよ」と言って、会議のことを説明したという（Jesperson interview on 02 August 2018）。

110 バーグストロームは、薬物依存症の少女たちの施設でソーシャルワーカーとして働いていたが、そこでおこなわれていた強制的な治療をよいものとは思えず大量に服薬して精神病院に入れられた。退院したあと一年半の間に七五もの仕事にソーシャルワーカーとして応募したが、精神障害者であるせいで一つも採用を得ることはできなかった。結局、ＲＳＭＨに就職したところ、そこでは精神医療を利用した経験をもっていることが肯定的に評価されたと話した（European Network of Users and Ex-Users in Mental Health 1994a: 21-22）。

ユーザーが望んでいることの一つは、全国規模の連帯をつくることであり、すでにそのような連帯を確立している地域がそれに協力できるとされた。フロアからは、東欧地域の全国組織について、新たにつくるのではなく既存の組織の中に入ることで大きな力を得ることができるのではないかという提案や、東欧の構造や問題は西欧とは大きく異なっており、西欧で成功した方法をそのまま使えるわけではないという意見が出された。また、多くの意見が出されたのは、仕事についてであった。チェンバレンは、仕事が尊厳や収入などになる一方で、搾取や精神に悪影響を与えるものともなりうると指摘し、年金を手放したくないと思う仲間がいることも忘れてはいけないと忠告した。このような議論の結果としてこの分科会は、主に精神障害者の雇用や仕事の分野と、東欧を中心とした地域のユーザー・サバイバーのネットワークの確立の二つの分野について活動していくことになった（European Network of Users and Ex-Users in Mental Health 1994a: 23-25）。

第2回総会では、いくつかの地域から国内の活動を支持してほしいという要望が出された。ルーマニアからは、特に非自発的治療からの自由について、それが保障されることの重要性と、保障を政府に要請する宣言文が提示され、欧州のネットワークはこれを支持することを採択した。ドイツからは、自分たちはナチスの作戦による精神医療の強制的な断種や治療の被害者であること、またそれが認められていないことへの陳情が出された。これをネットワークとして支持することは採択されたが、どのような問題に焦点を当てているのかより明確にすることが求められた。ドイツの参加者たちは会議のあと、自分たちの被害が認められていないことに焦点を当てた文章に修正をおこなった。スコットランドの代表団は、現在自国には英国政府による市民権法案[111]があるが、その通過を阻止するためにスコットランドのキルマーノックからロンドンまでデモ行進をおこなう計画を発表し、この計画の支持を求め、これは採択された（European Network of Users and Ex-Users in Mental Health 1994a: 48-49)。

4　ハムレットトラストとの協力

本節では、欧州のネットワークが、東欧での活動において、重要な関係を持っていたハムレットトラストとの関係について記述する。第2回総会以降、欧州のネットワークの理事たちは、各理事の活動している地域を回りながら会議を開催するようになった。一九九四年八月一三日から一六日に開催された、第1回目の理事の会議では、東欧との協力が議題の一つになった。ネットワークは、世界保健機関の精神保健分野の地域アドバイザーを通して、多くの東欧の国の連絡先を聞いていた。ルソは、第2回総会において、東欧からエルシノアに来ていた九名の代表者に、どのような関心やニーズがあるのか調査を依頼する手紙を送っていた。デンマークのSINDは、同年一一月二五日から二七日にWFMHの欧州地域評議会と共に、全国規模

111　英国では、一九九五年に（障害者）市民権法が成立した。この法律は、主に雇用、就労の分野における差別について扱ったものである。一九九〇年の米国における「障害を持つアメリカ人法」の成立などを受けて、障害者を中心とした市民社会による運動の大きな盛り上がりの下で成立した。政府は、一九九四年七月に政策協議文書（Green Paper）を発表して法律の制定を提案し、それに対する回答を踏まえて一九九五年一月に白書とともに法案を上程した。政府の法案に対して、より市民社会の声を反映した議員提案による法案も提出されたものの、結局、政府の法案の方が同年一一月に可決された。この法律について、障害者の運動に関わる多くの人は、社会変革のために有用なツールになるとは考えられないという評価であった（Doyle 1997）。

の精神保健連盟についてのセミナーを開催することになっていた。そこには、ポーランド、チェコ共和国、スロヴァキア、ブルガリア、ルーマニア、クロアチア、スロヴェニア、ハンガリー、エストニア、ラトヴィア、リトアニア、アルバニアの一二か国から、それぞれユーザー、家族、専門職一名ずつを招待した。資金は、WFMHの欧州地域評議会とデンマーク政府が拠出する予定だった。そのセミナーの場で、ジェンセンがユーザーの出席者に欧州のネットワークで活動しているユーザーの連絡先を教え、そのユーザーが連絡先を利用しなかった場合には支援をやめることが合意された。セミナーにはルソも東欧の代表として、ジェスパーソンもニュースレターの担当者として出席することになっていた。ルソは、セミナーで取り上げるテーマについて、欧州のネットワークの東欧の九名に手紙を送ったところ、会議の時点で三名から返事が来ていると報告した。また、英国のマインドのリーズ地域支部は、一九九五年五月に予定されていたポーランドのユーザーの会議を支援していた。欧州のネットワークの理事会は、この会議はポーランドにユーザーの全国組織を結成する機会として利用できると考え、マインドの計画を支持し、セミナーの内容や資金などにおいて協力すると手紙を書くことになった（European Desk 1994a）。

東欧の精神障害者の運動を支援しようとしていた重要な団体の一つがハムレットトラストである。かつてソヴィエト連邦だったロシアや東欧では、体制に反抗した人に対して特別な統合失調症のレッテルを貼り、政治的な脅威として監獄の代わりに精神病院に拘禁していた。このようなシステムの批判に対しては、西欧社会においては大衆の支持が得られやすかった。また、東欧のいくつかの国では人間を動物のように小さな檻に閉じこめるといった「今では夢にも思わないこと」がおこなわれていた。このため、アムネスティインターナショナルといった多くの国際的なNGOなどが東欧に行って、何がおこなわれているのかを明らかにし、変革を求める人々の支援をしようとした。中でも欧州のＮＧＯが多く東欧に行った。その一つがハムレットトラストであった（Jensen interview on 03 September 2019）。ハムレットトラストは、団体のウェブサイトによると、「精神保健の問題をもつ人々のための代替的なサービスの発展を助けるために一九八八年に発足した」。ハムレットトラストの本部は、英国にある。その活動の焦点は、「共産主義の崩壊後の社会的、経済的な激動の只中にある地域社会と共に活動すること」にある。ハムレットトラストは、一九九〇年から、中欧、東欧、中央アジアでのサービス利用者自身による組織の結成、支援、発展のために活動している（Hamlet Trust 2019）。

一九九四年当時、英国には強力な精神障害者の運動があり、欧州のネットワークは英国の運動と多くのつながりを持っていた。欧州のネットワークの総会には、イングランド、スコットランド、ウェールズの代表者たちが別々の国の代表者のようにそれぞれ参加していた。このため欧州のネットワークが、ハムレットトラストについて知りたいときには、彼らに手紙を書いて質問することができ、活動に加わってくれるように招待することもできた（Jensen interview on 03 September 2019）。ルソによると、ハムレットトラストの焦点は、東欧の精神医療を人道的にすることにあり、欧州のネットワークの支援ではなかったものの、ハムレットトラストはユーザー、サバイバーのネットワークに非常に友好的であった（Russo interview on 10 September 2019）。

英国のユーザー、サバイバーの運動で活動してきたローズとハムレットトラストで相談役や取締役（director）を担ってきたルカスは、ハムレットトラストのネットワークの中の多くの組織は、精神医療の専門職によって設立されたものだという。その専門職たちは、多くの場合若い人たちで、ユーザーを参加させたり参加させなかったりしつつ、自分たちの組織を作りたいと考えていた。その人たちは、変化を起こすには精神医療体制から抜け出す必要があると考え、少ない資源や力（power）を分け合おうとしていた。しかし、その専門職たちは、ユーザーによる活動の実効性には懐疑的であり、メンバーの体調不良（crisis）によって活動が困難に直面したときには、それを日常的に起こりうることとは考えず、ユーザーによる活動が不可能な証明として受け取ってしまうという。このような理由により、東欧地域の精神障害者のほとんどの組織は、精神医療の専門職と合同の組織だという（Rose and Lucas 2007: 348）。

一九九四年一〇月一日と二日にハムレットトラストは、ポーランドのワルシャワで地域ワークショップを開催した。ハムレットトラストから、このワークショップに参加したルソに対して手紙が送られている。そこでは、英国の組織が関わることが条件になるものの、欧州のネットワークが東欧や中欧を訪問するための資金をハムレットトラストが支援できるかもしれないと書かれていた[112]。同じくワークショップに参加したジェンセンにも、欧州のネットワークの他の参加者とも共有してほしい連絡先のリストや写真などが同封された手紙が送られている。そこには、今後の予定として、一二か月間の研修訪問（study visit）プログラムを実施する予定であり、その一部として一九九四年一二月にはスロヴェニアのユーザーが英国を訪れる予定であること、翌九五年に、第2回目のワークショップをスロヴェニアで開催しようと考えていることが書かれていた[113]。

一九九四年一〇月のワークショップについて、第2回目の欧州の理事の会議では次のように報告された。事前の準備について、ハムレットトラストは、欧州のネットワークに東欧のユーザーの連絡先を訪ねると共に、ジェンセンをワークショップに招待した。ジェンセンによると、欧州のネットワークにとって、自分たちとハムレットトラストは競合関係にあるように思われ、またそのような機会をあまり与えられなかったために、ワークショップの場でネットワークのことを宣伝するのは難しかった。ハムレットトラストは、英国のユーザーの運動と緊密な関係にあるかのような印象を与えていたが、実際にはそうでもなかったように思われた。ジェンセンは、それでも資金提供を受けられるのであれば、ポーランドのユーザーたちはハムレットトラストを使いつづけた方がよいと話している。ハムレットトラストはポーランドにも事務所をもっていたものの、その当時まだユーザーの団体に資金提供はおこなわれていなかった。また、ジェンセンは、デンマークのフレゼレシアで開催された会議の際にも、東欧のユーザーたちは西欧の強いパターナリズムに晒されており、参加者たちの中には、東欧のいくつかの国のユーザーの運動は欧州連合に加盟していたスペイン、ポルトガル、ギリシャといった地域よりもよく組織されていることを忘れている人たちがいたと報告した（European Desk 1994c: 6-7）。

第2回目の理事の会議は、一九九四年一二月一五日から一九日に、セミナーの開催に合わせてコリングで開催された。セミナーが一六日から一八日に開催される中、五日間すべてに渡って議題が全部で一三個用意されていた（European Network of Users and Ex-Users in Mental Health 1994c）。一日目には、前回のロンドンでの理事会議についての確認と、翌日からのセミナーの運営の仕方が確認された。二日目には、ニュースレ

112 一九九四年一〇月一一日付けのハムレットトラストからの「Dear Jasna」というタイトルの手紙を参照した。
113 一九九四年一〇月二四日付けのハムレットトラストからの「Dear Karl」というタイトルの手紙を参照した。

ターのことが話題になり、ジェスパーソンは、ニュースレターを無料で組織外の人にも配ることを提案した。これは、次の号からの購読料として、ユーザーの個人からは五〇スウェーデンクローナ、ユーザーの団体からは七五スウェーデンクローナ、ユーザーでない団体からは一〇〇スウェーデンクローナをとるための投資として説明された[114]。これに対してルソは、中欧と東欧については値段を考慮すべきであると指摘した。ジェンセンと英国のコンランは、デンマークのような他の国が中欧や東欧に対して二〇〇部ほどのニュースレターを提供することを提案した。その他、精神科の薬物療法についてのパンフレットの配布、欧州のネットワークについてのパンフレットの配布についても検討された。三日目には、理事以外に分科会から代表者が出席して、それぞれの活動の状況を報告した。参加した分科会は、治療や診断の分科会から特に電気ショック療法について、法的問題についての分科会、精神医療のオルタナティブについての分科会であった。

さらに、各地域の運動の状況や、欧州規模、国際的な催しの参加報告があった。南欧地域の理事は、南欧の約四〇の団体と連絡がとれているものの、イタリア、スペイン、ポルトガルが主であり、ギリシャの団体とは連絡がついていないことを報告した。英国では、ウェールズのいくつかの団体がＵＫＡＮと連絡を取り始めており、スコットランドでも新たな団体が生まれつつあった。コンランは、翌月、北アイルランド地域でユーザーの団体の独立を支援することになっていた。一九九五年にアイルランドのダブリンでＷＦＭＨの世界大会が予定されており、その機会にまだあまり連絡がとれていないアイルランドの運動とのつながりを作ることが重要だとされた。ポーランドでは、チェコ共和国の団体と協力して、一九九五年五月にユーザーの全国組織を発足させる予定であった。ルーマニア、ハンガリーの運動のことは分からないと報告された。理事の会議の四日目には、ハムレットトラスト及び東欧の運動との連携について議論された。また、Ｗ

ＦＭＨの欧州地域評議会の執行委員会にユーザーの代表者がいないことに関する説明を求める手紙を送ることになった。これは、一九九五年のＷＦＭＨの世界大会にユーザーの出席が確保されてから送るべきだとされた。理事会議の最終日は、今後の理事会議の予定などの確認に使われた（European Network of Users and Ex-Users in Mental Health 1994c; European Desk 1994c）。

ジェスパーソンによる第2回理事の会議の報告では、「元ソヴィエト連邦の新しい国家における精神医療の患者の状況は、社会の混沌とした変化と計り知れない貧困のために、想像が難しい」と説明されている。ジョージアの精神医療の予算は、一つの精神病院の電気代分しかなく、燃料や食品、薬物、科学雑誌の購読料に回す資金がないために、精神病院はほとんど空っぽであり、多くの元患者たちがホームレスとして暮らしているという。他方、ウクライナでは、多くの患者が、それが政府からの食糧配給を得る唯一の手段であるために、病院に入っていた。ウズベキスタンでは、元ソヴィエト連邦の法律をすべて無効にし、強制治療に関する新たな法律を用意していたものの、当時は成立に至っていない状況にあった（European Network of Users and Ex-Users in Mental Health 1996: 9-10）。このようなウズベキスタンの状況をジェスパーソンは、次のように説明している。

この［まだ強制治療に関する法律が制定されていないという］ことは、ウズベキスタンは、すべての患

114　五〇スウェーデンクローナは、通貨換算ツールのオアンダによると、一九九四年一二月一五日の時点の換算でおよそ六六三円である。

者を病院から解放しなくてはいけないということを意味するのです！ しかも、ウズベキスタンにはお金がないので、患者に薬を投与することもできません。つまり、いまウズベキスタンは、世界で唯一、一〇〇パーセント強制治療からも向精神薬からも解放された国なのです！ (European Network of Users and Ex-Users in Mental Health 1996: 10［ ］内引用者)

ジェンセンに対しては、ハムレットトラストから、ワルシャワでのワークショップの招待の他にもう一通、手紙が送られていた。そこでは、「ユーザー情報／スターターパック」の草案についてジェンセンのコメントに対するお礼が述べられ、更なる貢献が求められている。この「パック」の制作は、英国の精神障害者の組織であるＳＳＯのキャンベルが務めていると書かれている。[116]

この「パック」についても、欧州のネットワークの理事の第2回目の会議で話題になった。この「パック」の草案に対する評価は理事の中で大きく割れていた。ドイツのザイプトは、草案はひどいものであり、現在あるものに修正意見を出すよりも新たに書きなおしたほうがよいと意見した。理由は、「ユーザー」の中に精神医療の消費者しか含まれておらず、精神医療の治療の代わりにケアについて述べているため、多様なグループを支援するものとはなっていないということだった。ジェンセンとルソは、原案の修正を支持した。ルソは向精神薬に言及していない点が深刻な問題であると考えていた。ジェンセンは、キャンベルは信頼できる人物であり、欧州のネットワークの意見を真剣に受け止めてくれるはずだと言った。他方で、ジェスパーソンは、率直に書かれているという点で原案を支持した。結局、英国のコンランから、「パック」の編集会議に毎回コンランが出席できるようにしてもらい、彼女を通じて欧州ネットワークの理事の意見を反映させられるようにハムレットトラストに頼むことになった。また、草案の第2版は欧州のネットワークの中の東欧の活動家にも見てもらい、意見をもらうことになった（European Desk 1994c: 7）。その後、コンラン[115]はキャンベルと連絡をとり、ルソはハムレットトラストに「パック」の草案に対するコメント送った。第3回目の理事の会議では、「パック」の中で欧州のネットワークを紹介し、その立場を説明するスペースを設けてもらえるように手紙を送ることが合意された（European Desk 1995a: 5）。

一九九五年五月の第3回目の理事の会議では、ルソが、東欧のユーザーの組織に『精神医療のオルタナティブ』（Kempker and Lehmann 1993）[116]を八冊送り、資金があればさらに送る予定であることを報告した。ドイツのザイプトによる「薬物療法をどのようにやめるか」という文章も送られた。また、ルーマニアのマリン（Mihai Marin）がハンガーストライキをしたり、テレビ出演したりして精力的に活動していることが共有された（European Desk 1995a: 2）。マリンは、エルシノアでの第2回総会に出席した際にスウェーデンのジャーナリストからインタビューを受けた。それは、欧州のネットワークの会議についての新聞記事の一部として『南スウェーデン日刊新聞（Sydsvenska Dagbladet）』に掲載され南スウェーデンで読まれた。そのインタビューの英訳が欧州のネットワークのニュースレターの第1号から3号に掲載された。当時二七歳のマ

115　一九九四年一〇月一四日付けのハムレットトラストからの「Dear Karl」というタイトルの手紙を参照した。

116　Kempker and Lehmann（1993）は、「世界中の五〇人の弁護士、医師、療法士、心理学者、精神科医、家族、政治家、社会科学者、精神障害者が、反精神医学の仕事、自分たちの目標と成功、協調と困難、希望と経験について報告している。この本は、深刻な狂気の場合でさえ、すでに存在している自助の可能性を反映している」（Kempker and Lehmann 2019）。

リンは、一〇回の入院を経験し、大量の向精神薬と二〇回の電気ショック療法を処方された。頭に拳銃を突き付けられて、なぜ共産主義体制に反対すると言ったのか説明させられ、その後に秘密警察によって精神病院に入院させられたという。精神病院は、一つの病棟に三〇人の患者が一つのベッドに二人ずつ収容され、最小限の水しか与えられないために、患者たちは横になって水を求めて叫んでいる状況だった。マリンは、一週間のうちに三人の患者が亡くなるのを見たという。マリンは、ハンガーストライキをして[117]、一週間ののちにその病院から解放された[118]。当時のルーマニアには、精神障害者の運動はなかったものの、米国大使館を通じてエルシノアでの第2回総会に出席した（European Network of Users and Ex-Users in Mental Health 1995a: 7）。

ルーマニアにおいて、精神医療関係の団体としてはデルファイ（Delphi）があるという。デルファイは、精神医療者による団体で、精神科医の秘密組織（maffia）に関わることで権力を持っていた女性の精神科医が長を務めていた。デルファイは、ルーマニア議会に「ルーマニアにおける精神病者の権利のための第1法案」を提案していた。この法案についてマリンは、「片手をさしのべてもう片方の手で奪う」という古典的な秘密組織のやり方と見なせると述べている（European Network of Users and Ex-Users in Mental Health 1995b: 4）。欧州のネットワークの第3号のニュースレターには、民主的反対派（democratic opposition）が、政党の雑誌において、ブシュテニ市の議員を政治的な理由で「精神錯乱（deranged）」になったのだと中傷（defamed）したことや、一〇代の少女が共産主義順応主義（communist conformism）に賛同していなかったために両親によって精神病院に入院させられ、向精神薬を大量に処方されたために服薬をやめられなくなったことが書かれている（European Network of Users and Ex-Users in Mental Health 1995c: 4）。ニュースレター第5号にも、ルーマニアからの投稿は掲載されており、このときは首都ブカレストのマリンだけではく、ルーマニア北部のクルリババからの自分の「苦難のライフストーリー」についての投稿もあった（European Network of Users and Ex-Users in Mental Health 1996: 4）。

一九九六年八月二三日から二五日にロンドンで開催された第6回目の理事の会議では、ハムレットトラスト主催のトレーニングの参加報告があった。トレーニングは、スロヴェニアで開催されたので、スロヴェニアで活動している東欧地域の理事のスプレイザーが参加した。トレーニングには、多様な団体が協力しており、知り合いになるためには良い場であった。スプレイザーは初めのうち、ハムレットトラストに懐疑的であったが、ハムレットと共に肯定的な体験をしたと報告した。また、同様のトレーニングをエストニアですることになっており、そこではルソがワークショップを担当する予定であった（European Desk 1996c）。ルソは、欧州のネットワークの理事として何度かハムレットトラストのセミナー等に講師等として関わっ

117　欧州のネットワークのニュースレター第3号でも、ハンガーストライキが言及されているものの、その場所はブカレストの大学広場（University Square）と記されており、病院ではない。大学広場でのストライキでは、テレビやラジオにインタビューしてくれるように呼びかけた。しかし、それは警察によって終わらせられてしまったという。警察は、マリンに対して攻撃はしなかったものの、ハンガーストライキをする権利はないと言った。マリンは、これがルーマニアの人権状況であると述べている（European Network of Users and Ex-Users in Mental Health 1995c: 4）。第1号及び第2号で言及されているハンガーストライキと、大学広場でのハンガーストライキが同じものを指しているのかはわからない。

118　欧州のネットワークのニュースレター第2号ではマリンは、首都ブカレストのゲオルゲ・マリネスク病院の閉鎖病棟に一年間、拘禁されていたと書いている（European Network of Users and Ex-Users in Mental Health 1995b: 4）。ゲオルゲ・マリネスクは、ルーマニアの神経学者の名前である。

たのちに、相談役（consultant）としてハムレットトラストに雇われた。ハムレットトラストは、ルソの仕事をとても気に入って、東欧に行ってトレーニングを担当してほしいと言ったという。ルソはトレーニングのために、ルーマニア、ハンガリーにそれぞれ二回、ポーランド、エストニアにそれぞれ一回ほど訪問した。トレーナーは、ルソの他にも英国のＳＳＯのメンバーやハンガリーのゴンボなどのサバイバーの活動家のほか、人権分野で仕事をする人やハムレットトラストの相談役になっている人が担当していた。精神科医やそのほかの精神医療の専門職は、トレイニーとして会場に出席していることはあっても、トレーナーを担当することはなかったという。トレーニングは、特定のテーマについての二時間ほどの短いもので、ルソは、トレーニングの他にも東欧地域のユーザーや専門職と共に会議やワークショップ等を開催していた（Russo interview on 10 September 2019）。

5　第3回総会

一九九七年一月三日から六日まで第3回総会が英国南部のレディングで開催された。このような日程になったのは、総会の会場や宿泊施設として学生がいない時期のレディング大学の施設を使用するためであった（ENUSP 1999a: 3）。宿泊施設として、大学キャンパス内のシャワーとトイレ付のシングルルームが予約されていた。八部屋に一つずつ簡易な台所設備もあった。総会中の食事は、大学の食堂で皆でとることになっていた（Huitink 1996e）。総会の開催のための資金は、オランダの患者組合、精神保健のためのセインズベリーセンター[119]、レディング大学、ＷＦＭＨの欧州地域評議会が支援した（ENUSP 1999a: 3）。参加者は、二二か国から七四名であった（ENUSP 1999a: 24-25）。

ニュースレター第6号によると、アルバニアから参加予定だった二名はビザが間に合わず渡航できなかった（ENUSP 1997: 14）。東欧地域においては、ビザ取得は大きな負担である場合が少なくなった。ジェスパーソンによると、一九九七年にフィンランドのラフティで開催されたＷＦＰＵの総会に参加を希望していたブルガリアの女性は、ビザの申請料が一か月分の給与と同額であったため、渡航を諦めたという（Jesperson interview on 02 August 2018）。また、ルーマニアの活動家は、第２回総会には参加したが、第３回総会のときは精神医療がルーマニアを出ることを許さず、参加できなかった（ENUSP 1997: 14）。ハムレットトラストは、東欧からの参加者の渡航費用を支援した。ハムレットトラストの担当者の報告によると、渡航できなかったアルバニアの代表の最低限補助（subsistence grant）に一五〇米ドル、エストニアの代表の航空券、

119　一九八五年、ギャツビー慈善財団の資金によって、「精神医療の研究と開発のための全国機関」が発足した。この機関の目的は、学術的な研究と日常の実践や政策とを結びつけながら、他の組織とは異なる方法で精神保健を改善していくことであった（Sainsbury Centre for Mental Health 2019）。ギャツビー慈善財団は、セインズベリーズというチェーン・スーパーマーケットの社長や政治家をしていたセインズベリー（David Sainsbury）によって、植物科学、神経科学、教育、アフリカ、公共政策、芸術の六分野の発展のために、一九六七年に設立された慈善財団である（Gatsby Charitable Foundation 2019）。「精神医療の研究と開発のための全国機関」は、一九九二年に「精神保健のためのセインズベリーセンター」となり、「精神保健の国家サービス枠組み」を作成し、精神病の初発（first episode of psychosis）を経験する若者や危機状態に陥った人々を支援するための新しいサービスを創造し、その履行を支援するセンターとなった（Sainsbury Centre for Mental Health 2019）。精神保健の国家サービス枠組みは、一九九九年に英国政府によって発表されたもので、精神医療の五つの領域についてサービスの基準を定めたものである。

国内旅費、最低限補助に一三九〇米ドル、ハンガリーの代表の航空券、宿泊費に四四〇米ドル、チェコ共和国の代表に一六五米ドル、ブルガリアの代表に一二八五米ドルの合計三四三〇米ドルが提供されていた[120]。

総会は、一月三日の一四時半から始まり、まず共同議長のジェンセンが開会の講演をした。ジェンセンは、精神医療のユーザーの影響の重要性は、ネットワークができたころから、政治家や医療の専門家のあいだでも言われるようになってきているけれど、実際には自分たちは声をもたない者として扱われており、このような状況のなかで欧州のネットワークは欧州規模で連帯して自分たちの声を上げていくためにあるのだと話した。また、一九九一年の第1回総会でのオランダのヴァン・アブショーフェンの言葉を紹介した。それは、自分たちは皆強いアイディアや意見をもってこの場に来ており、そうでなければこの場に集まっていない。このため合意を形成するのは難しいかもしれない。しかし、全員が同じ意見をもつようになる必要はないけれども、ネットワークを発展させていくためにはいくらかの合意が必要であるというものだった（ENUSP 1999a: 4-5）。

開会の講演の後に理事や欧州デスク、ニュースレター担当などからの報告がおこなわれた。その後、それぞれの地域ごとに分かれて話し合いがもたれたが、それについての報告は公開されていない。地域の分け方は、一つ目がスカンディナビア、二つ目がドイツ語圏、三つ目が地中海の国、四つ目が中欧および東欧、五つ目がオランダ、アイルランド、英国であった。これは、第二回総会で分けた理事を選出する五つの地域と概ね対応しており、それぞれの地域の理事またはその代理が話し合いのファシリテーションをおこなった。それを全体の話し合いの場で報告して、一日目は終了であった。大学のホールでの夕食のあとには、ブラッドフォードのグループによるパフォーマンスが計画されていた（ENUSP 1997）。

二日目には、五つのワークショップが開催された。五つのワークショップのテーマは、精神医学の理論と実践に対する批判、精神医療のオルタナティブ、雇用と訓練、「民族、ジェンダー、社会階層、貧困」といったさまざまな抑圧、ネットワークの構造と名称であった（一部は第5章参照）。精神医学の理論と実践に対する批判についてのワークショップは、ドイツのレーマンと英国のコンランがファシリテーターを務めた。そこでは、電気ショック療法、抗精神病薬、抗うつ薬、なかでもフルオキセチン（「プロザック」、「フルクチン」）の危険性が話題になった[121]。精神医療の薬物療法のユーザーのための権利擁護について、強制治療から自身を守るための情報が交換された。また、強制治療が法的に許容されることへの懸念が表明され、ユーザー、サバイバーの法的な地位を強めるために科学的な方法で精神医療の実践や理論を批判することの必要性が共有された（ENUSP 1999a: 6）。

ネットワークの構造と名称についてのワークショップのファシリテーターは、共同議長または議長の代理であるデンマークのジェンセンが担当した。このワークショップでは、ＥＮＵＳＰは、発足時には何か意思

120　一九九七年五月一二日付の、ハムレットトラストのヘイワード（Robert Hayward）からの「Dear Clemens」と題した手紙を参照した。

121　第3回総会後の第8回目の理事の会議には、レディングでの総会の時の英国の組織委員会のメンバーも来ていたので、会議の主要な議題は、第3回総会のまとめであった。ニュースレター第7号では、その会議において総会での議論の続きとして、ノーベル賞のオルタナティブの受賞者が検討されたことが報告された。検討の結果、薬物中心でないアプローチとしてのヒアリングボイスを考えたロメとエッシャーを推薦しようというジェスパーソンの提案が支持されたという（ENUSP 1998: 18）。

決定をする機関というよりは、情報を共有するためのネットワークであることを重視していたのでネットワーク内に意思決定機関を設けていなかったが、一九九四年の第2回総会でネットワークの構造をより強固なものにすることになり運営委員会ができたことが共有された。しかし、まだ法的な構造や内規はできておらず、その草案がそれぞれの国の代表者に配られたところだった。その上で、ネットワークが、NGOとしての地位を獲得しようとする理由として四つが挙げられた。一つ目は会員の身分を決め、自分たちが何者なのかを明確にすること、二つ目はメンバーの権利や民主主義の意思決定のレベルを特定すること、三つ目は欧州のレベルでの意思決定機関に関われるようにすること、四つ目は資金を調達し運営できるようにすることであった（ENUSP 1999a: 16-17）。

総会三日目には、全体での議論や共同議長及び理事の選挙がおこなわれた。三日目は、朝九時から三〇分間の休憩をはさんで一三時までの三時間半が予定されていた。全体セッションの議題として用意されていたのは、ネットワークの名称と構造についての決定である（第5章）。選挙では、五つの地域区分から理事と代理が一名ずつ選ばれ、理事の中からドイツのレーマンが議長、英国のミルズ（Bev Mills）が共同議長に選ばれた（ENUSP 1997, 1999a）。

6　東欧地域の活動の活発化と欧州デスクの資金難

本節では、第3回総会以降の理事の会議での議論を記述する。この時期の会議で重要な話題となっていたのは、欧州デスクの資金を提供してきたオランダ政府が資金提供に消極的になっていったことだった。また、この時期、東欧における組織の発足やイベントの開催が頻繁に報告され、東欧の活動は活発になっていった。

第8回目の理事の会議は、一九九七年四月四日から六日にユトレヒトにて開催された。これは、第3回総会で理事が交代してから最初の会議であった。ユトレヒトには、以前欧州デスクを担当していたヴァン・ダー・メールとヴァン・アブショーフェンが住んでいたので、二人も現在欧州デスクのヒュイティンクとともに会議に参加した（ENUSP 1998: 18）。欧州デスクからは、一九九七年分の欧州デスクの資金が未だに確保されていないことが報告された。オランダ政府は、いくらかの資金を提供することは約束していた。ただし、それは一九九六年の分よりは少なく、欧州デスク担当者の賃金の分だけだった。そのため、いままでは東欧の理事の費用を欧州デスクの予算から支払ったりしてきたが、そういうことは難しくなると説明された。[122]

この理事の会議ののち、オランダの保健福祉スポーツ省からネットワークの理事宛てに欧州デスクの資金についての手紙が届いた。手紙では、「そこ［欧州のネットワークの活動のための資金］から引き出される目的や活動を評価する」と述べられていた。そして、五万九四〇〇ダッチフローリンの申請に対して、最大三万五〇〇〇ダッチフローリンの助成金を提供することが決定された。[123] さらに、この手紙の中で保健福祉スポーツ省は、一九九六年半ばに患者基金（Patients' Fund Foundation）の発足を紹介している。そして、一九九七年の途中で金額と条件は変えずに、助成金の提供窓口を患者基金に移すと通知した（Ministry of

122 一九九七年四月四日付けの「Financial Position of European Desk/ Network: Supplement to Item 11」を参照した。
123 通貨換算ツールのオアンダによると、一九九七年四月一五日の時点の換算で五万九四〇〇ダッチフローリンはおよそ四一八万円、三万五〇〇〇ダッチフローリンはおよそ二四六万円であった。

Welfare, Health Care and Sports 1997［ ］内引用者）。

一九九七年六月四日には、理事による電話会議がおこなわれた。この会議では、ネットワークの規約が議論された。規約の草案は、既にできていたのだが、それに対してオランダの公証人からオランダの民法と矛盾する点について指摘がなされた。電話会議では、新しい草案について議論され、次回の理事の会議までに案を修正してくることになった（ENUSP 1998: 18）。

一九九七年七月一〇日にＷＦＭＨの世界大会に合わせて、フィンランドのラフティにて第９回目の理事の会議が開催された。出席者は、議長と共同議長、欧州デスク担当者、ニュースレター担当者、三名の理事、議長代理、四名の理事代理、その他ジェンセン、ネトルの合計一四名だった。一四名での会議の前に、理事だけが会って話をした。この話し合いがもたれた直接の理由は、欧州委員会に対する助成金申請の手続きについてであったと欧州デスクは報告している。理事たちは、欧州デスクが早い段階で理事に相談することなく頑固に（very obstinate way）運営されていると感じていた。欧州デスクは、これは理事のメンバーが変わってこれまでの習慣などを知らないために起きていると考え、新しい理事たちの、以前よりもデスクの活動に介入したいという希望に合わせると述べた（European Desk 1997a）。ラフティでは、ネットワークの規約の再検討がおこなわれたほか、ＷＮＵＳＰの委員会（panel）における欧州の代表を決めた。ニュースレターの第7号では、それぞれの大陸が代表を決めたものの、アメリカ大陸は合意に至れなかったと報告されている。そして、「米国では、欧州と比べて『ユーザー』と『サバイバー』のあいだの対立（antagonism）がとても強い」と説明されていた（ENUSP 1998: 18）。

第10回目の理事の会議は、一九九七年八月八日から一〇日にスウェーデン南部のヘルシングボリで開催された。ヘルシングボリは、ジェスパーソンの所属するＲＳＭＨが運営するホテルがある場所である。[124] 理事たちはそのホテルに無料で泊まり、そこで会議をした（ENUSP 1999b: 9-10）。出席者は、議長、欧州デスク、ニュースレター担当者、四名の理事の合計七名のほか、ゲストとして議長代理のコンラン、デンマークのオルセンとジェンセン、バーバラ（Barbara 姓不詳）の四名であった。会議では、欧州委員会の資金に応募しておこなうプロジェクトについて、ユーザーのネットワークの独自のものとＷＦＭＨの欧州地域評議会と協同のものとに分けて話し合われた。また、東欧でのいくつかのプロジェクトについて報告があった。デンマークのジェンセンは、ブルガリアのソフィア精神保健協会から講義を頼まれていた。ここには、東欧の理事のゴンボも出席することになった。また、ゴンボは、ポーランド、チェコ共和国、ハンガリーで法的な権利擁護とトレーニングをおこなっていた。ハムレットトラストが企画したルーマニアでの大会でも、ゴンボはワークショップを担当する予定になっていた。さらに、ゴンボは、東欧での活動の資金探しについて次回の理事の会議で議論したいと言い、それまでに必要な準備をしてくることになった（European Desk 1997b）。

124　そのホテルの目的は、「数日間だけ旅行者に部屋を貸し出すことではなく、ホームレスの人がいたいだけいられる」場所と位置づけられており、ＲＳＭＨが地域から経済的援助を受けて全体を借りているホテルであった。ユーザー、サバイバーやホームレスの人が専門職の監視なく生活できる場所で、数週間で出ていく人もいれば、三年以上住んでいる人もいた。一九九七年一月、ホテルは放火にあった。放火した人は、何度もいろいろなホテルを燃やしている有名な放火犯だったが、ＲＳＭＨはそのことを知らなかった。幸いそのときＲＳＭＨのホテルに住んでいた人は全員助かったものの、ホテルの再建には半年以上を要した。欧州のネットワークの理事の会議が開かれた頃は、まだ住人たちが戻ってきておらず、理事たちは新たに改装されたシングルルームを使うことができた（ENUSP 1999b: 9）。

ニュースレター第8号において、この会議で最も争点となった議題として報告されているのが、「誰が実際に理事なのか」という問いであった。五つの地域それぞれの五名の理事は、この問題について非公開で話し合いたいと言い、欧州デスクのヒュイティンク、ニュースレター担当のジェスパーソン、議長代理のコンランは席を外した。その話し合いの結果、五つの地域の理事にはそれぞれ一名ずつの代理役がついていたが、代理役は、理事が会議に参加できないとき以外は理事ではないという扱いになった。理事の会議は、招待された人の出席は可能だが、基本的に非公開ということに決まった。欧州デスクとニュースレターの担当者は、継続的に招待される。この決定に対して、議長代理としてこれまで自分で旅費を負担して会議に出席してきたコンランは、深く傷ついたと言った（ENUSP 1999b: 9-10）。

第11回目の理事の会議は、一九九七年一〇月二日から五日にスペイン北東部のサラゴサでおこなわれた。CEFECの大会がサラゴサであり、理事が全員招待されたので、そこでネットワークの会議も開催したのだった。[125] しかし、大会に出席しながら同時に会議もするのは至難で、会議には少しの時間しか割けないし、一日中大会のプレゼンテーションを聞いた後には疲れてしまっていたという。この会議では、オランダに法人として登録するための規約についての議論が続けられた（ENUSP 1999b: 10）。

第12回目の理事の会議は、一九九八年一月九日から一一日にハンガリーのブダペストで開催された。会議では、オランダの患者組合の支援によってベルギーで新しいユーザーの団体が活動を始めたこと、チェコ共和国でも新しいユーザー主導の団体が結成されたことが報告された。ブダペストは、東欧地域の理事のゴンボの地元で、理事たちは地元のレストランや観光客の行かないような観光地をゴンボと彼の妻の案内で回ったという（ENUSP 1999b: 10）。

第13回目の理事の会議は、一九九八年三月一三日から一五日にオランダ東部のデーフェンターで開催された。デーフェンターは、欧州デスクのヒュイティンクの地元で、患者組合が会議で使っていたデイセンターで理事の会議がおこなわれた。開催地としてオランダが選ばれたのは、デーフェンターから遠くないところに住んでいる公証人を呼んで、規約のそれぞれの条文についてオランダの民法に適合しているかどうか助言をもらいながら最終版を完成させるためであった。当時、ネットワークの発足以来、欧州デスクに資金を提供してきたオランダの行政機関が、民間団体の患者基金に資金提供機能を委ねるようになり、その患者基金がもうネットワークにも欧州デスクにも資金提供しないと言いだしていた。ネットワークの運営は、欧州デスクの機能に依存してきたため、これは大きな危機であった。そこで、資金提供しないという決定を変えてもらえるように説得する手紙を患者基金に出したのだった（ENUSP 1999b: 10-11）。その後、患者基金から理事に対して欧州デスクと題した手紙がきた。[126] 手紙では、助成金を助成目的に沿って適正に使うことを求め、助成期間を一九九九年三月三一日まで延ばすと書かれていた。そして、その期間をこれ以上は延長しないことを宣言し、欧州の別の国から欧州デスクの活動が続けられるよう資金を見つけるよう求めていた。欧州デ

125　ＣＥＦＥＣの大会については、第10回目の理事の会議の時点では、共同議長のミルズが基調講演をし、南欧の理事のイタリアのデイ（Stefania Dei）がワークショップを担当することになっていた。理事たちの経験上、スペインの人々は英語がそれほど得意ではないので、できれば通訳者がいた方がよいことが欧州デスクから大会の主催者に伝えられた（European Desk 1997b: 5）。

126　一九九八年五月一九日付けの手紙を参照した。

スクのヒュイティンクは、一九九八年七月二日、休暇に入る前に理事たちに手紙を出した。そこでは、欧州のネットワークからの抗議に対して患者基金が、多くの書類仕事を求めており、翻訳ののち理事に配布する予定だと報告した。そして、このような状況を受けて「実際、四月から何も進歩しておらず、患者組合はだんだんと不安になってきている」と書かれていた（Huitink 1998）。

7　小括

ユーザーの欧州規模のネットワークが発足したのは、東欧革命のおよそ二年後であった。一九九一年の第１回総会に東欧から出席したメンバーはごく僅かであった。しかし、ネットワークの発足以前から、スウェーデンのＲＳＭＨによるポーランドの精神障害者団体を支援するプロジェクトや、かつてのユーゴスラビア連邦からドイツに移住してきたメンバー、ドイツ民主共和国に親戚をもつ西ベルリン在住のメンバーなど、国内の団体や個人の草の根的なつながりを持っていた個人や団体はあった。ネットワークの組織的な取り組みとしては、西欧を中心とする精神医療のオルタナティブの実践についての書籍を送ったり、理事の会議に出席する東欧地域の理事の渡航費を欧州デスクの予算から支援したりといったことが徐々に進められていった。

東欧の精神障害者の状況の改善に向けた活動に取り組む組織は、ユーザーのネットワークだけではなかった。第２章では、アメリカ精神医学会を中心とする精神医療の専門職の組織が、精神医療の政治的な乱用を防止するために、精神医療の非自発的な介入の国際的な基準を策定したことを明らかにした。また、東欧の精神障害者がユーザーのネットワークに参加するようになる経緯の記述によって、東欧の参加を促進するためにネットワークが緊密に連携していた主な団体は、英国に基盤のあるハムレットトラストであることがわかった。ハムレットトラストは、東欧地域における精神医療の代替的なサービスや精神障害をもつ本人たちの活動の発展のための支援をおこなっていた。

精神医療専門職の組織、ハムレットトラスト、ユーザーのネットワークは、いずれも社会主義体制にあった地域の精神医療の政治目的での利用に批判的であるという点で共通していた。ネットワークのニュースレターには、反体制的な意見を持っているという理由で、拘禁されたり投薬されたりした体験についての、東欧地域のメンバーからの投稿が掲載されていた。しかし、精神医療専門職の組織は、介入基準の策定などによる医療の改良、ハムレットトラストとユーザーのネットワークは、精神障害者の活動の促進による状況の改善を重要視していた点で活動の目的が異なっていたといえる。ハムレットトラストは、東欧でセミナーを開催したり、関連情報をまとめた「パック」を作成したりし、それらの活動にユーザーのネットワークのメンバーは関与してきた。ユーザーのネットワークは、ハムレットトラスト主催のセミナーに講師などの役割で出席し、その際に東欧の団体との交流を図ったり、ネットワークについての情報提供をおこなってメンバーを確保したりしていた。また、ハムレットトラストの方からユーザーのネットワークに東欧地域の精神障害者の団体の情報について尋ねてきたこともあった。また、ハムレットトラストは、資金提供者としてユーザーのネットワークにとって重要であった。レディングで開催されたネットワークの第3回総会では、東欧からの出席者の渡航費やビザ申請料などをハムレットトラストが負担していた。その他、東欧地域での訪問活動に対しても、ハムレットトラストは資金提供を申し出ていた。

しかし、ハムレットトラストとユーザーのネットワークの活動の仕方は、必ずしも同様であったとはいえない。ハムレットトラストによるトレーニングでは、ハムレットトラストの職員や英国の精神障害者の運動に関わってきた人、ルソなど東欧地域を知りつつ欧州規模で活発に活動してきた人々がトレーナーを務めた。つまり、基本的には、英国などで実践されてきた方法を東欧の人々に教えるという方向であったといえる。少なくとも、東欧地域の精神障害者の活動や生活から、ハムレットトラストが教わるという志向の活動は見られなかった。また、ハムレットトラストは、ユーザーのネットワークの活動に東欧の精神障害者が参加できるよう経済的に支援し、ネットワークの活動に好意的な姿勢を示していたものの、本部のある英国を含めた欧州全体ではなく、あくまで東欧、中欧など一部の地域の状況の改善に向けた活動というかたちをとっていた。

これに対してユーザーのネットワークにおいて、何度か反省を込めてニュースレターなどで言及されていたのは、西欧の運動の方法をそのまま東欧で使えるかのように押しつけてはならないということであった。東欧の中には、欧州のそれより西側よりも「よく組織されて」いる運動体をもっているところがあることを忘れてはならないと戒められていた。さらに、東欧における、財政困難などによって精神病院に人を収容できなくなっていたり、ソヴィエト連邦の影響下にあったときの法律を撤廃してその後まだ精神衛生法を制定していなかったりした状態が、欧州の多くの地域よりも遅れているとは必ずしもみなされていなかった。ここからユーザーのネットワークは、必ずしも東欧地域の状況は、西欧でおこなわれてきたような自助活動や社会運動を導入することによって改善するとは考えられていなかったといえる。

このようなハムレットトラストとユーザーのネットワークの考え方の差異は、活動に参加するメンバーの違いが重要な理由の一つであると考える。ハムレットトラストのネットワークの組織は、多くが精神医療の専門職によって設立されたものであり、その専門職は精神障害者の組織を運営する能力に懐疑的であった。また、ハムレットトラストが開催するセミナーやワークショップは、精神障害者だけでなく家族や医療者も対象として、自助グループや精神医療のオルタナティブな実践を実施する方法を教えるというものであった。他方、ユーザーのネットワークは、東欧の精神障害者に対して、同じユーザー、あるいはサバイバーという立場で、支援をしてきた。また、ハムレットトラストに対してネットワークは、競合関係にあるという印象を抱いたり、英国の運動との関係に関して疑念を持ったりしてきた。西欧を中心としたネットワークのメンバーの多くは、精神医療において専門職によって自身の望まない介入を受けてきた経験を持ち、ネットワークのメンバーの組織はユーザー、サバイバーによって運営されていることを条件としてきた。このような経験からネットワークは、東欧が西欧のような状況になることを望ましいとは思っておらず、東欧地域の精神障害者とハムレットトラストとは異なる関係を築いてきたと考えられる。

以上のことから、西欧を中心としたユーザーのネットワークのメンバーは、精神医療のユーザー、サバイバーという立場を基盤として東欧の精神障害者と連帯してきたといえる。このため、精神医療の改善ではなく精神障害者の活動の促進を目指し、その方法として西欧で使われてきた方法を東欧にも導入するのではなく、同じ立場で共に活動しつつ東欧を支援するという方法を選択しようとしたと考えられる。

第7章

対立したままでの連帯

1　はじめに

本章の目的は、ユーザー、サバイバーが、どのようにして主張の対立する個人あるいは組織どうしの連帯を築こうとしたのかを、組織の構造に着目して明らかにすることである。

精神障害者の社会運動の先行研究は、精神医療の専門職と精神障害者、及び精神障害者どうしの主張の共通点と差異の分析に焦点を当ててきた。これまで研究されてきた地域の中で主張の対立が特に激しかったと指摘されてきたのが、米国の運動である。第2章では、先行研究を参照しながら、一九八五年に結成された精神障害者の全国組織が主張の対立を理由に分裂し、一九七〇年代から全国組織をつないでいたニュースレターの発行も、年に一度の「人権と精神医学の抑圧についての委員会」の開催も同時期に終わってしまったことを述べた。その他の国の運動についても、英国には一九八〇年代に三つの精神障害者の全国組織、日本には一九九〇年代に二つの全国組織があり、それらの全国組織どうしの関係は必ずしも友好的ではなかったことが記述されてきた（第3章：桐原・長谷川 2013）。このように米国、英国、日本といった国の全国的な精神障害者の運動を調査した先行研究は、その国の運動が必ずしも一枚岩ではなかったことを明らかにしてきた。また、本書の記述によっても、特に西欧や北欧のいくつかの地域の一時期において、対立的な複数の組織があったことがわかっている。

このように各国内で対立したり別々に活動したりしてきた組織の中には、共にWNUSPのメンバーとして活動しているものがあった。本章では、このような状況がどのようにして可能になったのかに注目する。WFPUは、発足当初、精神医療のユーザーと自己認識していること以外にメンバーシップについての明確な決まりを設けていなかった。しかし、NGOとして登録するにあたって、組織の規約を作成する必要が生じ、その中にメンバーシップに関する規定を含めることとなった。この過程の記述により、国内で対立してきた組織を世界組織としてどのように連帯させようとしたのかを明らかにする。

2　国際障害基金

本節では、WNUSPが国際障害基金から助成を受けて、それを使って小規模な会議を計画していく過程を記述する。このような会議は、一九九九年の総会以前には開催されてこなかったものである。

一九九八年一〇月、世界保健機関の会合がジュネーブで開催された。WNUSPは、世界保健機関の「障害とリハビリテーション」の部門に関わっていた。部門はジュネーブに位置しており、オーヘイガンはそこに行く度に「どこで資金を得られるだろうか」とそこの人々に尋ねていたという。そのときの会合で出会ったのが、国際障害基金（International Disability Foundation）の理事長（director）を務めており、特に低開発国（developing countries）で障害者組織を発展させる仕事をしていた、スウェーデンのギュッシング（Nils Gussing）であった（O'Hagan interview on 03 September 2016）。国際障害基金は、一九八一年から二期に渡って国連事務総長を務めたペルーのデ・クエヤル（Javier Pérez de Cuéllar）によって、一九九二年に設立された。「世界中の国際組織のプログラムやプロジェクトを支援すること」を目的としていた（Union of International Associations 2020）。ギュッシングは、異なる地域から集まった精神障害者の小さなグループに対して資金的な援助とネットワークをつくる計画を立てるための専門的な助言をおこなうと提案した。また、ネットワークの最初の資金も工面できるかもしれないということだった（O'Hagan 1999b, interview on 03 September 2016）。

オーヘイガンは、その資金を使って、一九九九年の第5回総会の直前に少人数での会議を企画した。これは、何らかの意思決定をするためではなく、全体での総会の前にアイディアを共有しておく機会であった。そのために、会議の部屋を予約し、招待状を送付した。誰を招待するのかは、オーヘイガンが決めた。なぜなら、このときオーヘイガンは、ＷＮＵＳＰには、組織の意思決定をする機構はないと思っていたからであった。オーヘイガンは、一九九七年の第４回ＷＮＵＳＰ総会に最初二日間だけいて、後半の三日間は出席していなかった。その総会では、ＷＮＵＳＰの運営委員会や議長、そのほかの機構や活動についてはまだ決定しておらず、名称変更の他になされたことは唯一メーリングリストが開設されたことだけだったと後から聞いたと話している（O'Hagan 1999b）。

しかし、実際には、第4回総会の際には、アフリカ地域から一名、アジア地域から一名、オーストラリアから一名、欧州から三名、米国から三名の合計九人がＷＮＵＳＰ委員会（panel）に選ばれていた。この他カナダから一名が選出される予定となっていた。この委員は理事ではなく、また、議長は設けず、すべての委員が平等に責任を負うこととされていた（WNUSP 1997）。オーヘイガンは、地理的なこと、ユーザー、サバイバー運動とのつながり、運動の背景などを考慮して、米国、南アフリカ共和国、ブラジル、日本の活動家、ＥＮＵＳＰの共同議長一人ずつに招待状を送った。米国で招待された人は、カラス（Sylvia Caras）で、当時唯一ＷＮＵＳＰのために活動しているとオーヘイガンが思っていた人であった。ブラジルの招待者をオーヘイガンに紹介したのもカラスであった。日本の招待者は、偶然にも一九九七年の総会で委員に選出された人であったが、委員だと知って招待されたわけではなかった。欧州については、ＥＮＵＳＰの共同議長のゴンボが来られない予定だったため、ゴンボは代役の推薦を依頼されていた（O'Hagan 1999b）。

しかし、オーヘイガンは、招待状を送付したあとにＷＮＵＳＰ委員会が存在することを欧州の何人かメンバーから聞いて知った。ＷＮＵＳＰ委員会はオーヘイガンが一人で総会を組織していることに混乱していた（O'Hagan 1999b）。ドイツのレーマンからの「どうして彼ら［ラフティの総会に出席した人たち］に名称、活動、決定について尋ねなかったのか」という問い合わせに対して、オーヘイガンは、「ＷＮＵＳＰについて議論されたときに私はラフティの会議にいなかったので、他の人に聞いたことに頼らざるを得ないのだ」と答えて、チリでよい会議をしようと言った（O'Hagan 1999a［ ］内引用者）。オーヘイガンは、ＷＮＵＳＰ委員会と少人数の会議の出席者に対して、資金がなくては世界規模のネットワークを効果的に運営できないことをこの状況が明らかにしていると思うと述べた。そして、可能な限り多くの委員が総会に出席できるようにすると約束した。また、WNUSP委員がギュッシングと連絡をとれるようにしたいと言った（O'Hagan 1999b）。

ラフティでのWNUSPの第4回総会について、ENUSPのニュースレター第7号では、「欧州のニュースレターについて重要な決定があった」と報告されている。「ネットワークは世界レベルではまだとても弱い。このため、国際的なレベルで精神医療のユーザー、サバイバーの見方を掲載している、現時点で存在しているニュースレターは欧州のニュースレターしかない。そこで、欧州のニュースレターはWNUSPの声としても機能することが決まった」と書かれていた。[127] 欧州のニュースレターは、すでに欧州の外の地域でも購読されていたものの、世界的なニュースをより多く掲載することになった。その最初の試みとしてこの号では、ジンバブエとインドのユーザー団体の紹介、欧州以外の地域の組織のリストが掲載された（ENUSP 1998: 1）。

ジンバブエについてニュースレターで紹介されているのは、国内で最初のユーザー団体の発足である。南西部のブラワヨの活動家が、自分たちの団体の目的は、「皆さんのものと同様に、ユーザー団体が、世界中の他のユーザー団体と広くコミュニケーションできるようになること」であると「ジンバブエ精神保健サービスコンシューマー」のことを紹介している。この団体の関心や原則は、欧州や米国のユーザーグループの結成に導かれているという。この団体は、投稿時現在は、資金獲得のためにWFMHのアフリカ地域評議会の加盟を申請していた。WFMHのアフリカ地域評議会は、ジンバブエの北部に位置するザンビアの首都ルサカにおかれていた（ENUSP 1998: 17）。

一九九九年のWNUSPの総会に向けては、国際障害基金から七五〇〇米ドルが用意されていた。オーヘイガンの計算では、航空券、ホテル、日当、部屋代などを合わせて六五五〇米ドルで済む予定になっており、余っている資金で参加者を増やせるかもしれないと計算されていた（O'Hagan 1999b）。

3　第5回総会

一九九九年九月五日から一〇日にサンティアゴでWFMHの世界大会が開催された。四日から六日に開かれたWNUSPの少数のメンバーでの会議には、六か国から七名が参加した。七名うち四名はWNUSP委員のメンバーであった。また、ギュッシングがアドバイザーとして出席した（WNUSP 2000c）。オーヘイガンは、ギュッシングの態度について、非常に無礼（quite rude）だったと話している。[128] ギュッシングは、オーヘイガンたちに素人のようであると小言を言い、それに対してオーヘイガンたちはとても失礼だと思ったという（O'Hagan interview on 03 September 2016）。

127　WNUSPのニュースレターの発行は、一九九五年六月に発行されたWFPUのニュースレター第4号以降、二〇〇七年二月の発行まで確認できていない。

128　オーヘイガンは、ギュッシングの態度について、ギュッシングがデンマークで開催された運営会議に参加したときのこととして語っている。オーヘイガンとギュッシングがともに参加したデンマークでの運営会議は複数回あり、どの時点の話であるのかは特定できていない。

六日から一〇日の第5回総会には、米国、オーストラリア、ニュージーランド、オランダ、日本、ドイツ、フィンランド、チリ、アルゼンチン、英国から約五〇名が参加した。参加者の自己紹介のあとに、次の四つの会議のルールが合意された。

英語話者は、ゆっくり明確に話す
お互いのこと、私たちの差異を尊重する
話を共有する――特に情報（input）のあまりない文化の国から来ている人々
議題から逸れない（WNUSP 1999a）

この総会で主な議題となったのは、WFMHとの関係であり、どのようにしたらユーザー、サバイバーがWFMHに、より関われるのかということだった。

七日には、これまでのWNUSPの歴史とWFMHの概要が説明され、WNUSPとWFMHは別の組織であることが明確にされた。そして、オーストラリアのマアー（Janet Meagher）と米国のカラスが、WFMHの理事のユーザー、サバイバーの候補になるよう全会一致で推薦された。さらに、WFMHの総会で、WNUSPからWFMHに提示する四つの決議が採択された。四つの概要は、地域社会での強制的な精神医療手続きに関するWNUSPの立場をWFMHが支持すること、その日のうちにWFMHの理事の中に二人分のユーザー、サバイバーの席を確保すること、WFMHにユーザー、サバイバーが意味ある参加をできるようにすること、世界の文化的多様性を尊重し反映することであった。

八日には、WFMHの総会でマアーとカラスが理事に選出されたと報告された。この日の話し合いでは、今後のWNUSPの活動についての提言が採択された。そこには、WNUSPの意思決定の仕方も含まれており、暫定委員会（interim committee）の設置が決まった。意思決定は連絡の受信から応答まで四つの段階に分かれており、それらのすべての段階に暫定委員会は関わることになっていた。この総会では、議長の役職は設けず、すべての仕事と責任を暫定委員会のメンバー全員で共有することになった。そして、世界を四つの地域に分けそれぞれの地域の参加者は、自分の地域の中からWNUSPの暫定委員会に入る人を決め、翌日発表することを求められた（WNUSP 1999a）。会議の決議[129]には、「この一〇年間に世界規模のユーザー、サバイバーのネットワークを形にし、発展させようという試みがいくつかなされてきた。しかし、どれも成功しなかった」（WNUSP 1999b: 1）と書かれている。このことから、WNUSPはまだ組織として確立されていないと認識されており、そのため「暫定」という言葉が使われたと考えられる。

九日には、アジア太平洋、アメリカ、アフリカ、欧州の四つの地域から二人ずつ、合計八名の暫定委員が選出された。さらに、オーヘイガンも参加者の推薦により、追加のメンバーとしてそこに加わることになった。

一〇日には、暫定委員会が連絡を取り続けるためのコミュニケーションの方法、WNUSPのメンバーが

129　この決議は、私という一人称で書かれている箇所が複数あり、それが誰を指しているのかは不明である。

さまざまな言語で情報を得られる方法が重要視され、新たに技術小委員会と会計小委員会が設けられることになった。そして、技術小委員会には日本とオーストラリアから一名ずつ、米国から二名の合計四名、会計小委員会には米国から三名メンバーが選出された。暫定委員会と二つの小委員会のメンバーは、電子メールのメーリングリストを作って情報共有を図ることになった（WNUSP 1999a）。

4 完全な独立に向けた動き

ＷＮＵＳＰは、引きつづき資金を探していた。資金は、ニュースレターの購読料のほかは、何も得られていない状況だった。ＷＮＵＳＰのメンバーは、二〇〇〇年六月の時点で一六か国から二五〇名と報告されていた（WNUSP 2000c）。「障害者の機会均等化に関する基準規則」の特別報告者を務めていたスウェーデンのリンドクヴィストは、国連に対する報告書の中で、ＷＮＵＳＰの資金支援が緊急に必要であることを述べた。また、二〇〇〇年二月のＩＤＡと基準規則の専門家パネルの会議に出席したオーヘイガンとジェンセンは、国連の経済社会理事会の元で「障害に関する任意拠出基金（Voluntary Fund on Disability）」を運用していた「社会開発委員会」の伊東亜紀子に資金について相談した。しかし、これは低開発国における開発のための活動を支援するものであり、ＷＮＵＳＰの運営資金としては使えないことがわかった。しかし、ＷＮＵＳＰのプロジェクトの資金としては使えるかもしれず、伊東亜紀子からは資金を得られるかもしれない私的財団のリストをもらうことができたと報告されている。また、その頃、オーヘイガンとジェンセンは、経済社会理事会を通じて国連の討議資格に応募するための準備を進めていた（WNUSP 2000b）[130]。

ＷＮＵＳＰは、二〇〇〇年六月にさらなる資金的、技術的支援を求める申請書を国際障害基金に提出した。申請書には、一九九九年一一月から国際障害基金にこのような申請書を提出しているが資金の獲得には至っていないこと、しかしながら内規の作成など組織の確立に向けた仕事や基準規則のモニタリング委員などの活動を続けていることが書かれていた（WNUSP 2000c）。二〇〇〇年七月から一二月の計画としては、一七個の課題が挙げられ、それぞれについて期限と担当が決められていた。そのうちの一つに三年間の活動計画と予算計画を起草するという課題があった。その三年間の活動計画に含まれるべきことの中には、会員規約の策定や他団体とのネットワーク形成と並んで、「低開発」国でのユーザー、サバイバーの活動を促進するプロジェクトが挙げられていた（WNUSP no date a）。ホリングは、一九九九年のチリの総会の時点で、ＷＮＵＳＰの総会をＷＦＭＨの世界大会から独立して開催することがＷＮＵＳＰの目的の中にあったと指摘している。その理由は、ＷＦＭＨの世界大会と同時に開催した場合、ＷＦＭＨが恣意的に決めた主に西洋の人だけが渡航費を得てＷＮＵＳＰの総会に参加できるようになるからであった。このため、一九九九年から二〇〇〇年にかけて、ＷＮＵＳＰをＮＧＯとして発足させるための活動が進められていたという。ホリングは、独立して、ユーザー、サバイバーが管理し、誰に活動してほしいのか、何の活動をするのかを自分たちで決められるＮＧＯを発足させたかったと語った（Hölling interview on 07 August 2018）。

130　その後二〇〇七年にＷＮＵＳＰは、経済社会理事会を通じて特別討議資格を得た。

5　事務局の設置

デンマークには、ＳＩＮＤという全国精神保健連盟が一九六〇年からある。ＳＩＮＤは、精神障害者の家族の利益にもっとも関心を持っており、本人の意思に反する入院や投薬を支持していた（Karl interview on 03 September 2019）。デンマークの精神障害者の全国組織であるＬＡＰが発足した一九九九年当時、デンマークにはユーザーが運営する組織がまったくなかった。「狂気の運動」と呼ばれる運動はあったものの、それは運動であって組織ではなかった（第３章）。

一九九四年、欧州のネットワークの第２回総会がデンマークで開催された。その際、欧州のネットワークの目標の一つが、欧州のすべての国におけるユーザーが運営する組織の発足の支援であることが明確になった。その目標のために総会に出席したデンマークのユーザーは、国内の他のユーザーとともに、政府からの助成金を得た。助成金は少額ではあったが、一年ほどかけてデンマーク各地を回って、ユーザーの組織を作ることに関心のある人に会い参加を呼びかけて、規約や方針を決めていくには十分であった（Olsen interview on 10 August 2018）。

一九九五年、ＳＩＮＤの中に「全国ユーザー委員会」が結成された。この当時、デンマークでは、強制治療についての法案が審議されている最中であった（European Desk 1995a: 3）。ＬＡＰ発足の準備をしていた当時、ジェンセンはコリングのデイセンターに雇われてそこの責任者をしていた。ジェンセンは、そのデイセンターの「もっと精神医療の外に出て、もっと精神医療体制（the system）に批判的になって、みんながやってきて自分らしくいられる」場所にしようという理念を作った。ジェンセンは、当時デイセンターの責任者として、自分の応接室、コンピューター、ファックスの機械などを持っていたので、活動しやすかったという。そのような環境を利用して一九九九年、新しいデンマークの組織を発足させるための会議を開催した（Jensen interview on 02 September 2019）。オルセンたちユーザーは、自分たちの独立した意見を持てるように、ＳＩＮＤから独立したいと思っていたが、それは簡単なことではなかったという。なぜなら、人々はみんな異なる不安（disturbances）を持っており、狂気であったり精神保健の問題を持っていたりする人たちを組織すること自体、困難であった（Olsen interview on 10 August 2018）。

ジェンセンは、国内の組織ができた理由の一つは、国際的な活動をするにあたって、国内の基盤が必要だと思ったことだと述べる。ＳＩＮＤは国内の基盤にはなりえなかったという。この例として挙げられているのは、一九九一年[131]にザンドヴォールトで第1回総会が開催されたとき、ジェンセンといっしょに何人かの女性が参加したことである。その人たちが参加した理由は、ＳＩＮＤの活動から離れたかった（sabotage）からだった。そこで、ＳＩＮＤとは異なる自分たちの組織をデンマークに作ろうという話になったという。一九九〇年代は、デンマーク政府の中で、「社会の縁にいる人々」のグループを支援したいという気運の高まっているときであった。「縁にいる人々」には、「精神保健の問題を持つ人、ホームレスの人、薬物依存の

131　インタビュー時には、ジェンセンは「一九九二年」と言っているが、前後の文脈から一九九一年のことであると判断し、筆者が修正した。

人」などが含まれており、その人たちは政府の支援を得て自分たちの利益のための団体をつくるべきだと考えられていた。そのような環境も手伝って、ＬＡＰは「最初から資金獲得にかなり成功した」という。ＬＡＰのメンバーは、数年間のうちに八〇〇人から九〇〇人ほどになった（Jensen interview on 02 September 2019）。

ＷＮＵＳＰの暫定委員会は、委員がＷＮＵＳＰのために動ける時間は限られているため、ＷＮＵＳＰの事務所で週に一日から二日働く人がいることが望ましいという理由で開発責任者という役職の設置を検討していた（WNUSP 2000c）。そして、資金管理と開発責任者のための事務所をＬＡＰが提供することになった（WNUSP no date a）。ＬＡＰが選ばれた理由についてオーヘイガンは、それはＬＡＰのメンバーであり暫定委員会のメンバーでもあったジェンセンの提案であり、デンマークはニュージーランドよりも活動に地理的に近かったからだと述べている（O'Hagan interview on 03 September 2016）。ＷＮＵＳＰの開発責任者は、二〇〇〇年八月から、ＬＡＰの事務局のリーダーであるハンセン（Eva Hansen）に一時的に依頼することに決まった（WNUSP no date a）。活動に対しては、月例報告書、会計業務、会議の準備や出席、データベース作成といったことにかかった時間が計算され、時給三五米ドルという計算でＷＮＵＳＰからＬＡＰに経費が振り込まれた。この中に含まれるのは日常的な事務所としての機能であり、電話会議などは別途計算されることとなっていた。二〇〇〇年七月の作業時間は二時間、八月は三時間、九月は二七時間、一〇月は三五時間、一一月は六一時間、一二月は七六時間の作業が記録されていた（WNUSP 2000k; Hansen 2000a, 2000b）。

6　第1回総会に向けた準備

本節では、二〇〇一年の第1回総会に向けた準備の過程を記述する。この時期、暫定委員会による電話や直接対面しての会議が一か月に一度くらいの頻度で開催され、ＷＦＭＨの世界大会とは別日程での総会に向けた準備が進められていった。

二〇〇〇年七月二六日、電話会議が開催された。参加者は、暫定委員四名のほか開発責任者のハンセンであった。話し合われたのは、一一月二日と三日に予定されていた暫定委員会の会議と、今後の活動計画についてであり、誰を招待するのか等が確認された。今後の活動計画としては、ハンセンが、ジェンセン、ホリング、オーヘイガンからなる監督（supervising）グループとの協力のもとで、データベースの作成と資金獲得の選択肢を調査していくことになった（WNUSP 2000d）。ジェンセン、ホリング、オーヘイガンの三名は、その後、ワーキンググループを結成して、活動の全体的な管理や事務局の監督をすることとなった（Hansen 2000a）。この電話会議では、そのほかウェブサイト作成、規約作成、銀行口座開設などを進めていくことが決定した。また、議事録や文書の草案は、論争的な問題についてであっても、メーリングリストに公開して意見を募るというコミュニケーションの方針が確認された（WNUSP 2000d）。

二〇〇〇年八月三〇日、ワーキンググループの電話会議が開催された。この会議には、ワーキンググループの三名のほかハンセンが出席した。エジプト、ブラジル、南アフリカ共和国の暫定委員とはメールでの連絡がとれなくなっていた。会議ではまず、ＷＮＵＳＰの二〇〇一年から二〇〇四年までの三年間の行動計画に対するギュッシングのコメントが確認された（WNUSP 2000e）。三年間の行動計画[132]では、課題として、事務局とウェブサイトの開設、会員の増加、現存のネットワークや団体との協力、国連及びその関連機関との共働が挙げられていた。さらに、それぞれの事項について、具体的に実行すべきことが三つから四つ挙げられていた（WNUSP 2000a）。ギュッシングは、いくつかの目標は野心的（ambitious）すぎると指摘し、資金提供者に説明する際に必要な、WNUSPに誰が参加しているのかを明確にすることを勧めた。そこで、一一月の会議の際には規約について検討することになった（WNUSP 2000e）。

また、暫定委員会などによるワーキンググループの運営について、事務的な事項がいくつか確認された。データベースを作るにあたって、WNUSPのメンバーとなっている各国内組織がどの程度ユーザーによって代表されているものなのか調べる必要があるとされた。規約の中のメンバーの規定について、ジェンセンとオーへイガンが考えることになり、各国から複数の組織の加入、収入に応じた会費、組織がない場合には個人加入といった内容について検討されていた。資金については、銀行口座が開設され、ハンセンが毎月報告書を作成し、暫定委員会の承認を経てギュッシングに提出することになった。LAPは、自分たちの組織の資金獲得のために法律家を雇っていた。その法律家は国外では特に欧州経済共同体での資金獲得の経験があったため、WNUSPの資金獲得に関してもその人に助言をもらう計画になった（WNUSP 2000e）。

二〇〇〇年九月一九日のワーキンググループの電話会議には、オーストラリアの暫定委員も出席した。ホリングは電話会社と連絡がつかなくなったために出席できなかった。議題は、ウェブサイトとデータベースの作成、資金応募の状況、規約案及び行動計画の作成予定などの確認であった。国際障害基金の助成金は、すべての書類提出が終わり、翌週にもWNUSPの手元に届く予定になっており、一一月の暫定委員会の会議の前に渡航費を手に入れておきたい人には、渡されることになっていた。一一月の委員会の会議については、エジプト、ブラジル、南アフリカ共和国の委員と未だに連絡がとれておらず、再度連絡を試みることになった（WNUSP 2000f）。ジェスパーソンは、一九九七年のラフティ総会に出席したエジプトの二名のメンバーについて、ＷＦＭＨの理事として活発に活動していた精神科医に連れてこられたという。彼らは、何も知らされていないようだったが、ジェスパーソンたちが彼らを見つけて、ＷＦＰＵの総会に誘った。そして、この二人のほかにアフリカ地域からの参加者はいなかったので、理事になってもらうことにした。しかし、ほどなくして連絡がとれなくなってしまったという（Jesperson interview on 02 August 2018）。日本の小金澤からは通訳者の要請があり、ジェンセンがデンマークに住む日本人を見つけてきた。その人を六七〇米ドルで通訳者として、雇うことが合意された（WNUSP 2000f）。データベース作成のために組織の名称と住所の情報をＷＮＵＳＰのメーリングリストで募ったところ、九月時点で二三か国から一〇八の組織がＷＮＵＳＰに登録された（Hansen 2000a）。

二〇〇〇年一〇月一六日のワーキンググループの電話会議には、三名のワーキンググループのメンバーとオーストラリアの暫定委員、ＬＡＰのハンセンが出席した。主な議題は、一一月の委員会の会議の計画であり、この電話会議のあとも、この会議について電子メール及び手紙でやりとりを続けることが確認された。また、

132　本書で参照している行動計画が、この電話会議の前に出たものなのか、後に出たものなのかは確認できていない。

会議に向けて規約や行動計画の草案を完成させておくことになった（WNUSP 2000g）。ＷＮＵＳＰのデータベースに登録されている組織は、一〇月の時点で四三か国から一六四組織となっていた（Hansen 2000b）。

二〇〇〇年一一月二日と三日にデンマークのオーデンセで暫定委員会の会議が開催された。出席者は、一日にホテルに到着し、二日の朝から会議が開始された。欧州に住んでいる委員は一〇月三一日から到着していた。また、ギュッシングは、二日の午後から招待されていたが、結局出席できなかった（WNUSP 2000g）。出席者は五名の暫定委員、ＷＦＭＨの理事担当、日本語の通訳者、ＬＡＰのハンセンの八名であった。[133] アメリカ地域の米国とブラジル、アフリカ地域の南アフリカ共和国とエジプトの四名の委員とは結局連絡がつかないままだった（WNUSP 2000h）。

この会議の冒頭には各国の運動の状況が共有された。ニュージーランドにはまだ全国組織がないこと、ドイツとオーストラリアにはそれぞれ六〇〇人、八〇〇人規模の全国組織が一つずつあること、日本とデンマークには二つの全国組織があることが各国の参加者から報告された。また、これまでの電話会議で議論されてきた三年間の活動計画の最終版が承認された（WNUSP 2000h）。最終版には、三つの大きな課題とそれを達成するための四つから八つの小さな課題、それぞれの課題を誰がいつまでにやるのか、それにいくらかかりそうなのかが記載されている。三つの大きな課題は、ＷＮＵＳＰの発展、人権擁護の促進、国内及び国際的なユーザー、サバイバーのネットワークの推進の三つであった。ＷＮＵＳＰの事務局及びウェブサイトの設置はＷＮＵＳＰの発展、国連及び関連機関との共働は人権擁護の促進、現存のネットワークとの協力はユーザー、サバイバーのネットワークの推進に、それぞれ含まれていた（WNUSP 2000i）。

サンティアゴ総会以降の進捗状況として、国際障害基金から三万米ドルの援助を得られたとの報告があった。ジェンセンは、運営の仕事を進めるために委員を増やす必要があり、資金提供者に魅力的な団体になるためにもっと会員を増やす必要があると言った。また、二〇〇一年の活動資金が得られない場合には、ヴァンクーヴァーでの総会が開催できないことが危惧されていた。この会議では、年会費の導入が提案された。個人会員と賛助団体は一〇米ドル、正会員は収入一〇万米ドルの団体は二五米ドル、収入一〇万米ドル以上の団体は五〇万米ドル、収入一〇〇万米ドル以上の団体は一〇〇米ドルと提案されていた。[134] 正会員は全国団体、全国団体がない国については個人会員、賛助団体としての加入が認められていた。割引の申請も認められていた（WNUSP 2000h）。一一月の時点では、WNUSPのデータベースに五〇か国から二〇三の組織が登録されていた（Hansen 2000c）。

二〇〇〇年一二月一二日、ギュッシングとの会議がデンマークのコペンハーゲンで開かれた。そこでは、まだ公式発表には至っていないが、国際障害基金が二〇〇一年で終わることがギュッシングから伝えられた。ギュッシングは一二月いっぱいで国際障害基金を去り、基金からWNUSPへの支援は二〇〇一年三月中旬が最終という予定になっていた。ギュッシングは、基金を去るまでにWNUSPの助成金の応募を手伝うことを約束しつつ、次のことをするように勧めた。

133　八名の出席者のうち三名の暫定委員とWFMHの理事担当の合計四名の渡航費は、WNUSPの会計から出されており、電車及びタクシー代と合わせて三二七四・八二米ドルであった。通訳費、宿泊費、食費と日当もWNUSPの会計から支出されており、こちらは三九四四・八九米ドルであった（WNUSP 2000j）。

134　この会議で提案されている年会費は、二〇二〇年二月現在の年会費と同額である（WNUSP 2020）。

a）標準的な助成金への応募（中略）

b）資金が不確定であることによりいくつかの条項にしたがえない可能性があることを述べた、規約の前文の作成

c）会員規則――（委員に選出された）人が意思決定に参加する義務を負うのかを決定すべきである

d）第1回総会――WFMHの大会から（一日か二日は）日程をずらすこと

e）よい議長を選ぶことが重要――会議の前に決めておくべき

f）問題の明確化――資金の応募でも同様に――WNUSPが何をしたいのか（Hansen 2000d）

ギュッシングが、助成金の応募先として具体的に提案したのは、欧州委員会、北欧の政府、オランダ政府、カナダ政府であった。LAPのハンセンは、その週のうちに二〇〇〇年の会計をまとめ、余剰となりそうな約三〇〇〇米ドルは二〇〇一年の運営資金とすると述べた（Hansen 2000d）。翌一三日のワーキンググループの電話会議では、この会議のことが報告された。今後の助成金応募などの手続きが確認され、二〇〇一年の予算は一〇万米ドルと見積もられた（WNUSP 2000l）。一二月一八日、WNUSPは国際障害基金に対して、事務局機能を維持するのに全部で二〇万米ドルが必要なうち、一〇万米ドルが二〇〇一年には必要であるとして、「勝手ながら」国際障害基金に二〇〇一年の支援を求める手紙を、同基金への最終報告書とともに送付した（WNUSP 2000m; Hansen 2000e）。会議では、その他の議題としては、二〇〇一年の第1回総会の開催地が検討されており、オーへイガンが、カナダの助成金の可能性を尋ねることになっていた。また、一週間以内にはWNUSPのウェブサイトが開設される予定であった（WNUSP 2000l）。

二〇〇一年二月六日のワーキンググループの電話会議では、第1回総会の計画が主な議題となった。日程が七月二〇日と二一日、場所がヴァンクーヴァーで確定された。開催に向けて、ハンセンが、WFMHの大会事務局、ヴァンクーヴァーの市議会議員、WNUSPの総会の会場となるサイモンフレイザー大学の施設担当者に連絡をとることになった。その他、WFMHの理事を担当している米国のカラス、暫定委員のオーストラリアのカナー（Helen Conner）、米国で運動しているオークス（David Oaks）とも連絡を取っていた。資金については、国際障害基金からの助成金が一万二〇〇〇米ドル残っており、それを使って、事務運営、ワーキンググループの会議、ヴァンクーヴァーでの総会の費用を賄わなくてはならない状況であった。欧州連合や北欧の政府に対する助成金申請は続けられていたが、未だ成功していなかった。また、「発展途上国」の組織が僅かしかリストにないことが話題に上がり、知っている場合には情報を寄せてもらうほか、渡航費の助成が確保できた場合には、それらの国の団体に「特別招待」を出すことが合意された（WNUSP 2001a）。

二〇〇一年三月二二日のワーキンググループの電話会議では、賛助会員になりたいと思っているユーザー個人からの第1回総会に出席してもよいかとの問い合わせが共有された。総会は可能な限り包摂的にすべきであり、すべての加入申請は歓迎され、第1回総会で合意された後に会費などが適用されることが確認された（WNUSP 2001b）。

二〇〇一年四月二六日と二七日には、デンマークのオーデンセにあるLAPの事務所で、ワーキンググループの会議が開催された。ワーキンググループのメンバーとハンセンのほか、二七日にはこのとき既に国際障害基金を辞めていたギュッシングも出席した。会議では、各メンバーが出席した国際会議の情報が共有され、その他の議題は第1回総会に関連することであった。第1回総会のプログラムが決まり、各組織への招待などの手続きに入ることとなった。総会の議題に対しては、イスラエル単独、米国、イスラエルとドイツの合同での三つの提案が出されていた。内容は、イスラエル単独及びイスラエルとドイツの合同の提案はWNUSPの声明の文案、米国からは最近の精神医療の動向についての議論の喚起と、マッドプライドの運動に対する賛同の要請であった（WNUSP 2001c）。

ジェンセンは、このイスラエルとドイツからの参加者のヴァンクーヴァー総会での様子について、「自分たちのことを非常に急進的だと考え、あらゆることを変えたいと思っていた」という。その人たちが批判し変えようとしたことの一つが、障害の概念であった（Jensen interview on 03 September 2019）。その両国の二人から同年四月二一日にWNUSPに送られた電子メールでは、四月一七日にジュネーブの人権高等弁務官事務所で開催された「人権と障害」についての会議から着想を得て、障害について述べられている。その会議で二人は、ジェンセンにも会ったという。二人は、自分たちの問題が「精神医学的障害（psychiatric disability）」という用語を使って説明されていたことに強い衝撃を受けたという。精神医学的障害という用語は、核心をついており、自分たちは強制的な精神医療や精神衛生法によって無力化され（disabled）てきたのだと書いている。そして、人権を求める闘いの先端としての精神医学的障害についての声明文をヴァンクーヴァー総会までに起草するので、総会の議題の一つにしてほしいと事務局に依頼していた（WNUSP 2001c）[135]。結局のところ、総会では、これについて多数決がおこなわれ、その二人のほかに障害概念の使用に反対する人はいないとの結果にいたった。ジェンセンによると、その批判的で急進的なグループも二〇一九年現在では障害者権利条約が重要かもしれないことを認めているが、二〇〇一年当時はそのような考えではなかったという（Jensen interview on 03 September 2019）。

ワーキンググループの会議では、投票の仕方が議題となり、正会員である全国組織のみが投票権を持つことになった。総会初日に、各国三名ずつの投票者を登録することになった。[136] また、理事推薦について、被推薦者が総会に出席しない場合には、総会の事前に本人に書面での同意をとっておく必要があると合意された。これは、理事の中に途中で連絡のつかなくなってしまった人がいた状況を踏まえての策である。事務局は、第1回総会まではオーデンセで維持され、その後については第1回総会で選出された理事が決定することとされた（WNUSP 2001c）。

二〇〇一年五月二一日には、ＷＮＵＳＰのメンバーの組織に対して、第1回総会の案内が送付された。案内にはプログラムが掲載され、そこには規約の案とメンバーからの提案が同封されていた。各組織は、六月二〇日までに電子メール、郵便、あるいはファックスによる参加登録を求められていた（WNUSP 2001d）。六月六日、インドで活動するダバーに対して、ＷＮＵＳＰを代表してハンセンから招待の書類が送られ、その中で総会一日目の夕方にインドの精神保健についてインフォーマルなプレゼンテーションをしてほしいとの依頼があった。[137] 六月二五日、第1回総会前最後のワーキンググループの電話会議が開催された。その会議までに総会の参加者として四六名が登録されていた。デンマークのハンセンとジェンセンは七月一七日、ホ

135　二〇〇一年四月二六日及び二七日の会議の記録の付属資料の電子メールのコピーを参照した。なお、ヴァンクーヴァーでの総会で、イスラエルとインドの二人から提出された声明の案は入手できていない。

136　この時点では、おそらく各国の全国組織の代表三名ずつに投票権を与えるという計画であったと考えられる。実際には総会では、後述のように正会員である全国組織のみが投票権を持つという規約を採択したが、その規約が採択されるまでは出席者各個人が一人一票をもつこととされていた（WNUSP 2001f: 2）。

リングとオーヘイガンは一八日の夜から現地入りして、一九日は一日中を総会の準備に充てる予定となった。準備の内容は、行動計画や投票手続きなどについてであった（WNUSP 2001e）。

7　第1回（第6回）総会

二〇〇一年七月二〇日と二一日にヴァンクーヴァーでWNUSPの総会が開催された。WFMHの世界大会もヴァンクーヴァーで開催されたものの七月二二日から二四日であり、初めてWFMHの大会とは完全に別の日程でWNUSPの総会が開催された。WNUSPの総会の議題は、WFMHのプログラムの冊子に、その他のWFMHの世界大会の前に開催された会議とともに掲載されていた（Caras 2001）。この総会はWNUSPの第1回（initial）総会と位置づけられた。出席者は七二名で、そのうち四二名がカナダ、一二名が米国からの参加者であった。また、組織として参加した団体は一二か国から三四団体であり、そのうち一二団体はカナダの団体、一〇団体は米国の団体であった。残りの一二か国は、オーストラリア、オーストリア、ベルギー、カナダ、デンマーク、ドイツ、イスラエル、日本、オランダ、ノルウェイ、台湾、米国である（WNUSP 2001f）。このように北米と欧州からの参加者が大半を占めていたことが、次の総会でより多くの地域からの参加者を得たいと思うことにつながったという（Jensen interview on 03 September 2019）。この総会の出費は全部で約四六七四米ドルであった。内訳は、参加者の日当、食費、宿泊費が約一四二二米ドル、保険料が九六米ドル、サイモンフレイザー大学の借用料が約二二三八米ドル、事務局のハンセンの渡航費が約九一八米ドルであった（WNUSP 2001j）。

総会では、まずワーキンググループの三名からチリでの総会以降の経過が報告された。ホリングからは、暫定委員のうちの数名と連絡がとれなくなってしまったこと、そこでワーキンググループを発足させて電子メールや電話でやりとりをしながら仕事を進めたことが報告された。ジェンセンは、デンマークのＬＡＰにおける仕事の成果として、ウェブサイトの開設とユーザー、サバイバーのリスト制作を挙げ、これまでに五五の組織からＷＮＵＳＰのメンバー申請があったと報告した。オーヘイガンは、一九九五年から国連の基準規則のモニタリング委員会で活動してきたことを報告した。ジェンセンは、ＷＮＵＳＰは一九九九年に発足したＩＤＡのメンバーでもあり、ジェンセンがこれまで会合に出席してきたことをつけ加えた。報告のあと規約が若干の修正の上で採択された。会員規定については、総会での修正はなされなかった（WNUSP 2001f）。その規定では正会員は、次のように定められていた。

会員の地位は、ＷＮＵＳＰの目的や目標と矛盾しないすべての民主的に運営され合法的に構成されたユーザー、サバイバーの全国組織に開かれている。一つの国から一つ以上のユーザー、サバイバーの全国組織が正会員になれる。精神医療のユーザー、サバイバーの全国組織が存在しない国や、全国組織が存在するがＷＮＵＳＰの会員になっていない場所では、目標に矛盾しない地域組織が正会員になれる。ただし、その国の全国組織がＷＮＵＳＰの正会員になるまで。（WNUSP no date b: 2）

137　二〇〇一年六月六日付けのハンセンからの「Bhargavi V Davar of Bapu Trust for Research on Mind & Discourse」と題された手紙を参照した。

また、準会員は「すべての世界中のユーザー、サバイバーの個人」及び「目的や目標が矛盾しないすべてのユーザー、サバイバーの地域及び国際組織」とされていた。正会員と準会員の違いは、総会で投票をおこなう代表者を選出できるか否かにあった（WNUSP no date b: 2）。個人としての登録ではなく、全国組織が正会員、個人は準会員という規定を設けようとした理由についてオーヘイガンは、「国際的な権利擁護のネットワークとしてWNUSPに地位を与えるためだと思う」と話している。それぞれの国の考えを全国組織が代表していることにより、WNUSPに国際組織としての代表性を与えられると考えていた（O'Hagan interview on 03 September 2016）。さらに、一か国から複数の全国組織が正会員になれるという規定を設けた理由についてオーヘイガンは次のように述べている。

いくつかの国には一つ以上の全国組織があったからだね。たとえば当時米国には二つの全国組織があったんだ。私たちは、包摂的（inclusive）でありたいと思っていて、組織を選択しなければならないっていう状況を望まなかったのかもしれない。（中略）だけど、世界の一部［の地域の会員］が理事の地位を独占してしまわないようには注意していたんだよ。（O'Hagan interview on 03 September 2016［ ］内引用者）

また、ここでのユーザー、サバイバー、及びユーザー、サバイバーの組織とは次のように定義されていた。

精神医療のユーザーあるいはサバイバー（中略）は、狂気及び／あるいは精神保健の問題を経験している、及び／あるいは精神医学的／精神保健サービスを使っているあるいはそこから生還した人であると自認している人と定義される。

精神医療のユーザー／サバイバーの組織は、完全にユーザーあるいはサバイバーによって運営されている組織、あるいは会員の過半数及び組織運営を担っているのがユーザーあるいはサバイバーの組織と定義される。（WNUSP no date b: 1）

総会二日目には、基準規則、国連原則、人権、活動計画の四つの作業部会からの報告があり、それぞれの提案などについて議論と採決がおこなわれた。その後の理事選挙では、四つの地域の別々の国から二人ずつ八名の理事を選出し、そこから二名の共同議長と一名の会計を選出することになった。また、八名に加えて三名までが代理としてともに活動していくこととなった。しかし、このときアフリカ中東地域からの出席者はいなかったため[138]、三つの地域から六人の理事と三名の代理人が選出された。この総会での投票は、規約が採択されるまでは個人が一票をもち、規約が採択されたあとはそれに従うこととされていた。理事選出にあたってどちらの方法が採用されたのかはわからない（WNUSP 2001f, 2001h）。

138　イスラエルからの出席者が登録されてはいた。その人は、もう一人の参加者とともに規約の議論の際に「修正／付録」を規約に含めることを提案したところ、それは却下され、投票の仕方の変更などを要求したが、それも受け入れられなかった。その後、二人は会議から出ていってしまった（WNUSP 2001f）。このため理事選出の際にアフリカ・中東地域の出席者がいないという事態が起きたと考えられる。

二一日の総会が終わったあと、理事だけの会議が開催された。そこでは、米国のチェンバレンとドイツのホリングが共同議長、デンマークのジェンセンが会計に選出された。加えて、オーヘイガンが理事に加わることとなった。そのほか今後の国際会議の出席予定や、ＷＮＵＳＰの理事会議の開催の予定が確認された(WNUSP 2001h)。

8　小括

ＷＮＵＳＰは、二〇〇一年の総会を第1回総会と位置づけ、この総会で会員に関する規定を含めた組織としての規約を採択した。しかし、第1回総会で新たに組織が発足したとはみなされておらず、一九九一年のＷＦＰＵの発足から活動は継続しているものとされていた。つまり、発足から一〇年経って規約を採択したことになる。規約が必要とされた大きな理由は、ＮＧＯとしての登録であった。登録の目的は、資金獲得をしやすくすること、国連の討議資格の申請など発言権を強化すること、組織としてのＷＦＭＨからの独立性を明確にすることなどが挙げられていた。ここから、ＷＮＵＳＰが規約を作成することになった理由は、助成金の応募の規定や国際的な発言権を得られる組織に関する規定など、主に外的な要因に求められることがわかる。すなわち、どこかの国にＮＧＯとして登録しなくとも、活動資金や発言権を得られて、組織として資金を運用して活動していけるのであれば、ＷＮＵＳＰの活動にとって規約は不要であった可能性が少なくないといえる。ＷＦＰＵの発足当初には、会員の中にはユーザー、サバイバーの個人と組織が混在しており、その間に正会員、準会員といった区別はなかった。また、ニュースレターの購読者には、ユーザー、サバイバーでなくとも、購読料さえ支払えば誰でもなることができた。

規約の採択に向けたＷＮＵＳＰの暫定委員会の会議では、精神障害者の全国組織が複数存在する国があることが報告されていた。また、ＷＮＵＳＰの総会には、全国組織とは限らないが、一つの国から複数の組織が参加している国が少なくなかった。このため、一か国から一つの組織のみ正会員になれるようにしたり各国支部を設けたりした場合には、ＷＮＵＳＰの正会員になれない組織や、会員になるために主張を曲げなくてはならない組織が生じる可能性があった。そこでＷＮＵＳＰは、一つの国から複数のユーザー、サバイバーの全国組織が正会員になれるという会員規定を設けた。これにより、一つの国に複数の全国組織がある場合に、それらの意見をすり合わせたりどれかを選別したりする必要がなくなり、対立したすべての組織が対立したままでＷＮＵＳＰとして活動することを可能にした。

しかし、ＷＮＵＳＰのメンバーになることを希望する人全員が会員になれることだけが目的であれば、国という括りを設ける必要はなく、発足当初のＷＦＰＵがそうであったように個人と組織が混在する形で、全員の会員としての参加を認めればよいように思われる。ここで重要視されていたのが、各地域の意見のバランスである。二〇〇一年までのＷＮＵＳＰの会員は、北米と欧州の活動家が大半を占めており、このことが問題視されていた。もし個人でも組織でも正会員になれるようにした場合、活動家がたくさんいたり、ユーザー、サバイバーの組織が多く存在したりする地域の意見が、ＷＮＵＳＰの活動に反映されやすくなってしまう。そこで、ＷＮＵＳＰは、投票権を持った正会員を全国組織に絞ることにより、国際組織としての地位が認められるようにするだけでなく、地域ごとの声の大きさの格差を減らそうとした。さらに、まだ全国組織の発足していない国の場合は、地方組織が正会員になれると定めたことも、運動が活発でない地域の発言権を強めることが目的とされている。ただし、どのような組織を全国組織と呼ぶのかは、明確に定義されておらず、各国の運動の実情に合わせるかたちをとっている。他方、より明確に定められているのは、ユーザー、サバイバーの組織の定義であり、ユーザー、サバイバー自身によって運営されていることが条件とされていた。

さらに、組織の運営の中心となる理事には世界の四つの地域それぞれから会員が選出されるように枠を設けていた。これは、二〇〇一年に規約が採択される前からおこなわれていたことである。しかし、アジア、アフリカ、アメリカ地域の理事の中で途中で連絡がとれなくなってしまった人がおり、結局、一九九九年から二〇〇一年までワーキンググループのメンバーとしてWNUSPを牽引したのは、デンマーク、ドイツ、ニュージーランドのメンバーであった。このことは、WNUSPの運営の難しさとして、二〇〇一年の第1回総会でも報告されていた。このような事態を防ぐためにとられたのは、理事を推薦する際に、被推薦者本人が総会に参加できない場合には、その人が推薦に同意していることが書面で確認できるよう求めることだった。この策の有効性はさておき、さまざまな地域の人がWNUSPの運営に継続的に関わることが重要であると認識されていたことがわかる。

以上のように本章では、WNUSPが会員規約を採択するまでの過程を記述した。その結果、WNUSPは、各国の組織が国内では対立したままで、世界組織のメンバーとして連帯できるような会員規定を設けたことが明らかになった。さらに、多くの人がWNUSPの中で活動できることだけでなく、多様な地域の意見がWNUSPの活動に反映されることが重視されており、そのために会員の規定や理事の選出の仕方が工夫されていた。また、多くの人がWNUSPとして連帯できることは重視されていたものの、誰でも歓迎されていたわけではなく、メンバーはユーザー、サバイバーの組織あるいは個人に限定されていた。

第8章 アジア、アフリカ、中南米地域からの参加

1　はじめに

本章の目的は、WNUSPにおいてアジア、アフリカ、中南米地域からの総会参加者が急増した要因を明らかにすることである。

精神障害に関する歴史記述の多くは、西洋近代的な精神医療の理論や実践の「進歩」の過程の記述である。このような記述において、西洋近代的な精神医療の普及していない地域は発展途上と見做されてきた。このような単線的な進歩史観から西洋的な精神医療を世界規模で普及させようという動きは、グローバルメンタルヘルスの運動と呼ばれている。

国際的な人権団体の「ヒューマンライツウォッチ」[139]は、幅広く人権侵害の状況を調査し報告して国際的な

議論を喚起してきた。精神医療分野における人権侵害についても、それまで状況が明らかにされていなかったいくつかの地域で調査を実施してきた。ヒューマンライツウォッチの調査は、現地の人権団体や患者団体等の協力を得ておこなわれ、人権侵害を受けている本人に対するインタビューも可能な限り実施されている点で、医療制度の分析や病床数などの統計的調査とは一線を画する。しかし、状況の改善のために多くの注目を集めることを主要な目的としているため、状況の悲惨さや人権侵害を受けている人の無力さが強調される傾向にある。例えば、インドにおける精神障害あるいは知的障害のある女性に対する虐待の状況を『動物よりも酷い扱いを受けている』(Human Rights Watch 2014)、インドネシアにおける精神障害者に対する虐待の状況を『地獄に生きている』(Human Rights Watch 2016)、オーストラリアの刑務所における障害のある服役者に対する虐待とネグレクトの状況を『支援を必要としていたのに代わりに罰を与えられた』(Human Rights Watch 2018)と報告している。また、人権侵害を受けている人たちによる社会運動などの抵抗の実践はあまり調査されていない。

このように低開発地域あるいは精神医療体制の確立していない地域における精神障害者の状況に関する調査、研究は徐々に進められつつある。しかし、社会運動を対象とした研究はごく僅かであり、特にトランスナショナルな視点からの研究はほとんどない。そこで本章では、WNUSPの総会の参加者の中にアジア、アフリカ、中南米のメンバーが急増する過程から、それらの地域とそれまで活動を牽引してきた西欧や北米のメンバーがどのように知り合い共に活動するようになったのかを明らかにする。具体的には、それらの地域からの参加者が急増した二〇〇四年にデンマークのバイルで開催されたWNUSPとENUSPの合同の総会の準備と当日の過程の記述から、急増の理由を考察する。

2 グローバルメンタルヘルスの運動

本節では、一九九〇年代以降のグローバルメンタルヘルスの運動の経緯を概観する。この運動を主に担ってきたのは、西洋の精神科医や政府組織、政府間組織である。一九九〇年代半ば、世界保健機関や世界銀行が「これまでの平均寿命とは異なる、疾病や障害に対する負担を総合的に勘案できる指標としてＤＡＬＹ［障害調整生存年数（Disability-Adjusted Life Year）］を公表し」た。障害調整生存年数は、「『早死にすることによって失われた年数（YLL: The Years of Life Lost）』と『障害を有することによって失われた年数（YLD: The Years Lost due to Disability）』を足すことで算出される」。障害調整生存年数は、「各種疾患による生命の損失や障害を、死亡件数や患者数としてだけでなく、苦痛や障害の程度を入れているところに特徴がある」とされ、「開発者や推進者たちからは、保健政策の優先課題を合理的に決定することができると考えられている」。細田満和子によると障害調整生存年数に対するもっともラディカルな批判は、「『健康に生きる』と『死亡』の間に『障害をもちながら生きる』を配置」する障害調整生存年数の定義に対する、「『障害をもちながら健康に生きる』ことは、『健康』と『死』の間のグレーゾーンなどではない、生きることそのもの

139　ヒューマンライツウォッチは、一九七五年にソヴィエト連邦、欧州の多くの国、カナダ、米国のあいだで締結されたヘルシンキ協定の人権条項に従っているかを監視するために、一九七五年に「ヘルシンキウォッチ」という名称で発足した人権団体である。その後、人権監視活動を世界の多くの地域でおこなうようになり、一九八八年に現在の名称になった。本部は、ニューヨークに置かれている。

だ」という障害をもつ当事者や障害学と呼ばれる一連の学問からの批判である（細田 2008: 46-48［　］内引用者）。障害調整生存年数の導入により、疾病間、国家間での疾病負荷の比較が可能になり、精神疾患の疾病付加がこれまで見積もられてきたより高いことが明らかにされた。また、低開発国や中間開発国では、疾病負荷の大きさに対して、「精神神経的な疾病」に対するケアへの資源の投入が少ないこともわかった（Becker and Kleinman 2013）。

このような状況を受けて、世界保健機関は二〇〇二年、「精神保健グローバル行動プログラム（mhGAP）」を開始した。このプログラムは、資源に制約のある環境において、精神医療的なケアをプライマリヘルスケアの一つとして組み込むことを主な目的として、プログラムの実践と検討を重ねていった（Becker and Kleinman 2013）。そして、その一連の検討を踏まえて二〇〇八年、世界保健機関は、「精神、神経、物質依存障害は世界のあらゆる地域で共通している」という認識のもと、多くの低開発国にいるほとんどの人が「必要な治療にアクセスできていない」ことを問題とし、「特に低開発あるいは中間開発国のための精神、神経、物質依存障害に対するサービスの拡大」を目的として、「精神保健格差行動プログラム」を開始した。精神保健格差行動プログラムは、介入の手引きや研修用教材などを作成し、その実施状況等について意見交換するためのフォーラムを毎年開催してきた（World Health Organization 2020）。その第5回目となる二〇一三年のフォーラムでは、低開発あるいは中間開発国に限らず、サービスのアクセスをグローバルに拡大するための枠組みとして二〇一三年から二〇二〇年までの「包括的精神保健行動計画」が採択された（Votruba et al. 2014）。

二〇〇〇年、同年九月の国連のミレニアム・サミットで採択された「ミレニアム宣言」に基づいて、低開発地域の開発についての二〇一五年までの目標として「ミレニアム開発目標」と題された八つの目標が定められた。さらに、ミレニアム開発目標の達成年限の二〇一五年、積み残した目標の達成とともにグローバルな規模で開発に取り組むための目標として、「持続可能な開発目標」と題された一七の目標が定められた。精神保健サービスの拡大は、持続可能な開発目標の特に目標3「すべての人に健康と福祉を」の達成のための手段の一つとしても促進されている（Votruba et al. 2014; Patel et al. 2018）。

二〇一八年の「世界精神保健の日」[140]に合わせて英国政府は、精神保健分野における世界的なリーダーという立場をとって、「グローバル精神保健サミット」を開催した。そのサミットの場で、「グローバル精神保健と持続可能な開発に関するランセット委員会」が発足した。ランセット委員会は、世界で最も権威のある医学雑誌の一つとされる週刊誌の『ランセット』の二〇一八年一〇月二七日発行号に、ランセット委員会の活動の背景と今度の展望について、四六ページに渡る記事を投稿している。[141]その記事の中で委員会は、今後の

140　世界精神保健の日は、毎年一〇月一〇日である。一九九二年にWFMHが啓発を目的として定め、その後、世界保健機関が承認した。

141　英国政府や『ランセット』関係者の動きに対しては、精神医療のユーザー、サバイバーを中心とする活動家から反対運動があった。臨床心理士のコスグローブ（Lisa Cosgrove）や精神医療のユーザー、サバイバーという立場での研究を進める研究者たちは、その反対運動の主張を取り上げつつ、ランセット委員会を批判し、別の方向性を提案している。批判されている点は、健康における社会的な要因の作用が明らかなのにもかかわらず医学的で市場本位のアプローチによる支配が継続していること、疑わしい疫学的データへの依存、リカバリーアプローチやコミュニティアプローチが弱く帝国医療的側面が強いこと、スティグマを強化することである（Cosgrove, Mills, Karter, Mehta, and Kalathil 2019）。この研究者グループは、『ランセット』誌にも同様の批判の概要を投稿している（Cosgrove, Mills, Amsterdam, Heath, Mehta, Kalathil, and Shaughnessy 2019）。同じ号には、英国の精神科研修医としてランセット委員会を「熱意を持って歓迎する」投稿（Walder et al. 2019）、アイルランドのタラト大学病院の精神科からのランセット委員会は「素晴らしく不可欠だ」と述べる投稿（Duffy 2019）も掲載されている。

取り組みについて次のように述べている。

委員会は、精神的健康（mental health）の促進、及び持続可能な開発の枠組み内での精神疾患のグローバルな負荷の軽減という目標に対するアプローチとして公衆衛生（public health）を強く勧める。このような公衆衛生のアプローチは、すべての人のための精神的健康の保護、高いリスクにある人の精神障害の予防、精神的健康に問題を経験している人に対する治療とケアの提供を目的とした行動から成っている。（中略）私たちは、公衆衛生と臨床的アプローチのあいだに対立があるとは考えていない。それどころか私たちは、公衆衛生アプローチの不可欠で本質的な要素として、臨床的介入の提供を明確に含めている。(Patel et al. 2018: 1585)

このように、精神医療の「格差」を埋めるというだけでなく、人口全体の「精神的健康」の向上を目指した取り組みが進められようとしている。

3　ＥＮＵＳＰとＷＮＵＳＰの協力

本節では、ＥＮＵＳＰの活動におけるＷＮＵＳＰとの協力を記述する。第7章では、ＷＮＵＳＰが資金難の状況の中で運営され、それでも国際障害基金などの資金を得て、二〇〇一年にヴァンクーヴァーで、ＷＦＭＨの世界大会から独立して第1回総会を開催した過程を記述した。同時期、ＥＮＵＳＰは、ＷＮＵＳＰよりも頻繁にニュースレターを発行し、理事が直接に会って定期的に会議を開催していた。このような状況であったため、ＥＮＵＳＰは、自身のニュースレターにＷＮＵＳＰの活動の様子も掲載するなどＷＮＵＳＰの活動に協力していた。しかし、ＥＮＵＳＰも、一九九七年の第３回総会以降、オランダ政府からの欧州デスクに対する経済的支援の打ち切りに向けた話し合いが進められ、資金難のために徐々に運営が困難になっていった（第６章）。

3-1　第4回ENUSP総会の準備

一九九八年五月二日から五日にドイツ北部のハンブルクで、世界精神リハビリテーション連盟（World Association for Psychosocial Rehabilitation）[142]の第６回世界大会が開催された。この大会には、ＥＮＵＳＰを代表して六名、ＷＮＵＳＰを代表して二名が出席した。ＥＮＵＳＰの代表の一人であったジェスパーソンは、この大会参加を「否定的な体験」であったと報告している。世界精神リハビリテーション連盟の大会では、玄関ロビーに製薬会社がブースを出し、分科会などの講演者のほとんどは専門職で、ユーザー、サバイバーのスピーカーは僅かであった。ユーザー、サバイバーが講演者として起用されないのは、ＷＦＭＨの世界大会でも同様であるものの、ＷＦＭＨの大会には正規のプログラム以外にも多くの懇親の場があり、それは製

140　世界精神リハビリテーション連盟は、一九八六年にパリで発足した、精神医療専門職、精神障害者、家族などの合同の組織である。

薬会社ではなく人間の集まりであった。さらに、ＷＦＭＨの大会では、ユーザー、サバイバーの参加のための渡航費や宿泊費を主催者がある程度負担していた。それに対して世界精神リハビリテーション連盟の大会では、ＥＮＵＳＰからの数名の大会参加費は免除されたものの、その他の渡航費、宿泊費といった費用の援助は一切なかったという。このような状況を受けて、ＷＮＵＳＰ及びＥＮＵＳＰの代表者、及びドイツ、オランダ、オーストリアから会場に来ていたユーザー、サバイバーたちは、世界精神リハビリテーション連盟に対して宣言文を提出した。そこには「私たちが望んでいることは、次回二〇〇〇年の世界精神リハビリテーション連盟の世界大会で、ユーザーと専門職とのオープンな対話が進められることです」と書かれていた。また、ユーザー、サバイバーの参加者たちは、ルーマニアでイーライリリー社によって、血液試験のなされないままに、レポネックス（クロザピン）が拡散されていることに対する抗議の行動を起こそうとした。しかし、そのときにはリリー社の社員は去ってしまってブースは空になっていた（ENUSP 1999b: 3-5）。

　第14回目のＥＮＵＳＰの理事の会議は、一九九八年一〇月一五日から一八日にルクセンブルグで開催された。第４回総会の開催がルクセンブルグで予定されており、それに向けて事務的なことやプログラムの内容などが検討された。当時、中欧地域の理事はドイツの人、代理はルクセンブルグの人が務めていた。出席者は、議長と共同議長、ニュースレター担当者、欧州デスク、四名の理事であった。会議では、欧州委員会に、住居代[143]として二〇〇〇欧州通貨単位、出版費用として一五〇〇欧州通貨単位、理事の会議の費用として五〇〇〇欧州通貨単位、各地域での会議の費用として一万一五〇〇欧州通貨単位で、合計二万欧州通貨単位の一九九八年から九九年の予算を申請したことが報告された。この予算は、第４回総会の費用としても使えるものとして計上されていた。もともと総会の予算として二万三〇〇〇欧州通貨単位が見積もられており、今回、総会の予算が全部で四万三〇〇〇欧州通貨単位[144]となるよう欧州委員会に予算が申請されたのだった（European Desk 1998a）。

一九九九年四月以降の欧州デスクの経済状況は、未だ不透明なままであった。オランダ政府は、もうENUSPに助成金を出すつもりはないと言い、その理由はオランダだけでなくほかの国もENUSPに貢献すべきだということだった。ジェスパーソンは、スウェーデンもENUSPに資金を提供している国の一つであり、スウェーデン政府からENUSPの運営のための資金を得られないか検討していた（ENUSP 1999b: 11）。また、WNUSPのニュースレターが発行されていないことがとても悩ましい（very annoying）こととして話題に上がり、これについて話し合う必要があると合意された（European Desk 1998a）。

第15回目の理事の会議は、一九九八年一一月二七日から二九日にイタリア中部のルッカで開催された。会議の主要な議題は、第4回総会についてであり、プログラムの内容や講演者が議論され、運営に関する詳細が確認された（ENUSP 1999b: 11）。出席者は、議長と共同議長、ニュースレター担当者、欧州デスク、四名の理事の合計八名であった。第4回総会のワークショップについて、総会はユーザー、サバイバーのためだけのものであるが、新しい精神薬の専門家であると思われるスイスの精神科医が例外として、レーマンの仕切るワークショップに参加する予定になっていた。このように幾つかの限られたプログラムは、ユーザー、

143　この住居代（housing）が何のための予算を指しているのかはわかっていない。
144　通貨換算ツールのオアンダによると、一九九八年一〇月一五日の時点の換算で四万三〇〇〇欧州通貨単位はおよそ六一三万円であった。

サバイバー以外の者にも開くが、該当するプログラムは明確に表示すべきだという意見が出された。ＥＮＵＳＰの活動資金については、欧州のすべての政府に経済的支援を依頼する手紙を送り、各理事が自分の国の政府に圧力をかけることになった。ジェスパーソンからは、スウェーデンのＲＳＭＨからＥＮＵＳＰに資金を「貸す」ことができるとの申し出を受けたとの報告があり、ジェスパーソンと欧州デスクで詳細を検討することになった（European Desk 1999a）。

第15回目の理事の会議の後、一二月一五日付けで第４回総会の出席予定者に欧州デスクから案内状が送付された。案内では、まだ経済状況について理事に知らせていない参加者は、知らせるよう求めている。これは、経済状況によっては払い戻しをおこなうためであり、誰に払い戻すかは次回の理事の会議で検討されることになっていた。もう一つ、参加者に求められていたことは、地元の組織の中で、ＥＮＵＳＰのメンバーになるかどうか話し合ってくることであった。これは、「一九九九年以降の助成金を得られる可能性に関係するので、私たちにとって特に重要である」と述べられていた。そのほか案内状には、「差別、ジェンダー、女性」に関する「枠外（margin）ではない」と題されたワークショップ、「内部でのコミュニケーション」、「現代の精神医療の治療――改善されているのか改悪されているのか」、「医学モデルに抵抗する」と題されたワークショップについての概要が掲載され、各ワークショップの報告者やファシリテーターも募集されていた（European Desk 1998b）。第４回総会前最後となる第16回目の理事の会議は、一九九九年一月二二日から二四日にベルリンで開催された。第４回総会の数週間前の開催であり、総会の予算に関する最終決定がなされた（ENUSP 1999b: 11）。

3-2　第4回ENUSP総会

ENUSPの第4回目の総会は、一九九九年二月一九日から二一日にルクセンブルグで開催された[145]。参加者は一八日の午後にルクセンブルグのユースホステルに到着する予定になっており、総会は一九日の一〇時から始まる計画だった。開式の挨拶と基調講演、理事などからの活動報告の後、地域ごとの会議が開かれることになっていた。二日目は、六つのワークショップの後、地域ごとの会議の続きをおこなう予定だった。最終日の三日目には、午前中のみ、ワークショップの報告と今後の活動計画、理事の選挙などが予定されていた。これらのプログラムのうち、一日目の開式の挨拶と基調講演、理事などからの活動報告、二日目の各ワークショップについてのプレゼンテーションは外部に公開でおこなわれたほか、「現代の精神医療の治療」と題したワークショップはユーザー、サバイバーでないスイスの医師を迎えて開催された。ワークショップのテーマは、前述の四つの他「職場、現実の社会における場所——仕事と公的扶助」、「非言語的コミュニケーション」の合わせて六つであった（European Desk 1999b）。

ジェスパーソンによると、この総会には、ボスニアあるいはセルビアの組織から二名が参加していたという。その国には、たしかにユーザー、サバイバーと専門職の混合の組織があったのだが、その組織がENUSPの総会の出席者として選んだのは二名の精神科医であった。そこで、ジェスパーソンたちは、その場

145　第1回目から第3回目の総会については、出席者の名簿、議論の過程、ワークショップでの講演の原稿などを含めた詳細な報告書が作成されていた。しかし、第4回総会に関しては、決定事項がウェブ上に掲載されているにとどまる。

で理事の会議を開いて、その二人は帰ってもらうことにしたという。もちろん精神科医の中にも精神医療のユーザーであった人はいて、そのような人たちは総会の参加者として認められていた。たとえば、一九九五年にダブリンで開催されたWFPUの総会には、フィンランドで古い精神病院の医院長を務めている精神科医が参加していた。ジェスパーソンたちが、「どうしてここにいるのか」と聞いたところ、その精神科医は精神医療のユーザーだからだと言ったので、来ないでくれとは言えなかったという。ジェスパーソンは、その二人のボスニアあるいはセルビアから来た精神科医も、精神医療のユーザーだったが、そのことを言いたくなかったのかもしれないと話していた。二人は、帰るように言われて少し怒っていたようだったという。ジェスパーソンは、このようにメンバーの定義はしばしば難しく、基本的には自己定義に依っているが、証明は何も求めないと説明した。精神病棟に入院していた場合も、通院歴があるだけの場合も、心理療法士に一度セラピーを受けただけの場合も、本人の自己定義に基づいて同様に扱うことにしているという(Jesperson interview on 02 August 2018)。

欧州のニュースレター第8号は、一九九九年にルクセンブルグで開催されたENUSPの第4回総会後、同年「冬」に発行された。ニュースレター編集者は、発行時期について多くの人から問い合わせがあったこと、一年に四回発行の予定であったが作成の時間とれなかったために前回の発行から一年以上が経過してしまったことを説明した。この号では、ジンバブエからの投稿が一ページを使って掲載されている。「ジンバブエ精神保健サービスコンシューマー」のプロジェクトとして、労働による満足のための「水/庭プロジェクト」、動物を飼ったり誕生日会のゲームをしたりする「余暇のための準備」、患者の交流の場となる「精神病患者のための立ち寄りセンター」が挙げられていた(ENUSP 1999b: 1, 8)。

二〇〇一年一〇月一九日、ENUSPの欧州デスクのヒュイティンクは、同年一一月一五日から一八日にスロヴェニアで開催が予定されていたENUSPの第5回総会が資金不足により延期さざるを得なくなったことを報告した。その時点で、いくつかの資金獲得の試みは進行中ではあったものの、期限内に必要な金額が集まる見込みはなく、破産を防ぐためにこのような決定に至ったと説明された（Huitink 2001）。

4 第1回総会以降のWNUSPの活動

二〇〇一年七月のヴァンクーヴァーでの第1回総会の後、総会で選出されたWNUSPの理事たちは、二か月に一度ほどのペースで電話会議を開催した。総会後、最初の電話会議は、二〇〇一年九月一八日に開催された。[146] 当時は、電話会議の開催にも料金がかかっており、事務局に金額が通知されるようになっていた。この電話会議の時点でWNUSPからLAPに支払える資金はなく、事務局は無給で活動していた。会員とのコミュニケーションは、基本的に電子メールを使うことになっていたが、インターネット環境のないメンバーのために郵送も使うことが合意された。電話会議の出席者は、共同議長の二名、五名の理事のうち四名、事務局のハンセンの七名であった。その会議のときにはまだアフリカ中東地域の理事が選出されておらず、

146　会議では、第1回総会の報告書に掲載する規約の文言の修正と、ウェブサイトのデザインが承認された。米国のチェンバレンは、同月一一日に発生した世界貿易センタービルに対する攻撃に関連して、「狂気の人々」はその惨劇に関して責めを負うべき人ではないことを述べた声明文を素早く作成して、ウェブサイトに掲載することを提案し、承認された（WNUSP 2001i）。

担い手を見つけるために、一か月後の一〇月一八日までにそれぞれの理事が知っている情報を事務局に集めることになった。さらに、会員拡大のために、第1回総会の報告書を送付して、第1回総会に参加した団体には会費の支払い、参加していない団体には参加を要請しつつ、今後の資金獲得についてのアイディアを募るとの合意にいたった。その時点で資金の申請先として検討されていたのは、デンマークの外務省、国連関係の私的な財団、米国のオレゴン州、化粧品などを販売し社会貢献活動にも力を入れてきたボディショップ基金であった（WNUSP 2001i）。

また、二〇〇〇年二月に開催された国連の基準規則のモニタリング委員会についての報告とともに、ＩＤＡについても報告があった。この委員会では、基準規則についての最終報告書の検討がおこなわれた。基準規則の特別報告者のリンドクヴィストは、ＷＮＵＳＰに対して国連原則に関して最終報告書にどのような内容を盛り込めばよいか助言を求めていた。これに対して、障害に関する条約についてのＩＤＡの声明において、国連原則の否定を明確にすべきであることが確認された。基準規則のモニタリング委員会は二〇〇〇年二月の回で終了する予定となっており、二〇〇二年にはＩＤＡの会合がアイルランドで予定されていた。この会合には、二人の共同議長のうちのどちらかとジェンセンが、ＷＮＵＳＰを代表して出席する予定となった（WNUSP 2001i）。

二〇〇一年一一月二六日のＷＮＵＳＰの理事の電話会議には、一名の共同議長、五名の理事のうち二名、事務局のハンセンの五名が出席した。欠席した三名の理事のうち二名は欠席の連絡があったが、日本からの理事とは連絡がとれていなかった。この電話会議は、参加者が料金を折半して開催された[147]。議題としては、まだどこの団体からも会費が支払われていない状況が報告された。ハンセンがリマインドの連絡をするとともに、クレジットカードでの支払いの導入を検討することになった。その他には、資金獲得、団体のパンフレットといったことについて、前回の電話会議から引き続いた議論がなされ、国連の討議資格を得るための登録の手続きが主にLAPのジェンセンとハンセンによって進められていることが確認された（WNUSP 2001k）。

二〇〇二年一月一四日の電話会議には、二名の共同議長、五名の理事のうち二名、事務局のハンセンの五名が出席した。欠席した三名の理事のうち二名は欠席の連絡があったが、日本からの理事とは連絡がとれていなかった。この電話会議でも、会議開催にかかった料金が参加者で折半されることになっていた。デンマークよりも安く会議を開催できる電話会社があるのではないかということで、各理事は自国での電話会議の開催にかかる料金を調べてくることになった。議題としては、一六名の個人と四つの正会員から会費の支払いがあったことが報告された。同年二月にニューヨークで予定されていたIDAの会合には、米国から共同議長のチェンバレンと理事代理のマサイ（Mathew Mathai）の二名がWNUSPを代表して出席することになった（WNUSP 2002a）。

同年三月四日の電話会議には、二名の共同議長のうち一名、五名の理事のうち三名、事務局のハンセンの五名が出席した。共同議長のチェンバレン、日本、オーストラリアの理事とは連絡がとれない状況だった。また、新たに三つの正会員の団体が会費を納めた。オーストラリアと日本からの会員が登録されていないこ

147　二〇〇二年三月の記録では、デンマークでの電話会議には一時間あたり六〇〇米ドルの料金がかかっていた（WNUSP 2002b）。

とについて、それぞれの国の理事に確認をとる必要があるとされた。ＩＤＡのアイルランドでの会合について、ＷＮＵＳＰからはジェンセンが、アイルランド政府からの助成金を得て参加する予定であったが、体調不良によりかなわなかったことが報告された（WNUSP 2002b）。

5　障害者権利条約の策定開始

二〇〇二年六月二八日の電話会議には、二名の共同議長、五名の理事のうち二名、事務局のハンセンの五名が出席した。理事としての活動に消極的なメンバーには、理事を続ける意思があるかどうかを確認し、会議に参加しないのであれば理事職をやめてもらう可能性があることが決定された。アフリカ、アジア、南米地域については、新たな理事の招待を検討することになった。電話会議の料金について、カナダの理事が自国では料金がより安いことを発見してきた。

この会議で重要な議題となったのは、障害者権利条約についてであった（WNUSP 2002c）。二〇〇一年の第56回国連総会でメキシコ政府のイニシアティブにより「条約に関する諸提案を検討するため」の特別委員会を設置するという決議が採択された。さらに、メキシコ政府は、その第1回特別委員会に向けて条約の草案を用意していた（長瀬・川島 2004: 19-25）。そのメキシコ草案の作成には、サバイバーの唯一の代表としてジェンセンが出席した。メキシコ草案に対するＷＮＵＳＰからの文書の作成には、米国のミンコウィッツが貢献した（WNUSP 2002c）。ジェンセンは、このメキシコ草案の会議に、「ミンコウィッツが準備を手伝ってくれたので、かなりかなりよく準備した状態で」望んだという。メキシコ政府による草案の中身は「非常によくなかった」が、メキシコ政府が条約に精神病について扱う条文を設けるべきだと考えているとわかったことはよかったとジェンセンは話した。メキシコ政府は、他のすべての障害者グループとは別に精神病について扱う条文についての二、三ページの文面を作ってきており、そこには精神保健の問題を持った人は他の障害グループのような権利は持てないと書かれていた。このような考え方は、メキシコ政府に特異なものではなく、「この時代にはすべての人が」国連原則と呼ばれる国連の勧告（第2章）を信じていた。そこで、メキシコでジェンセンは、「私たちはその国連原則は、どこにも引用も言及もしてほしくないんだ。たとえ序文にも」と大きな声で言った。[148] 結果として、ジェンセンはメキシコ草案から国連原則を消すことに成功した（Jensen interview 02 September 2019）。

二〇〇二年七月から八月にかけて開催予定であった条約策定の第1回特別委員会には、政府代表団のほか、IDAの代表が出席予定であり、「支援連合インターナショナル（Support Coalition International）」[149] はオ

148 ジェンセンによると、メキシコ草案では、条約の序文において、「非常に重要な国際的人権文書」として国連原則に言及していた。さらに、国連原則の中の精神保健の問題を持つ人々の権利の制限について述べたパラグラフを引用していた。知的障害の人も同様の問題を抱えており、そのこともあって、ジェンセンは国連原則に言及しないようを強く求めたという（Jensen interview 02 September 2019）。

149 支援連合インターナショナルのルーツは、一九七〇年代の米国のサバイバーの運動や元患者のグループにある。その後、一九八六年からオレゴン州の情報センターが『樹』というニュースレターを発行するようになった。そのニュースレターに発行者や購読者として関わっていた人々は、一九九〇年にアメリカ精神医学会の大会の会場で抗議行動をおこなったときに、支援連合インターナショナルという団体となった。そして、二〇〇五年に、マインドフリーダム・インターナショナルと名称を変更した（第2章；Androff 2016: 131）。

ブザーバーとしての地位を認められていた。電話会議では、共同議長のチェンバレンが、ミンコウィッツ及び支援連合インターナショナルに連絡をとって、小さなワーキンググループを作り、この条約についての戦略を練っていくことが決まった。その他、ＷＮＵＳＰの今後の活動について、ＬＡＰの中にある自主的な国際活動グループがＷＮＵＳＰの運営事務の一部を担ってくれることが期待された。さらに、ウェブサイトとパンフレットを英語以外の言語に翻訳することも望まれていた（WNUSP 2002c）。

ジェンセンは、二〇〇四年のバイルでの総会で低開発国から多くの参加者を得られた理由の一つは、その開催が障害者権利条約の起草時期に重なっていたからだという。先進開発国（industrialized countries）ではなく低開発国から国連の催しに参加するときには、国連に渡航費の負担を求めることができる。また、起草過程に影響を与えるには、多くの国からの参加者がいた方が有利であり、これらの理由から障害者権利条約の起草過程では多くの障害者がニューヨークに来ていた。この場所で、ＷＮＵＳＰとＥＮＵＳＰの総会の参加者の招待に成功したという（Jensen interview on 03 September 2019）。ジェスパーソンも、国連での活動について同様のことを話した。ジェスパーソンが二〇〇六年に特別委員会でのプレゼンテーションなどのために一週間、ニューヨークに滞在した際、その費用は、すべて自費だったので、米国までの航空券代などはとても高く工面に苦労したという。他方、国連は、経済的に豊かでない地域の人たちの参加に際しては基金を持っており、航空券代から宿泊費まで助成していた。このため、ウガンダやペルーなどに住んでいる人たちは、無料で毎回三週間ほど滞在していたという（Jesperson interview 02 August 2018）。

二〇〇二年八月二〇日の電話会議には、二名の共同議長、五名の理事のうち二名、事務局のハンセンのほか、米国からミンコウィッツが招待されて出席した。カナダ、オーストラリア、日本の三名の理事とは連絡がとれておらず、ハンセンがオーストラリアと日本の理事に連絡を試みることになった。同年七月二九日から八月九日にニューヨークで開催された障害者権利条約の第1回特別委員会に出席したチェンバレンとミンコウィッツから、政府代表団はWNUSPの意見に耳を傾けていたように感じ、WNUSPは条約に影響を与えることができそうだとの報告があった。しかし、米国を除いては、ユーザー、サバイバーの代表は委員会に出席していたようには思われず、各国で代表団に入れるよう活動していくことの重要性が確認された。ミンコウィッツは、中南米のユーザー、サバイバーの運動と連絡をとり、また国連の文書を事務局に転送すると言った。理事たちは、ミンコウィッツのWNUSPへの貢献に感謝の意を表した。そして、ミンコウィッツをWNUSPの「相談役」という地位に置き、今後の理事の会議にも出席してもらうことが合意された。この他、支援連合インターナショナルからの、オーストラリアのメルボルンで開催されたWFMHの世界大会についての報告の手紙で、WFMHが自身の科学委員会と組織委員会にWNUSPの席を設けたことがわかったと報告された。また、同年一〇月に札幌で予定されていたDPIの世界大会には、チェンバレン、オーヘイガン、ミンコウィッツが出席予定であった（WNUSP 2002d）。

6　LAPの助成金獲得と総会準備

二〇〇二年一一月六日の電話会議には、二名の共同議長のうち一名、五名の理事のうち二名、事務局のハンセンのほか、ミンコウィッツが障害者権利条約、日本でのDPIの大会、世界銀行の会議について議論した会議の前半のみ出席した。障害者権利条約について、ミンコウィッツは、WNUSPの他の理事にも条約に影響を与えてほしいと考え、ジェンセンが第2回特別委員会への出席を検討することになった。二〇〇三年三月一日及び二日にスウェーデンのストックホルムで計画されていたIDAの会議にも、助成金の状況によるが、ミンコウィッツとジェンセンが出席する予定となっていた（WNUSP 2002e）。

この他、LAPがデンマーク政府から三年間の助成金を得たと報告され、それによってハンセンがWNUSPのためにできる活動の幅が広がることが期待された。ジェンセンとハンセンは、デンマークで理事の会議及び総会の開催を検討していた。また、理事のメンバーに変動があった。カナダの理事が辞任し、ハンセンがヴァンクーヴァーの別のメンバーに連絡をとることになった（WNUSP 2002e）。日本の理事である小金澤とは連絡がとれておらず、ハンセンから同年一二月一日までに理事継続についてコメントしてほしいとの依頼連絡がなされたものの、連絡がなかったため、オーヘイガンから日本の山本眞理に交代の依頼がなされ、二〇〇三年三月一〇日付けで山本が理事となった。オーストラリアの理事に対しても応答を依頼する文書はハンセンから送付されていた（WNUSP 2002e; Hansen 2003）[150]。さらに、チュニジアのチュニスで開催予定の会議にWNUSPを代表して出席予定の南アフリカ共和国のメンバー、メーリングリストに活発に投稿しているブラジルのメンバー、インドで活動しているメンバーが新たな理事の候補として検討されることになった（WNUSP 2002e）。

二〇〇三年四月四日の電話会議には、二名の共同議長、五名の理事のうちの二名、事務局のハンセン、ミンコウィッツ、元WFMHの理事でありウェブサイトやメーリングリストの作成を担当していた米国のカラスが出席した。二名の理事のうちの一名は、新たに理事となった山本であった。総会について、ENUSPとWNUSPの合同開催が提案された。さらにジェンセンは、会場としてデンマークのエルシノアを提案した（WNUSP 2003a）。ＷＮＵＳＰとＥＮＵＳＰの合同開催という提案についてジェンセンは、意思決定や理事の選出のために会議を開催する場合には、必ずそれを主催する人が必要となる。開催者としての役割を提供するために、ＥＮＵＳＰの総会も合同で開催するようにしたのだと説明した（Jensen interview on 02 September 2019）。

電話会議でジェンセンは、フィンランドに「発展途上地域」での会議の資金を提供する助成金があることを紹介した。採択されると一プロジェクトあたり一万ユーロが提供される。この助成金に応募して、発展途上地域のメンバーと会い、現地の問題や障害者権利条約について議論したり、理事のメンバーを見つけたりできるかもしれないと期待された。発展途上地域の中でも、優先すべきはインド、南アフリカ共和国、中南米地域とされ、連絡がとれた地域によって優先順位を決めることになった。また、ジェンセンからは、多くの仕事をしているにもかかわらず、ＷＮＵＳＰの議長としての地位を得られていないことに対する不満が表明された。理事たちは、ジェンセンの活動を認め、ホリングが議長を辞任するか、三名で共同議長を務めるか考えることになった。実際に、この電話会議で報告あるいは計画された七つの会議のうち、ジェンセンは四つに出席済みあるいは出席予定であった（WNUSP 2003a）。山本は、日本の医療観察法案に対する声明について、理事のコメントを求めた。理事たちはその声明文に賛成し、同年四月七日付で医療観察法案の廃

150　ハンセンは、差出日は分からないが、「Dear Masaji」、「Dear Helen」と題した手紙を、それぞれ日本の小金澤とオーストラリアのカナーに送っている。

を求める声明文を出した（WNUSP 2003a, 2003b）[151]。

二〇〇三年六月四日の電話会議には、ジェンセン、カラス、ミンコウィッツ、ハンセンが出席し、同月開催される障害者権利条約策定の第2回特別委員会について事務的な事項が確認された。二〇〇四年は、IDAの中でWNUSPが議長を務める年となっており、これを引き受けるかパスするか六月中に回答しなければならないことになっていた[152]。もしWNUSPがパスした場合には、議長はDPIに回り、WNUSPは次の順番が回ってくるまで議長になれないという状況であった。ジェンセンは、WNUSPのメンバー間の結びつきが強まり理事がもっと活発になるまで、議長はパスした方がよいのではないかと意見した（WNUSP 2003c）。

二〇〇三年八月八日の電話会議には、三名の共同議長、ハンセン[153]、山本、ミンコウィッツ、カラス、ENUSPの共同議長のゴンボの全部で八名が出席した。次の総会までは、チェンバレン、ホリング、ジェンセンの三名が共同議長を務めることになった。また、ミンコウィッツは理事に入り、カラスは理事の相談役につくことになった。障害者権利条約について、ミンコウィッツの仕事の質と量に感謝が表明された。WNUSPは国際的な突破口を開き、広く認知される団体になったとされた。二〇〇四年一月に予定されていた草案作成のためのワーキンググループには、ミンコウィッツがWNUSPの代表、ゴンボがその代理として出席する予定であった。WNUSPは、条約のためだけの障害者組織の連合体の結成に反対の姿勢を示すことを確認した。すべての人の利益を代表する組織を結成できるとお互いを信頼するには、NGO間の協力関係がまだ少ないからであった（WNUSP 2003d）。

二〇〇三年九月一八日の電話会議には、三名の共同議長のほか、理事のミンコウィッツとオーヘイガン、

ＥＮＵＳＰの共同議長のゴンボが出席した。第２回総会について、宿泊費と食費はジェンセンがＬＡＰにお願いしていたものの、理事の会議の費用と渡航費はまだ得られていなかった。ＬＡＰ以外の資金獲得先として、世界保健機関のほか、東欧からの参加者についてはハムレットトラストが提案された。また、ＥＮＵＳＰを通じて欧州連合から資金を得られる可能性もあった。暫定的な日程と場所が提示された（WNUSP 2003e)。

障害者権利条約の策定の議論についてミンコウィッツは、精神障害者をその他の障害者と分けてしまわないことの重要性を強調した。特に、精神障害者や知的障害者が親に代理される場面に関してはそうであると述べた。条約に関しては、書いて修正し拡散しなくてはならない多くの文書があり、それらをどのように処理していくかが問題となった。提案されたのは、理事以外の関心のあるメンバーの力を借りることであり、ニュースレターなどで情報を公表していくことになった（WNUSP 2003e)。

二〇〇三年一一月二八日の電話会議には、共同議長のホリングとジェンセン、事務局のハンセン、その他

152　医療観察法は、その後、同年六月に参議院にて強行採決され、七月に衆議院で再議決されて成立した。

153　ＩＤＡの議長は、一年ごとの輪番制をとっており、当時六つの団体が加盟していたため、議長は六年に一度回ってくるものであった。

154　この会議の記録以降、ＬＡＰの事務局担当者の名前が、Eva Hansen と記載されている場合と、Eva Rasmussen と記載されている場合が混在している。二つの名前が同時に記録されている資料が見つからないこと、どちらにも事務局という肩書が書かれていることから、結婚等による姓の変更であると考え、本書ではすべてハンセンで統一する。

カラスとミンコウィッツの五名が出席した。会議では、ジェンセンの進行で、WNUSPとENUSPの合同総会について議論された。テーマの候補が出され、場所と日程が決まった。場所はデンマークのバイル、日程は、二〇〇四年七月一七日から二一日までで、理事は一六日から現地入りすることになった。WNUSPとENUSPの総会の他、欧州以外の地域のワークショップを開催し、半日は地元のLAPのための時間にすることになった。費用は、ジェンセンがデンマークの社会省に申請することになっていたが、その他のアイディアとしてカナダ精神保健協会も候補に挙げられた。総会の準備のために、ENUSPの共同議長のレーマンとゴンボとの会議が計画されていた（WNUSP 2003f）。

総会に関して議論になったのは、アクセシビリティについてであり、理事たちはすべての人にとってアクセシブルな会議になるよう可能な限りあらゆることとしたいと考えていた。それでも、総会の告知には、予算内では手話を含めた言語の通訳、点字を提供できないと書くことになった。また、最初の告知の際にどのようなアクセシビリティのニーズがあるのか書いてもらう書式を用意することにした（WNUSP 2003f）。

レーマンは、自分は世界組織の活動にはあまり関わってこなかったと述べ、その理由は関係する多くの書類等が長い英語で書かれており、英語を第一言語としない者にとっては疲れすぎるからだ話した。[154] これは、英語を第一言語としない人たちの多くが、小さな組織のままであろうとする理由の一つであるとレーマンは説明する。もちろん米国の人たち、特に他国に渡航した経験のある人たちは、「とても親切に協力的に」接してくれるのだが、それでも大きなネットワークはアメリカ人（Yankees）や英語話者によって支配されているという。ドイツでは、ほとんどの人は、下手な（poor）英語を話すかまったく英語を話さないという。だ読むことが少しできるくらいで、内容が複雑だったり細かかったりすると理解できないから、読まない。だから、コミュニケーションの言語が英語である場合、多くの人は組織に参加しないそうである。若い世代は、学校で英語を習うようになっているものの、学校英語（School English）を少し話せるのと、米国やイングランドの人、たとえアイルランドやスコットランドの人であっても、その人たちとコミュニケーションをとるのとには、大きな格差がある。たとえばデンマークの人のような英語を第一言語としない人とは、ある程度平易な英語を使ってお互い理解できるのだが、英語を第一言語とする人は、僅かな例外を除いて英語しか話さず、しかもとても速く話すので、理解が困難になる。言語の問題は、欧州のネットワークにおいても同様であるとレーマンは言う。レーマンたちは、ゲール語などの少数者の言語でも欧州のネットワークのホームページを作成し、一時期は三〇ほどの言語のウェブサイトがあったという（Lehmann interview on 31 August 2019）。

アフリカ及び中南米の会員の状況について、ジェンセンは理事たちにウガンダ訪問の報告をした（WNUSP 2003f）。ジェスパーソンによると、スウェーデンやデンマークの国際開発を担当する省庁は、アフリカや南米の「発展途上国」の支援に予算を使っていた。スウェーデン政府は、タンザニアの支援に予算を投入していた。省庁は、その年の予算を使い切るために、「発展途上国」に喜んで支援を提供したという。ただし、その資金は「発展途上国」の人々しか使えず、ジェスパーソンたちの渡航費として使うことはできなかった。

154　レーマンは、多くの書籍や論文を英語で出版したり英語で講演をおこなったりしており、それほどの人でも世界組織の中で活動していくのは骨の折れることであったことが窺える。

同様にデンマーク政府は、ウガンダを支援していた（Jesperson interview on 02 August 2018）。ジェンセンは、ユーザー、サバイバーが運営者の半数以上を占めているウガンダの精神保健協会[155]とよい関係を持つことができたと報告し、米国の理事が中南米地域、できればブラジルを訪問することを勧めた。また、南アフリカ共和国のサリー（Moosa Salie）が次回の総会まで理事に加わることが合意され、ミンコウィッツが連絡をとることになった（WNUSP 2003f）。

二〇〇三年一二月一九日、総会の最初の告知が出された。書面は、Ａ４判二ページに渡って日程やメンバーの会費、渡航費の負担依頼が書かれており、Ａ４判一ページ分の申込用紙がついていた。申込用紙には、ＷＮＵＳＰに渡航費の負担を依頼する場合には、その理由を記載するようになっていた（WNUSP 2003g）。総会の告知は、ＤＰＩ、支援連合インターナショナル、ＩＤＡ、世界保健機関といったパートナー団体の電子メールリストを通じてもメンバーに送られる予定であった（WNUSP 2003f）。

二〇〇一年のヴァンクーヴァー総会は、米国のオークスがリードする支援連合インターナショナルの支援を得て開催され、支援連合インターナショナルはバイルでの総会にあたっても支援を申し出た。支援連合インターナショナルは、国際組織であり、その中にはＷＮＵＳＰのメンバーもいると思われたため、バイル総会の告知を支援連合インターナショナルの電子メールリストを使って拡散してもらったという。しかし、ジェンセンは、支援連合インターナショナルを通じた告知以上に重要だったのが、ＩＤＡを通した告知であったという。ＩＤＡのメンバーの中でも、ＤＰＩは特にアジアの国々と強いつながりを持っていた。ＤＰＩは、自身の電子媒体のニュースレターにバイルでの総会の告知を掲載してくれ、その告知によって多くの新たなグループに出会えたという。ただし、そこには勘違いによる問題もあった。ＤＰＩは障害種別をこえた障害者組織であるため、精神障害者ではなく身体障害者という自己認識を持っている人までバイルに行けるものだと勘違いしてしまった人が何人かいたという（Jensen interview on 03 September 2019）。[156]

二〇〇四年に入ってからの理事の会議の記録は発見できていない。しかし、理事の会議はインターネット上のチャット機能を用いて、定期的に開催されていた（WNUSP 2004a）。同年三月には、総会について二回目の告知が出された。告知の中にはＷＮＵＳＰの歴史や二〇〇一年から二〇〇四年の行動計画、理事の名前、メンバーの定義と権限、ＥＮＵＳＰの目的と歴史、理事の名前といった二つの組織を説明する情報が掲載されていた。渡航費について、限られた範囲で「発展途上国」あるいは「移行経済国」からの参加者に対してＷＮＵＳＰから払い戻しをすると書かれていた。また、総会会場の大学には、最大で二〇〇名を収容できる宿泊施設があったものの、不足した場合に備えて参加者の優先順位が決められていた。まず第一に優先されるのはできる限り多くの国から参加者を招待できるようにすること、第二には正会員、賛助会員、個人会員

155　ウガンダの精神保健協会は、その後、ＷＮＵＳＰや二〇〇五年に発足したアフリカ大陸の精神障害者のネットワークにおいて活発な運動を展開し、二〇〇九年にカンパラにて開催されたＷＮＵＳＰの第3回総会の運営を主導した。

156　ヴァンクーヴァーでの総会以降にも、障害種別に関する混乱はあった。西アフリカ地域から、ヴァンクーヴァーでの総会に参加した男性は、ろう者であり精神医療にかかった経験も持っていた。その人は、ＩＤＡにおいて責任ある立場に選出されていたためＷＮＵＳＰの活動にも関わりを持ち、ジェンセンとともにＩＤＡの会合に参加したこともあった。しかし、ジェンセンによると、その男性はユーザー、サバイバーのコミュニティよりもろう者のコミュニティの方に属しているというアイデンティティを持っていたように感じたという。世界ろう連盟は、ＷＮＵＳＰがろう者を代表の一人として会議に出席させ、その人はろうに関わる問題に影響を与えようと活動していたので困惑した。最終的には、その人にはＷＮＵＳＰの代表としての活動をやめてもらうことになったという（Jensen interview on 03 September 2019）。

の順で参加を優先することであった（WNUSP 2004b）。

総会に向けた準備のためにLAPは、一人の女性[157]を雇用し、彼女はLAPの事務所で準備のために多くの時間を費やした。ジェンセンもまた総会のための電話対応に追われたという。例えば、パキスタンから電話があると彼らの時間帯での日中に掛け直さなくてはならず、デンマーク時間の深夜にジェンセンが電話すると、デンマークからどうやって電話してきたのかと驚かれたという。ジェンセンは、総会に招待するのに適さない人を招待するための渡航費の支援よりも、電話代に数百デンマーククローネを費やした方がよいと考え、総会の予算の中からいくらかを自分の電話代に充てたという。たとえば、ケニアのＤＰＩから参加の問い合わせがあった際に、精神障害をもった人を紹介してほしいとジェンセンが言ったところ、ケニアのＤＰＩは適切な人を見つけてきてくれたという。ジェンセンによると、エチオピアについても同様のことがあった。ガーナについては、支援連合インターナショナルがガーナとは強いつながりを持っていたものの、ガーナの多くの人はＤＰＩの告知を見て問い合わせてきた。ジェンセンは、その人たちに電話をして、精神障害の意味を説明したという。パキスタンのＤＰＩのメンバーが電話してきた際には、ジェンセンが精神医療を経験している人を招待したいのだと説明すると、その人はパキスタンには精神医療はないと答えた。そこで、ジェンセンがパキスタンでは狂っている（out of their mind）人をどのように扱うのかと尋ねると、その人は鎖で縛るのだと答えた。そこで、鎖で縛られている人を見つけてほしいとジェンセンが依頼したところ、果たしてそのＤＰＩの人は見つけてきてくれ、パキスタンのグループはバイル総会に出席を希望したのだが、結局ビザの取得が間に合わなかったために叶わなかった。アジアについては、インドや日本とは既に連絡がとれており、中国からも問い合わせがあったものの国家が管理する障害者団体であり、その人たちはＷＮＵ

SPの活動には関わらなかった（Jensen interview on 03 September 2019）。

7　二〇〇四年、ENUSP、WNUSP合同総会

二〇〇四年七月一七日から二一日までデンマークのバイルにあるバイルスポーツ大学でENUSPとWNUSP主催の共同総会が開催された。一七日は夕方から開会式、一八日の午前はWNUSPの総会、午後はENUSPの総会とその他の地域ごとのワークショップ、一九日は講演とテーマごとのワークショップ、二〇日の午前はENUSPの総会とその他の地域ごとのワークショップ、午後はWNUSPの総会と閉会式、二一日は朝ごはんを食べて帰国という流れであった。ワークショップは、ネットワーキング、支援を得ること、人権、尊厳という大きく四つのテーマが用意され、それぞれについて三つずつ下位のテーマとファシリテーターが設けられ、全部で一二個のワークショップが開催されることになっていた（WNUSP 2004b）。ジェンセンは、この総会について、個人的には非常に体調の悪い時期であったが[158]、総会自体は大成功であり、

157　ハンセンのことだと思われる。

158　障害者権利条約の策定が始まってから、ジェンセンは頻繁にニューヨークに行った。ニューヨークでは、時差ボケで睡眠不足の状態で一、二週間の会議に参加し、その当時は常勤の仕事を持っていたのでデンマークに帰ってくると仕事に行かなくてはならなかった。そのような状況でジェンセンは、だんだんと狂気になっていき、最終的には閉鎖病棟に入れられるという経験をしたと話した（Jensen interview on 02 September 2019）。

二〇一九年現在でもこの総会は素晴らしい体験だったと語る人たちがいると語った（Jensen interview on 03 September 2019）。

この会議の主な資金は、デンマークの社会政策省とＬＡＰからの補助金によって賄われた（WNUSP 2004b）[159]。このほか各地域のカンパ活動などにより「開発途上国からの参加者には全額渡航費が補助され、しかも参加費および宿泊費は当事者以外の者であってもフリーであった」（村上 2004: 41）。すべての資金調達をおこなった一人であるジェンセンによると、この総会の費用として全部でおよそ一五〇万デンマーククローネかかった。この総会では、自力での資金獲得の難しい多くの人の渡航費を賄うことができ、結果としてこの総会にはアフリカ、中南米、アジアなどから多くの人が参加できたという（Jensen interview on 02 September 2019）。記録によると、社会政策省から五〇万デンマーククローネ、その他の助成金が三二万七五〇〇デンマーククローネで、合計八二万七五〇〇デンマーククローネの収入があり、会議の計画、渡航費、運営費、会場及び宿泊施設の使用料、税金で合計九一万六九六三・三〇デンマーククローネの支出があった。差額の八九万四六三・三〇デンマーククローネはＬＡＰが負担した。支出の中で最も金額が大きかったのが会場及び宿泊施設の使用料の五一万七六四四・四〇デンマーククローネ、二番目が海外からの渡航費で二六万三五二八・九六デンマーククローネであった（WNUSP 2004f）[160]。

ジェンセンたちは外務省と良好な関係をもっており、このためにデンマークまでのビザ取得に係る煩雑な手続きをいくぶん簡便におこなうことができたという[161]。低開発国からの参加者には主催者が渡航費を負担すると通知していたため、自分の国が低開発国に入るかどうかについて問い合わせがあったという。ジェンセンは、問い合わせに対して渡航費を負担するか否かの判断をおこない、例えば中国やロシアは低開発地域ではないと判断した。しかし、多くの国の出席者の渡航費を支援したという（Jensen interview on 02 and 03 September 2019）。出席者のリストには、五三か国からの一九三名の名前が掲載されていた（WNUSP 2004c）。ホリングは、この総会は南半球が支配的になった最初の総会であったと話した。このような総会は、ホリングが開催したいと思っていたものであり、資金がなくては開催が非常に難しいものでもあった（Hölling interview on 07 August 2018）。この総会の模様は、デンマークの国営放送の夕方のニュースで短く紹介された。リポーターがマイクを持って、四、五人の代表者にどこから来たのですかと質問し、それぞれがどこから来たのかを答えた。さらにジェンセンは、他のテレビ番組に出演するために、コペンハーゲンに行くことになっていたが、体調が悪かったため行かないという決断をした（Jensen interview on 03 September 2019）。

一九日におこなわれた「人権と尊厳のためのネットワーキング——アフリカの視点から」と題されたサリーによる基調講演では、アフリカにいる精神障害者は、総会の出席者とは異なっていると説明された。その人たちは、「病気」についての情報を得られておらず、病識のある人はほとんどいないという。サリーは、

159 ネトルは、この総会に英国のマインドリンクから資金援助を得て出席したという（Nettle interview on 26 July 2018）。

160 通貨換算ツールのオアンダによると、二〇〇四年一〇月一三日の時点の換算で八二万七五〇〇デンマーククローネはおよそ一五〇四万円、九一万六九六三・三〇デンマーククローネはおよそ一万六七〇万円ほどであった。

161 渡航がうまくいかなかった例の一つは、パキスタンで、そのメンバーはビザを取得する大使館から一〇〇キロメートルほど離れたところに住んでいたために、取得手続きが行えなかった。また、もう一つの例は、イエメンからの女性で、その人はロンドンに着いたとき、マラリアに罹っていたために、帰国しなくてはならなくなってしまったという（Jensen interview on 02 September 2019）

状況を改善するためには精神医療サービスの提供者を含めてあらゆる人と協力することが重要であると述べた。しかし、自分たちの原則を妥協してはならず、ユーザー・サバイバーの団体が独立していることが重要だとした（Salie 2004）。

ジェンセンは、この総会が成功した大きな理由は、アフリカからの参加者のお陰であり、アフリカから来たメンバーたちはみんなとてもおもしろく（quite funny）、アフリカからの参加者同士で強い関係を築いたという。[162]アフリカは大きな大陸なので、多くの人たちはバイルで初めて出会ったのだった（Jensen interview on 03 September 2019）。この総会で、精神障害者の声を国際的に代表する組織としてのＷＮＵＳＰの影響力を強めるために、アフリカに大陸規模の精神障害者の組織を発足させることが決まった（WNUSP 2007）。[163]

アフリカの精神障害者のネットワークの結成についてホリングは、世界や欧州のネットワークから着想を得て起こったのではないかと考えている。実際に二〇〇五年の総会に向けた準備をし、アフリカの精神障害者のネットワークを発足させる行動をしたのはアフリカの会員たちであり、その他の地域の人たちが特に助言をしたというわけではないが、世界や欧州のネットワークからの着想がなければ、アフリカの精神障害者のネットワークは結成されなかったのではないかと述べている。ホリングは、組織を発足させようというアフリカの人たちに対して次のような助言をしたという。

> 実際に私は、こういう助言が確実にいちばん大切な種類だと思う。自分たち自身の組織を築き、自分たちの独立した組織を立ち上げるってこと。これは、スカンディナビアの組織にも同じことが言えると思うの。彼らは、かつては混合の組織だったんだけど、ユーザー／サバイバーの組織に変わったんだ。（Hölling

interview on 07 August 2018)

ホリングの助言は、医療専門職などとの合同の組織ではなく、ユーザー、サバイバーだけの組織を作ることである。精神障害者の単独の組織を作ることが、世界のさまざまな地域に共通して重要だと認識されていることがわかる。

二〇日の理事の選挙では、アジア太平洋、アフリカ、アメリカ、欧州とロシアの四つの地域から二名ずつの理事が選出された。アジア太平洋地域については、日本とニュージーランドの理事が選出されたほか、インドのダバーが理事代理に選出された。アジア太平洋地域の理事として日本、ニュージーランド、オーストラリア以外の国から代表者が選出されたのはこれが初めてであった。アフリカ地域についてはガーナのアメガッチャー（Janet Amegatcher）とサリーが候補にあがり二人とも当選した。これら二つの地域については二名ずつしか候補者がいなかったが、アメリカ地域には五名、欧州及びロシア地域には七名の候補者がいた

162 ただ、一人うまくいかなかったのは、ナイジェリアからの参加者であった。ジェンセンによると、彼のおこないは嘘をつくなどとても悪かった（so bad）ために、他のアフリカの参加者たちは、彼に参加してほしくないと思い、彼に出て行ってほしいと頼んだという（Jensen interview on 03 September 2019）。

163 アフリカのユーザー、サバイバーの組織は二〇〇五年に発足した。また、二〇〇九年に開催されたＷＮＵＳＰの第３回総会は、ウガンダのカンパラで開催され、地元の精神障害者団体が主催した。この総会でジェンセンは、アフリカのユーザー、サバイバーの運動の祖父として演説した。この肩書は、とても光栄だったとジェンセンは語った（Jensen interview on 03 September 2019）。

（WNUSP 2004d）。

この総会では、お互いどのようにつき合っていくべきかを述べたバイル宣言が採択された。バイル宣言では、すべての組織において自分たちがすべきこととして、八つが挙げられている。一つ目は、他者の意見を尊重して他者にとって何が良いかを判断せずお互いに支援すること、二つ目は、透明性のある運営と責任を持った会計、三つ目は、少数者の包摂と差別に対する抵抗、四つ目は、レッテルにとらわれたり他者を判断したりせずお互いに辛抱強くあること、五つ目は、慎重な代表の選出と自分や仲間が燃え尽きて組織を去ってしまわないようにすること、六つ目は、精神医療の治療の改善やオルタナティブな実践の発展に尽力している人に対する感謝、七つ目は、ボランティアの尊重と有給の仕事の重要性の認識、支援者を求めること、八つ目は、精神障害に対するサービスが自分たちの参加のもとで民主的な社会における市民と同様に尊重されることであった（WNUSP 2004d）。精神障害を理由とした強制治療への反対や狂気を誇りに思うという思想の尊重などを述べた二〇〇一年総会での決議や、二〇〇九年の第3回総会で採択された障害者権利条約の履行に向けて闘っていくことを宣言したカンパラ宣言では、自分たちの周囲の社会にどのような変革を求め、どのように関わっていくかを宣言している。これに対してバイル宣言には、自分たちのネットワークの中での行動について宣言しているという特徴がある。

また、障害者権利条約に関しても決議が採択された。そこでは、ユーザー、サバイバーが特に関心のある個別の条文についても言及されており、二〇〇四年一月の作業部会で起草した作業部会草案の特に第9条「法律の前における人としての平等の承認」と第12条「暴力及び虐待からの自由」の支持を表明していた。さらに、第7条「平等及び非差別」の第3項の「差別は、正当な目的により、かつ、その目的を達成する手段が合理的かつ必要である場合には、締約国が客観的かつ明白に十分な根拠を示す規定、基準又は慣行を含まない」という文言の削除を求め、第９条から第15条までの条文で最終版まで保持されるべき文言について具体的に挙げていた（WNUSP 2004e）[164]。

８　小括

ＷＮＵＳＰ及びその前身のＷＦＰＵは、一九九一年に発足してから一九九九年まで、ＷＦＭＨの世界大会と同じ会場で総会を開催してきた。また、二〇〇一年のヴァンクーヴァー総会は、ＷＦＭＨの世界大会の直前の日程で同じ都市で開催された。その理由は、資金不足と説明されており、ＷＦＭＨや国内の精神医療関係者からの経済的支援を得てＷＦＭＨの世界大会に参加するユーザー、サバイバーたちが、ＷＮＵＳＰの総会の主な出席者となっていた。ＷＦＭＨは、精神保健や精神障害に関心をもつあらゆる人に参加の機会の開かれた組織であるものの、その組織の要職を主に担ってきたのは精神科医であった。このためＷＦＭＨの世界大会に便乗してＷＮＵＳＰの総会を開催した場合に、その総会に参加できるのは、精神医療に関わりのある精神障害者が多くなってしまう。このため当時はアジア、アフリカ、中南米地域からの参加者が少なかったと考えられる。

164　作業部会草案の翻訳は、長瀬・川島（2004）を参照した。

ただし、二〇〇四年以前にも、アジア、アフリカ地域からWNUSPの総会に参加していた精神障害者の個人や団体はあった。具体的には、アフリカ地域ではザンビア、ジンバブエ、南アフリカ共和国、エジプト、アジア地域では日本からの参加者である。しかし、二〇〇一年のヴァンクーヴァー総会にはアフリカ地域からの参加者はおらず、アフリカ中東地域の理事の選出ができなかった。このような地域のメンバーは、偶然にWFMHなどの国際会議の際に医療者とともに参加でき、その場ではWNUSPのメンバーとしての活動ができたとしても、それぞれの国内の精神医療の専門職を通さずに継続的にWNUSPとやりとりするのが難しかったことが、関わらなくなってしまったことの一因である可能性がある。継続的な参加が難しい要因としては、インターネット環境や電話会議の料金の折半といったことが考えられる。また、アジア太平洋地域の理事であった日本とオーストラリアの理事とは、途中で連絡がとれなくなってしまった。日本の理事であった小金澤は、会議に通訳者とともに参加しており、情報の言語的制約や通訳者の調達の困難といったことも参加を難しくした要因であると考えられる。

二〇〇〇年代に入ってからのWNUSPのメンバーの重要な出会いの場として指摘できるのが、障害者権利条約の策定の場である。障害者権利条約の画期的な点の一つは、障害をもつ本人が策定に大きく貢献したことだとされており、その策定の過程ではさまざまな地域のさまざまな種別の障害者が、ニューヨークに渡航して発言したり意見書を提出したりした。また、各地で勉強会や戦略会議が開かれ、トランスナショナルな交流の場となった。条約の策定過程は、政府代表団と、そこに市民社会の代表としての障害関係の組織が関わる形で進められた。このため政府によって精神障害者が各国代表団に参加しやすい国としにくい国の差異はあったと考えられるが、会議の参加機会の獲得が精神医療専門職の影響を受けにくくなっていた。さらに国連は、低開発地域からの渡航を経済的に援助し、参加を促進して、各国の経済状況による障害者の参加のしやすさの差異を軽減しようとした。このような理由から、障害者権利条約の策定の場は、特に精神医療体制の確立していない地域の精神障害者にとって、WNUSPに参加するきっかけとなる場として重要であったといえる。

障害者権利条約の交渉は、WNUSPの国際的な活動の突破口になったと認識されていた。WNUSPは、ミンコウィッツを中心に条約策定の議論をリードし、それによって障害者組織の中での認知度が高まった。このようにして、条約交渉に合わせて活動が活発になったIDAやDPIといった障害種別をこえた障害者組織の協力を得て、バイル総会の告知をおこなうことができた。IDAやDPIといった障害者組織の電子メールのリストは、精神医療専門職に参加の影響を受けにくい場であり、障害者組織を通じて総会のことを知った精神医療体制が確立していない地域の精神障害者がいたことがわかった。また、精神医療の専門職も加入している支援連合インターナショナルとつながりのある地域においても、そちらではなく障害者組織を通じてバイル総会のことを知った精神障害者がいた。これらのことからWNUSPにとって、障害種別をこえた障害者運動が、二〇〇四年の総会の頃まではWNUSPで活動していなかった地域の精神障害者との重要な出会いの場所となったといえる。

資金について、WNUSPの総会の参加者の活動地域が急激に多様になったのは、一九九九年に国際障害基金から資金を得られるようになってWFMHの世界大会とは別会場で総会を開催するようになった後、特に二〇〇四年である。これは、WFMHからは資金的援助を得られない精神障害者の渡航を支援できるようになったことが重要な要因の一つであると考えられる。バイル総会では、デンマークの政府機関から資金援助を得て、その使い道はＷＮＵＳＰの理事やＬＡＰが決めていた。これにより、ＷＦＭＨや各国の精神医療専門職ではなく、精神障害者が誰の渡航費を支援するかを決めることができるようになった。結果として、精神医療専門職とのつながりがあるかどうかではなく、渡航のための経済的負担が可能であるかどうかを判断の基準にできるようになった。さらに、余裕のある会員などから寄付を募って、それらの資金をできる限り低開発地域の参加者の渡航費に充てることも各国のメンバーによってされていた。このように資金を出所が変わったことにより使い道も変わり、その結果としてアジア、アフリカ、南米地域の経済的に豊かでない精神障害者がＷＮＵＳＰの総会に参加できるようになったと考えられる。

以上のように本章では、欧米からの参加者が中心だったＷＮＵＳＰの総会に、他の地域の会員が参加するようになった過程を記述した。その結果、ＷＮＵＳＰが障害種別を越えた障害者運動に積極的に関わるようになった時期と、ＷＮＵＳＰの総会の参加者にアフリカ、アジア、南米地域の活動家が急速に増えた時期が、どちらも二〇〇〇年代前半であり重なっていることが明らかになった。ＷＮＵＳＰは、精神科医が中心的な役割を担うＷＦＭＨの資金とは別の資金を獲得したことにより、精神医療体制が確立しておらず経済的に貧しい地域の会員の総会参加のための支援が可能になった。また、障害者権利条約の策定の場は、精神医療の専門職との関係の有無に参加可能性が左右されにくい場であった。これらのことから、ＷＮＵＳＰが精神医療の専門職が主導の組織よりも、障害種別を越えた障害者運動において活発に活動するようになっていったことが、ＷＮＵＳＰの総会においてアフリカ、アジア、中南米地域の参加者の急増につながった可能性が高いといえる。

第9章　おわりに

本章では、第2章から第8章までで記述してきた歴史から、精神障害者がどのように世界規模の組織として連帯してきたといえるのかを考察する。まず、各章で明らかにしてきたことをまとめる。その上で、何が世界規模の連帯の基盤として見出されてきたのかを述べる。さらに、本書では扱えなかった時期や地域における精神障害者のグローバルな草の根運動を明らかにするために、これから取り組むべき課題を指摘し、今後の研究の展望を示す。

1　各章のまとめ

第2章では、一九九一年に精神障害者の世界組織であるWFPUが発足するまでの歴史を記述した。一九世紀後半、米国では精神病院における虐待に反対するキャンペーンがおこった。これは徐々に精神科医を中心とした国際会議に拡大していき、第二次世界大戦を挟んで一九四八年、精神医療専門職や精神障害者、家族などの合同の組織であるWFMHが結成された。一九七〇年代後半、ソ連などにおける精神医学の政治的な乱用に対する国際的な懸念が高まっていった。そこで国連人権委員会は、アメリカ精神医学会等からの要請を受けて、乱用防止のため精神医療における非自発的な介入等についての原則を策定した。この策定をリードした組織の一つが、WFMHであった。同時期、米国の精神保健の分野では、行政や医療福祉の専門職が、精神障害のある本人の参加の重要性を認識するようになり、この頃から精神障害者の運動において、精神医療の消費者としての運動が前景化していった。このような状況で米国に事務局をおくWFMHは、精神障害者の世界組織の発足を準備し始めた。そして一九九一年にメキシコシティで開催されたWFMHの世界大会の場で、WFPUが結成された。結成時の話し合いでは、「合理的」で効率的な方法による会議運営や精神医療の消費者としての運動を主張した米国の参加者に対して、ニュージーランドやメキシコの参加者から反論があった。結果としてWFPUは、形式にとらわれない混沌とした中で議論を進め、精神医療は廃絶すべきという主張をしうる組織として発足した。このような経緯から第2章では、WFPUは、準備の過程においては米国の精神科医などがリードしていたが、彼らの意図とは異なる組織として発足したことを明らかにした。

第3章では、どのようにして一九九一年、精神障害者の欧州規模のネットワークが発足したのかを明らかにした。まずネットワークの発足以前の欧州各地の運動の状況を概観し、それからネットワークの第1回総会の準備の経緯と、第1回総会での議論を記述した。その上で、ネットワークのメンバーがどこで出会ったのか、どのように連帯したのかを考察した。その結果、ネットワークの発足に向けた精神障害者の重要な出会いの場所は、イタリアにおける精神医療開放運動であったことがわかった。イタリアのトリエステでは、一九七〇年代から比較的急進的な精神医療改革が実施され、世界的に有名になった。そして、多くの見学者が現地を訪れたり、各地で関係するシンポジウムや学習会が開催されたりした。このような催しや情報共有のネットワークは、精神医療の専門職が中心ではあったものの、精神障害者の重要な出会いの場となっていた。この他にも、地方規模の精神障害者の運動どうしの交流や政府機関の活動も、精神障害者のトランスナショナルな交流の場となっていたことを指摘した。さらに、発足当初、ネットワークの活動をリードしていた地域は、西欧、中欧、北欧に偏っていたことも明らかになった。連帯の仕方について、第1回総会では参加者の主張が重要な論点で異なっていることが明確になった後に、情報共有を目的とした緩やかなネットワークとして組織を発足させた経緯を明らかにした。ただし、組織のメンバーは、当初から（元）ユーザーと自認する人に限定されていた。このようにメンバーの立場を限定してきた理由について、欧州のネットワークのメンバーの経験を基に考察した。欧州には精神障害者が運営している全国組織のある国が少なく、ネットワークのメンバーには、精神医療の専門職との合同の組織において抑圧的な経験をしてきたり、国内で精神障害者だけの組織の発足がうまくいかなかったりした人たちが少なからずいた。そのような人たちにとって、ユーザーが運営する欧州規模のネットワークは重要であった。このような経験は、発足時のメンバーに限らず、のちにネットワークで活動するようになったメンバーからも語られていた。

第4章では、欧州の組織と世界組織が、一九九七年に組織の名称を変更するまでの歴史を記述した。欧州の組織も世界組織も、発足当初の名称には（元）ユーザーという呼称のみが含まれていた。この名称に対して出された批判は、異なる主張を持つ人々が同じ呼称を使うことはできないというものであった。欧州の組織では、一九九四年の第2回総会で組織の名称に関する議論が紛糾し、それを受けて、同年、意思決定はせず、アイデンティティや問題意識についてお互いの理解を深めるためのセミナーを開催した。このような議論は、主張の違いによって組織が分裂してしまうことは防ぐべきであるという共通した了解のもとに進んでいった。その理由は、一方ではより規模の大きな組織になることによって発言や資金獲得の機会を得やすくすることであった。特に欧州の組織は、当初は緩やかなネットワークとして発足したが、その後急速に欧州議会などでの発言権を求めて行動するようになっていった。他方では、主張以外の共通点を見出そうとする議論があった。他人によって自分のことを定義される経験はもうしたくないという意見が出されたり、精神医療の概念を使わずに自分たちを定義する方策が検討されたりした。そのような議論の結果、両組織は、WNUSP、ENUSPと（元）ユーザー、サバイバー両方の呼称の含まれた名称に変更し、異なる主張を持った人が一つの組織にいることを明示した。このような過程から本章では、両組織の連帯の基盤が主張の同一性や類似性ではないことを指摘した。

第5章では、ENUSPにおける欧州障害フォーラム加盟を巡る議論を記述した。欧州委員会は、一九八九年から障害者のNGOに資金援助をするヘリオスプロジェクトを開始し、ENUSPもその資金を主要な財源の一つとして活動してきた。ヘリオスプロジェクトは一九九六年末に終わる予定で、プロジェクトの最後の数年間の資金のうちの一部は、障害者の組織が連合した欧州障害フォーラムの結成のために使われ、一九九七年以降は欧州障害フォーラムが欧州委員会との資金等の交渉の窓口になることになっていた。このためENUSPが、一九九七年以降も欧州委員会から資金援助を得るためには、欧州障害フォーラムに加盟する必要があった。フォーラムから精神障害者の組織としての加盟を打診されたENUSP内部では、ユーザー、サバイバーは障害者であるかという議論が巻き起こった。しかし、議論に決着のつかないままENUSPは、活動資金が途切れないよう欧州障害フォーラムへの加盟を決めた。同時期には、医療専門職が主導し医療者の潤沢な資金によって運営されているけれど、ユーザー、サバイバーもメンバーに入っている欧州規模の組織が複数結成されており、それらの組織は精神障害者の代表としての欧州障害フォーラムへの加盟を希望していた。そのような競合する組織の存在もENUSPのフォーラム加盟を後押ししたと考えられる。このような経緯から、資金に関する制度の変更により、ユーザー、サバイバーのネットワークは、障害者運動として活動するか否かについて、組織としての決定をせざるを得なくなったことを明らかにした。

第6章では、欧州のユーザーのネットワークが東欧地域との連帯をどのように実現していったのかを分析した。第3章では、ネットワークの発足を主導したのは西欧、北欧、中欧の精神障害者であり、第1回総会では東欧の精神障害者の参加の促進が今後の課題とされていたことを述べた。ソ連の影響を強く受けていた東欧についても、精神医療の政治的な乱用が問題視されていた。第2章では、アメリカ精神医学会を中心とした精神医療の専門職の組織が、そのような状況の改善のために国際的な基準を策定した経緯を記述した。東欧の状況の改善に向けて活動したNGOは他にもあり、ユーザーのネットワークと特に関係が深かったのがハムレットトラストであった。ユーザーのネットワークとハムレットトラストは共に、精神障害者の活動の促進により状況を改善しようとした。しかし、ハムレットトラストは西欧での実践を東欧にも普及して東欧の状況の改善を図ったのに対し、ユーザーのネットワークは西欧での活動を東欧に導入すればよいとは必ずしも考えず欧州全体の状況を改善しようとしていた点で、両組織は異なっていたことがわかった。このような活動の志向の差異は、組織のメンバーの違いが重要な理由であると考えた。ハムレットトラストのネットワークは主に精神医療の専門職によって設立されたものであるのに対し、ユーザーのネットワークはユーザー、サバイバーという立場を東欧のメンバーと共有し、共に活動しつつ東欧を支援しようとしていた。

第7章では、WNUSPがWFMHから独立して総会を開催するようになり、組織の規約を採択するまでの過程を記述した。WFPUは、一九九〇年代には資金不足によりWFMHの世界大会の会場で総会を開催してきた。WFMHからの明確な独立は発足当初より主張されており、一九九〇年代後半からNGOとして登録するために組織規約の策定が始まった。当時、WNUSPの中には同じ国から複数の組織がメンバーになっている場合があり、その内いくつかは国内の組織どうしの折り合いがよくないことが知られていた。このような状況でWNUSPの正会員を、各国一つずつの組織に絞ったり各国部会を設けたりした場合には、意見を言えなくなってしまったりWNUSPを抜けざるを得なくなってしまったりする組織が発生することが予想されていた。そこでWNUSPは、一か国から複数の全国組織が正会員になれるという規約を設けた。これにより国内で意見のすり合わせが難しい場合でも、意見が対立したままで世界組織として連帯できるようにしたことを明らかにした。さらに、正会員を全国組織に限り、全国組織が発足していない場合には地方組織を正会員として認めることにより、精神障害者の運動が活発で多くの組織のある特定の地域の意見がWNUSPの中で支配的にならないような工夫もなされていた。

第8章では、WNUSPにおいてアジア、アフリカ、中南米からの総会参加者が急増する過程を記述した。WNUSPの総会がWFMHの世界大会と同会場で開催されていた一九九〇年代には、WFMHや自国の医療者から渡航費の支援を得られないメンバーは、WNUSPの総会に参加する手段を得にくい状況だった。アジア、アフリカ、中南米からの参加者が急増した二〇〇四年の総会は、初めてWFMHの世界大会とまったく別の日程と都市で、デンマーク政府の資金援助を受けて開催された。このため費用の使い方を自分たちで決めることができ、これまで渡航費を得るのが難しかった地域に優先的に参加のための経済援助ができるようになった。また、一九九〇年代後半から始まった国連障害者権利条約の策定にあたっては、ニューヨークでの特別委員会に多様な種別の多くの障害者が参加した他、各地で多くの学習会や戦略会議が開催された。国連のイベントでは、国連が経済的に困難な状況にある地域の障害者に優先的に渡航費を支援していた。このように条約策定は、参加の機会が医療者との関係によって左右されにくい場であり、障害者の交流が大幅に促進されるきっかけとなった。このような障害者運動のネットワークがWNUSPにとってアジア、アフリカ、中南米のメンバーに出会う重要な場であったことがわかった。このような経緯からWNUSPが、WFMHよりも障害者運動での活動をより活発化していったことが、これらの地域からの参加を促進したことを明らかにした。

2　結論

世界規模の組織には、地方の組織や全国組織と比べて多様なメンバーが所属している。WNUSP及びENUSPの活動において両組織が保存、拡大しようとしたメンバー間の差異として、三つを指摘したい。第一に、主張の多様性である。世界組織でも欧州の組織でも、発足時の名称に対して、異なる主張を持つ人が同じ呼称を使うことはできないという主旨の批判があった。このような批判を受けて両組織は、組織内にユーザーとサバイバーという異なる主張を持つ人がいることを明示するために名称を変更したのであった。また、ＷＮＵＳＰは、国内で主張のすり合わせの難しい複数の組織がメンバーとなっていることを勘案して、一か国から複数の全国組織が正会員になれるという規約を作った。これによって、国内で対立したままで、世界組織として連帯することが可能になった。このようにＷＮＵＳＰ及びＥＮＵＳＰは、主張の多様性を受け入れるために、組織の名称や会員についての規約を工夫していた。

第二に、アイデンティティの多様性である。名称変更に向けた議論では、自分の意思に反して他人から定義された経験が共有され、自分たちの組織ではそのようなことを避けようとしていた。また、ＷＦＰＵの声明では、元患者やコンシューマー、狂気の人など非常に多様なアイデンティティの人がいると認めた上で、簡潔にするためにユーザー、サバイバーという呼称のみを記していることが説明されていた。加えて、第５章では、特にＥＮＵＳＰにおける、ユーザー、サバイバーは障害者であるか否かという議論を検討した。このような議論をせざるを得なくなったのは、活動資金を獲得するために欧州障害フォーラムに加盟する必要が生じたからであった。議論の過程では、これまで精神医療などによって自分の意思に反して自分は何者かを定義されてきた経験が多くの参加者から語られ、特定の定義を押しつけてしまうこと対する懸念が表明されていた。

第三に、置かれている状況の多様性である。欧州のネットワークは、発足当初から、西欧周辺とはかなり異なる状況にあると考えられていた東欧の精神障害者との連帯を重要な課題と位置づけてきた。第６章では、欧州のネットワークが、ユーザー、サバイバーという同じ立場で東欧の活動を支援しようとしたことを明らかにした。これは、西洋の精神医療を普及させようとしたアメリカ精神医学会のような組織や、西欧の精神障害者の実践を東欧の精神障害者にも教えようとしたハムレットトラストとは対照的であった。また、ＷＮ

USPでは二〇〇〇年代から、アジア、アフリカ、中南米からの総会参加者が急増した。この理由は、WNUSPとの出会いの機会や総会参加のための海外渡航の支援を精神医療の専門職との関係に依存しなくともよいような状況が生じたからであった。このように西欧や北米の精神障害者を中心として発足した世界規模、欧州規模の組織は、政治体制、他の運動との関係、経済的な開発の度合いといった状況の異なるメンバーとの連帯を徐々に実現していった。

このようにWNUSP及びENUSPは、多様な人々を包摂する組織になっていった。しかしこれは、両組織があらゆる人を会員として受入れ、可能な限りメンバーを増やそうとしていたことを意味しない。両組織とも、発足当初からメンバーは、ユーザー、サバイバーの本人に限定されていた。その上で、多様なユーザー、サバイバーの組織となるための工夫が重ねられていた。そのような工夫は、自分の意思に反して、自分のことを定義、診断されたり、住む場所や振る舞い方を決められたり、病気の治療と称せられる薬物の投与や隔離といった介入を受けたりした経験を踏まえて、WNUSPやENUSPでは同様のことが起きないようにおこなわれていた。メンバーの限定もそのような工夫の一つであると考えられる。つまり、多様なユーザー、サバイバーの組織となれるよう、その障壁となるような立場にある人たちをメンバーとして認めなかったということである。

また、欧州を主な活動地域とする精神障害者は、各地での活動において医療者との合同の組織の中で苦労してきた経験を持っている人が少なくなかった。その苦労は、具体的には自分の意見が聞かれないことや、参加に大きな費用がとられること、体験を共有できる参加者がほとんどおらず孤独を感じることなどが挙げられていた。このため、欧州規模あるいは世界規模の組織が、初めて参加するユーザー、サバイバーだけで運営されている組織となり、国内の組織との違いに大きな感銘を受けたとの語りがあった。

以上のことから、精神障害者のグローバルな連帯及び欧州規模の草の根運動における二〇〇四年の総会までの活動は、思っていること、言っていること、体験していることが周囲の人々にまともにとりあげられない経験という連帯の基盤を見出していく過程であったと考える。

3　本書の意義と今後の課題

3-1　意義

本書の研究史上の意義は、次の三点にまとめられる。第一に、英国と米国に対象が偏っていた精神障害者の社会運動の先行研究に対して、本書は、世界規模、欧州規模の運動の現代史を記述した。その結果、自らの考えや体験を否定されてきた経験という、世界規模で共有される精神障害者の運動の連帯の基盤を明らかにすることができた。これまで特定の政治的、社会的、文化的状況を前提として分析されてきた、精神障害者の運動のトランスナショナルな活動の側面を指摘したという意義がある。

自らの考えや体験を否定されてきた経験は、精神障害を理由とした医療による非自発的な介入や代理意思決定制度などによって差別されてきた精神障害者による運動だからこそ見出された連帯の基盤といえるが、他方で他の社会運動においてもメンバー間で共有できる連帯の基盤である可能性がある。自分の考えや経験を否定されてきた経験を持つ人々としては、たとえば先住民の人々が考えられる。ニュージーランドのオーヘイガンは、精神障害者の運動と先住民の運動の関係について次のように述べている。

狂気の運動の中の私の仕事は、協力関係（partnership）と自己決定を求めている人々の別の集団と一緒に始まった。その集団は、先住民のマオリ族だった。多くの点において彼らの主義は私たちのものと対応していた。タイミングにおいても、抗議の原因となる状況の類似性においてもそうだった。狂気は精神医学に植民地化され、先住民の文化は西洋の領土拡張家に植民地化されてきた。（O'Hagan 2014: 151）

本書では、精神障害者以外の運動の連帯の仕方を検討することはできないが、本書における発見は他分野の運動の研究にも応用できる可能性がある。

第二に、組織の名称や構造に注目して、その独自性を指摘した点に本書の意義がある。精神障害者の社会運動に関する先行研究では、運動の主張に注目し、その類似性や同一性による精神医療の専門職との連帯や、相違による精神障害者どうしの対立、決裂の過程を分析してきた。WNUSPの組織の構造には、他のグローバルな組織とは異なる特徴があり、これは考えや体験を否定されてきたという精神障害者の経験に基づいて作りだされた工夫であると指摘した。

第三に、身体障害者の運動を主要な検討対象としてきた障害学に対して、本書では精神障害者の運動に焦点を当てた。その結果、ENUSPでは障害者運動の一員になるべきか否かについて白熱した議論があったことや、WNUSPはWFMHから離れて障害者運動との連帯を強めたことによりアジア、アフリカ、中南米地域のメンバーが参加しやすくなったことなど、他の種別の障害とは異なる運動の特徴を指摘した。

3-2 今後の課題

精神障害者のグローバルな草の根運動を明らかにするための、今後の課題として三つを挙げる。第一に、調査対象についての課題である。本書の調査の対象者は、筆者の人間関係の不足、時間的制約、金銭的制約、言語的制約などにより特に西欧のユーザー、サバイバーに偏っている。WNUSP及びENUSPの特に一九九〇年代の活動を牽引していた人々の中には、西欧で活動している人が多く、本書の調査では貴重な証言を得て、これまで書かれてこなかった世界規模、欧州規模の運動の歴史を明らかにすることができた。

しかし、今後解決すべき調査対象についての課題として二点を挙げることができる。一つ目に、特に第6章について東欧の精神障害者、第8章についてアジア、アフリカ、中南米地域の精神障害者が、受動的に動員されたかのような記述になってしまっている点である。本書では、欧州の一部の地域や北米における歴史をWNUSPやENUSPの前史として位置づけて、各地方や全国的な運動が集まって、欧州規模あるいは世界規模の動きになったという流れを書いた。しかし、それ以外の地域については、世界組織に参加する前の運動の実態についてあまり明らかにできないままに、WNUSPに参加した時点を記述した。このため、実際にそのような流れの地域もあると思われるが、各地方や全国的な運動が活発になる手前でより大きな規模の運動に参加している場合が多かったかのような記述になっている。これは、実際の東欧や、アジア、アフリカ、中南米における運動の実態を必ずしも反映していない可能性がある。このため、これらの地域との連帯の歴史を、その地域の運動家の証言に基づいて描くことが今後、必要である。

二つ目に、これらの地域からの批判を本書ではあまり取り上げられていない点である。特に、アジア、アフリカ地域からは、二〇〇四年以降、精神医療のユーザー、サバイバーという呼称は精神医療体制の存在を前提としており自分たちの実感とは適合していないこと、精神医療による非自発的介入に対する抵抗を主体とするWNUSPの主張は、自分たちのかかえている問題の解決に直接的にはつながらないことなどが指摘されている。二〇〇五年にはアフリカ規模、二〇一四年にはアジア規模、[165]二〇一八年には南米規模の組織が発足した。これらの地域の活動は、二〇〇四年以降活発になってきている。それらの歴史を明らかにする研究が求められている。

第二に、運動の主張を検討するという課題である。本書は、連帯の理由や方法を明らかにすることを目的とし、運動組織の構造や動員の方法に注目してきた。このため、もちろん組織構造や動員方法と主張は強く関係しているものの、運動の主張そのものについては、あまり考察してこなかった。しかし、WNUSPやENUSPの活動は、社会変革を目指す社会運動であり、私たちの社会の規範や習慣を鋭く批判して、その変革に一定程度成功している。精神障害者の社会運動についての先行研究は、米国、英国、日本などの運動の主張を検討の対象として、精神障害者の主張の独自性を指摘してきた。非自発的な拘禁や治療、心神喪失抗弁、代理意思決定といった多分野で議論が蓄積されてきた主要な論点について、大陸規模、世界規模の運動においてどのような議論があり、どのような組織としての主張がなされたのか明らかにしていくことは今

165　精神障害者のアジア規模の組織である「精神障害者をインクルージョンする地域社会変革へのアジア横断同盟（Transforming Communities for Inclusion, Asia）」は、二〇一八年にアジア太平洋規模の組織となり、それに伴って名称も変更された。

後の課題である。具体的には、このような議論は障害者権利条約の策定及び履行の過程で活発におこなわれている。特に二〇〇〇年代以降のＷＮＵＳＰの運動に注目することにより、運動の主張を他の障害者組織や政府代表団などと比較しながら分析することができる。

第三に、近接する大規模な運動組織との関係の検討という課題である。本書では、主に精神科医がリードしているＷＦＭＨ及び、ＤＰＩや欧州障害フォーラム、ＩＤＡといった障害種別をこえた障害者運動と、欧州規模及び世界規模のユーザー、サバイバーの運動の関係を検討した。それによってＷＮＵＳＰ及びＥＮＵＳＰが共に活動する組織が、徐々にＷＦＭＨから障害者運動への移行していったことを明らかにした。

今後、特に検討していくべき運動としてマッドプライド関連の運動と、家族による運動が挙げられる。マッドプライドの運動に貢献しているのは、米国に基盤を置く「マインドフリーダム・インターナショナル」である。この運動体は、精神障害者本人が運営に大きく関わっているものの、関心のある人は誰でも参加できることになっており、マッドプライドのパレードはイベント的な性格が強い。運動の主張についても、ＷＮＵＳＰが精神障害者を差別する法律や実践の改革を強く志向しているのに対して、マッドプライドの動きは狂気に対する偏見をなくしたり個人の誇りを回復したりすることを目指す動きとみなすことができる。しかし、両方の運動に参加している人は数多くおり、ＷＮＵＳＰはマッドプライドへの支持を表明している。また、マッドプライドは、カナダを中心とするマッドスタディーズの動きとも強く関係している。これらの運動とＷＮＵＳＰの運動の関係や差異、共通点を明らかにしていく必要がある。

次に、家族の運動について、病気や障害をめぐる多くの研究は、本人と家族のあいだのさまざまな利害関係を指摘してきた。精神障害者の家族による運動は、米国の精神病のための全国連合（NAMI）や欧州精神障害者家族連盟（EUFAMI）[166]など、比較的潤沢な資源を得て精神医療の充実を訴えてきた運動体が有名である。他方で、アジアでは家族による大規模な動きは確認できないものの、東南アジアや西アジアには、ホームレスの精神障害者を元の家族を探してそこに帰したり、家族などによって鎖につながれたり檻に入れられたりしている精神障害者を救出したりする本人たちを中心とした運動がある。このように地域によって異なる家族との関係がＷＮＵＳＰ内部でどのように議論されてきたのか、ＷＮＵＳＰは家族を中心とした運動体とどのように関わってきたのかを今後検討する必要がある。

166　欧州精神障害者家族連盟は、精神障害者をケアする人々の欧州規模の団体である。一九九二年に結成され、ベルギーにＮＧＯとして登録されている。

あとがき

本書は、二〇二〇年九月に立命館大学大学院先端総合学術研究科に提出した博士学位請求論文「精神障害者のグローバルな草の根運動――連帯の中の多様性」を基にしている。私がこの研究に挑戦するきっかけとなり、また、博士論文を経て本書完成まで折に触れて思い出し研究を進める原動力となってきたのは、臨床実習生としての精神科病院での経験である。

一〇年ほど前、第一志望だった作業療法士の養成校から二度目の受験で入学許可をもらい、胸いっぱいに期待を膨らませて一人暮らしを始めた。作業療法士とは、一緒に絵を書いたり工作したりしながら病気で悩んでいる人を元気づけていく仕事であり、それなら自分にぴったりだとなぜか堅く信じ込んでいた。入学して二年目の冬に初めての臨床実習があり、憧れの作業療法士が働く姿を想像しながら気合十分で向かった。初日は、職員玄関から入る方法を知らないため、外来の待合室まで指導者が迎えに来てくれることになっていた。集合時間にかなり余裕を持って到着し、そわそわしながら座っていると、近くにいた六〇代くらいの男性が声を掛けてくれ、しばらく世間話をした。お互い名乗らず話していて、指導者が来たので私が挨拶をして立ち去ろうとしたとき、その人は騙されたような裏切られたような表情になった。実習では、まず何より先に鍵を渡され、それを失くすことがいかに大問題かを説明された。すべての扉の鍵を変更しなくてはならなくなるため、大きな手間がかかり、経済的負担があり、何より患者さんたちを危険に晒してしまうとのことだった。そんなに大切なものなら数日見学するだけの学生になんか持たせなければよいのにと思ったが、ほどなくして院内はトイレに行くにもちょっと頼まれて物をとってくるにも鍵が必要で、鍵なしでは何もできない設計になっていることがわかった。そのような空間で、患者さんたちは鍵を持たずに昼も夜も何年も暮らしていた。その後の実習では、そのような建物に何十年も暮らしている人にも会った。扉を開けてくれと車いすに乗って看護師の詰所に突進してきた人や、鍵のかかった扉の強化ガラスの向こうからまた来てねと手を振ってくれた人の表情が鮮明に焼き付いている。

その後のいくつかの病院での臨床実習も、結局、時計を見ながら何パーセントやり過ごしたか小数点第三位くらいまで計算しながらなんとか乗り切った形で終わってしまった。この計算の分母を年単位にしようとは思えず、大学院に進学してみることにした。大学院に入ってから初めてパスポートを申請して、物取りに会ったら、誰もインタビューに応じてくださらなかったら、失礼なことをしてしまったら……と不安いっぱいで、海外に行った。

本書の出版にあたって、まず感謝したいのは、インタビューに応じてくださった方である。つらかった出来事が含まれるご経験を話してくださったり、資料のコピーに何時間もつき合ってくださったりといった温かいご協力のお陰で本書がある。お話を聞いていくと、文書記録から断片的に思い描いていたWNUSPの活動が色づいて動き出すようで、この運動を苦労して作り上げてきた人たちが本当にいらっしゃるのだと実感した。また、本文中には引用しなかったが、貴重なお話を聞かせてくださった方、活動の場所を案内してくださった方がたくさんいる。中でも、精神障害者のアジア太平洋の組織であるTCIAPの皆さんは、会議やイベントで会うといつも親しく声を掛けてくださり、最近のアジア太平洋地域の運動の急激な高まりを一緒に体感させてもらっている。

日本の障害者運動の活動家の方にもたいへんお世話になった。中でも、精神障害者の全国組織である全国「精神病」者集団の運営委員の皆さんには、通訳として国際会議に連れて行ってもらったり、集会等に協力させてもらったり、日本の精神障害者の状況について多くのことを教えていただいた。一九七四年に発足した全国「精神病」者集団は、他国の全国組織と比較してかなり歴史の長い団体である。（故）安原荘一さんは、集会などで私がぽつんとしていると気を遣ってか遣わずか、よく声を掛けてあちこちでの珍しいご経験を聞かせてくださった。大田区で精力的な活動をされている山田悠平さんは、本書の出版を半年以上に渡って気にかけてくださった。山田さんのお陰でお会いできた人がたくさんいる。大学院の先輩でもある桐原尚之さんには、研究のことも運動のことも手取り足取り教えていただいた。「病」者解放のために何をすべきかをいつも念頭に置く姿勢を尊敬している。

大学院では、多くの方にご指導いただいた。精神障害者のグローバルな草の根運動の歴史を記述する重要性や面白さを、私よりも先にわかっていたのは、主指導者の立岩真也さんだと思う。手近に集められる資料でお茶を濁していると「早く本丸を攻めなさい」と背中を押し、路頭に迷ったときには「本当にそれがやりたいの？」と先導してくださった。副指導者の美馬達哉さんは、精神医療の歴史や精神障害者の社会運動について、悔しながら圧倒的な知識をお持ちで、多くのことを教えてもらっている。私が何度も読み返している文献の多くは、美馬さんにご紹介いただいたものである。同じく副指導者の小泉義之さんのご指導は、的確なだけにとても厳しく、何年か経って見返しても学ぶところが多い。博士論文の審査に副査として、着任早々、携わってくださった後藤基行さんには、だらだらした書き連ねに終始してしまいがちな文章が研究として成立するよう、鋭いコメントをいただいた。また、同じく副査をお引受けくださった長瀬修さんは、豊かな経験を活かして運動を支援しつつ、通訳、翻訳といった地道な手間を惜しまない、尊敬する障害者運動の支援者、研究者であり、審査員に加わっていただけたことを誇りに思う。

立命館の先端研は、多様な学問分野、研究テーマ、身体状況、経歴等を持つ教員や大学院生とプロジェクトを進められる驚くべき場所である。これまで常識だと信じていた歴史とは異なる事実を教わったり、考えたこともない主題についてコメントを求められたりしながら、論文の読み方、書き方を習い刺激的な時間を過ごした。中でも、二〇一五年度に共に先端研にいっしょに入学し、切磋琢磨したり息抜きしたりしてきた同輩たちが私を支えてくれた。私たちは仲のよい元気のよい年度だったのではと思う。これからも変わらない関係でいられることを願っている。また、折に触れて気にかけてくださった事務の方のご尽力への感謝も忘れてはならない。

本書は、学内外のさまざまな研究会での議論に負っている。内に籠って考えあぐねてしまいがちな生活の中、研究会に参加することで、知らなかった研究動向や新しい着想を与えていただいてきた。貴重な研究を共有してくださったり、私の拙い報告にコメントをくださったり、日程調整の労をとってくださったりした多くの方にお礼を申し上げたい。特に、「精神と社会」研究会、生存を巡る制度研究会、規範×秩序研究会、関西の医療社会学研究会、医学史研究会、富永京子さんのゼミには何度も参加させていただいた。現在、私は、中央大学の天田城介さんに日本学術振興会の特別研究員（ＰＤ）として受入れていただき、本書の続きの研究に取り掛かっている。こちらでも、まだ数カ月なのに多くのことを教わっている。

右も左もわからないままに初めての書籍の出版に挑んだ私を親切にガイドし、本書を形にしてくださった生活書院の髙橋淳さんにもお礼を言いたい。こっそり憧れていた鳥マークのついた本の著者の一人になれてうれしく思う。

最後に、やっとの思いで作業療法士の養成校に入学させたのに、数年後には別の分野の大学院に行きたいと言い出した私を、呆れ反対しつつも応援してくれた家族に感謝する。

伊東香純

［初出一覧］

第1章　書き下ろし
第2章　伊東香純、2018「障害者運動と消費者運動——精神障害者の世界組織の発足過程から」『人間科学研究』37：63-74
第3章　伊東香純、2019「ヨーロッパの精神障害者の組織の発足の過程」『立命館生存学研究』2：203-211
第4章　書き下ろし
第5章　書き下ろし
第6章　伊東香純、2021「異なる状況における連帯——欧州の精神障害者の組織の東欧における活動に注目して」『立命館生存学研究』5：33-42
第7章　伊東香純、2018「対立したままでの連帯——精神障害者のグローバルな草の根運動の組織構造」『Core Ethics』14：1-10
第8章　伊東香純、2019「アジア・アフリカ・南米地域の参加を巡って——精神障害者の世界組織の現代史」『医学史研究』100：101-116
第9章　書き下ろし

［助成］

本書の調査は、立命館大学生存学研究センター二〇一六年度若手研究者研究力強化型『国際的研究活動』研究費、日本病院・地域精神医学会若手会員実践活動研究費、日本学術振興会特別研究員奨励費（18J10684）の支援を受けて実施した。

また、本書は立命館大学大学院博士論文出版助成制度の支援を受けて出版に漕ぎつけた。記して心より感謝申し上げる。

文　献

Amnesty International, 2020, "Structure and People,"（2020 年 2 月 16 日 取 得, https://www.amnesty.org/en/about-us/how-were-run/structure-and-people/）.

Androff, David, 2016, *Practicing Rights: Human Rights-based Approaches to Social Work Practice,* London and New York: Routledge.

青木薫久, 1993,『保安処分の研究――精神医療における人権と法』三一書房.

ATTAC International, 2020, "Attac,"（2020 年 2 月 16 日取得, https://www.attac.org/en）.

Barnes, Marian, 1999, "Users as Citizens: Collective Action and the Local Governance of Welfare," *Social Policy and Administration,* 33（1）: 73-90.

Bauer, M., H. Kunze, M. von Cranach, J. Fritze, and T. Becker, 2001, "Psychiatric Reform in Germany," *Acta psychiatrica Scandinavica,* 104（410）: 27-34.

Beatson, Peter, 2006, "Surviving Psychiatry: The Mental Health User Movement in New Zealand: An Interview with Mary O' Hagan," *New Zealand Journal of Disability Studies,* 12: 5-61.

Becker, Anne E. and Arthur Kleinman, 2013, "Mental Health and Global Agenda," *New England Journal of Medicine,* 369: 66-73.

Beresford, Peter, 2015, "Distress and Disability: Not You, Not Me, But Us?," Helen Spandler, Jill Anderson, and Bob Sapey eds. *Madness, Distress and the Politics of Disablement,* Bristol: Policy Press, 245-259.

Best, Shaun, 2005, *Understanding Social Divisions,* London: Sage Publications.

Bloch, Sidney, and Peter Reddaway, 1977, *Russia's Political Hospitals: The Abuse of Psychiatry in the Soviet Union,* London: Victor Gollancz.（= 1983, 秋元波留夫・加藤一夫・正垣親一（訳）『政治と精神医学――ソヴィエトの場合』みすず書房.）

Bracken, Patrick and Philip Thomas, 2001, "Postpsychiatry: A New Direction for Mental Health," *British Medical Journal,* 322（7288）: 724-727.

Brody, Eugene B., 1998, *The Search for Mental Health: A History and Memoir of WFMH 1948-1997,* Philadelphia: Williams and Wilkins.

――――, 2004, "The World Federation for Mental Health: Its Origins and Contemporary Relevance to WHO and WPA Policies," *World Psychiatry,* 3（1）: 54-55.

Cabral, Linda, Heather Strother, Kathy Muhr, Laura Sefton, and Judith Savageau, 2014, "Clarifying the Role of the Mental Health Peer Specialist in Massachusetts, USA: Insights from Peer Specialists, Supervisors and Clients," *Health and Social Care,* 22（1）: 104-112.

Campbell, Peter, 1996, "The History of User Movement in the United Kingdom," Tom

Heller, Jill Reynolds, Roger Gomm, Rosemary Muston, and Stephen Pattison eds. *Mental Health Matters: A Reader,* London: Macmillan Press Ltd, 218-225.

Caras, Sylvia, 2001, "Vancouver Report, July 2001: World Federation for Mental Health (WFMH) pre and post Assembly Board Meetings, Assembly, World Network of Users and Psychiatry,"（2017年7月16日取得，http://www.peoplewho.org/documents/yvr.htm）.

Chamberlin, Judi, 1987, "The Case for Separatism: Ex-Patient Organization in the United States," Ingrid Backer and Edward Peck eds. *Power in Strange Places: User Empowerment in Mental Health Services,* London: Good Practice in Mental Health, 24-26.

————, 1990, "The Ex-Patients' Movement: Where We've Been and Where We're Going," *The Journal of Mind and Behaviour,* 11(3/4)：323-336.

Cohen, Marcia B., 2004, "Voices from an Invisible Movement: Mental Health Consumer/ Survivor/ Ex-patient Activism," *Reflections,* 10(4)：50-61.

Committee on the Rights of Persons with Disabilities, 2015, "Concluding Observations on the Initial Report of the European Union," UN Doc. CRPD/C/EU/CO/1.

Cosgrove, Lisa, China Mills, Jay Amsterdam, Iona Heath, Akriti Mehta, Jayasree Kalathil, and Allen Shaughnessy, 2019, "Global Mental Health," *The Lancet,* 394(10193)：117-118.

Cosgrove, Lisa, China Mills, Justin M. Karter, Akriti Mehta, and Jayasree Kalathil, 2019, "A Critical Review of the Lancet Commission on Global Mental Health and Sustainable Development: Time for a Paradigm Change," *Critical Public Health,* 30 (5)：624-631.

Crossley, Nick, 1998, "R. D. Laing and the British Anti-psychiatry Movement: A Socio-historical Analysis," *Social Science and Medicine,* 47(7)：877-889.

————, 2006, *Contesting Psychiatry; Social Movement in Mental Health,* Oxon: Routledge.

Dain, Norman, 1980, *Clifford W. Beers: Advocate for the Insane,* Pittsburgh: University of Pittsburgh Press.

————, 1989, "Critics and Dissenters: Reflections on "Anti-Psychiatry" in the United States," *Journal of History of the Behavioral Sciences,* 25: 3-25.

Davar, Bhargavi, 2015, "Disabilities, Colinisation and Globalisation: How the Very Possibility of a Disability Identity Was Compromised for the 'Insane' in India," Helen Spandler, Jill Anderson, and Bob Sapey eds. *Madness, Distress and the Politics of Disablement,* Bristol: Policy Press, 215-227.

————, 2016, "Alternatives or a Way of Life?," Jasna Russo and Angela Sweeney eds. *Searching for a Rose Garden: Challenging Psychiatry, Fostering Mad Studies,* PCCS Books, 14-19.

Diamond, Shaindl, 2013, "What Makes Us a Community?: Reflections on Building Solidarity in Anti-sanist Praxis," Brenda A. LeFrançois, Robert Menzies, and Geoffrey Reaume eds., *Mad Matters: A Critical Reader in Canadian Mad Studies,* Ontario: Canadian Scholars

Press, 64-78.
Driedger, Diane, 1989, *The Last Civil Rights Movement,* Hurst & Company, St.Martin's Press.（= 2000，長瀬修（訳），『国際的障害者運動の誕生——障害者インターナショナル・DPI』エンパワメント研究所.）
Doyle, Brian, 1997, "Enabling Legislation or Dissembling Law?: The Disability Discrimination Act 1995," *The Modern Law Review,* 60(1)：64-78.
Duffy, Richard M., 2019, "Global Mental Health," *The Lancet,* 394(10193)：118.
江畑敬介，1980，「C・ビーアズとアメリカ精神衛生運動の歴史——訳者あとがきにかえて」Clifford W. Beers, [1908] 1965, *A Mind That Found Itself,* New York: Longmans, Green, and Company.（= 1980，江畑敬介（訳）『わが魂にあうまで』星和書店.），257-274.
The European Client Unions Network, 1992a, "News" No.1.
———, 1992b, "News" No.2.
European Desk, 1994a, "Board Meeting London 13-16 August 1994: Additional Agenda Points."
———, 1994b, "Minutes of the London Board Meeting August 13-16 1994: Final Draft."
———, 1994c, "Minutes of the Kolding Board Meeting December 15-19 1994: First Draft."
———, 1995a, "Minutes of the Utrecht Board Meeting August 13-16 1994: First Draft."
———, 1995b, "Minutes of the Ljubljana Board Meeting September 29 – October 1 1995: First Draft."
———, 1996a, "Board Meeting, Paris, Feb. 9 and 11, 1996: Agenda."
———, 1996b, "Minute of the Telephone Meeting Held on 8 June 1996 at 13.00 Hours."
———, 1996c, "Minutes Board Meeting 23-25 August, Reading, England."
———, 1996d, "Concise Account of a Combined Meeting of Board and Organization Committee Held in Reading 25 August 1996."
———, 1997a, "Short Report of the Board Meeting in Lahti/ Finland July 10 1997."
———, 1997b, "Minutes Board Meeting 8-10 August 1997 in Helsingborg/ Sweden."
———, 1998a, "Concise Report of the Board Meeting in Luxemburg 15-18 Octobre 1998."
———, 1998b, "Fourth(Ex-)User/ Survivor Conference in Luxemburg: Into the Next Millenium Moving Forward to Create Our Own Future 19-21 February 1999," 15 December 1998.
———, 1999a, "Concise Report of Board Meeting Lucca/ Italy 27-29 November 1998," 18 January 1999.
———, 1999b, "Fourth(Ex-)User/ Survivor Conference in Luxemburg: "Into the Next Millenium" Moving Forward to Create Our Own Future 19-21 February 1999."

European Disability Forum, 2011, "Statutes of the European Disability Forum," European Disability Forum,（2017 年 1 月 22 日取得，http://www.edf-feph.org/our-statutes）.
————, 2020, "Turning Point for Persons with Disabilities in Europe,"（2020 年 1 月 1 日取得，http://www.edf-feph.org/turning-point-persons-disabilities-europe）.
European Network of(Ex-)Users and Survivors of Psychiatry, 1997, "The European Newsletter of(Ex-)Users and Survivors of Psychiatry," 6.
————, 1998, "The European Newsletter of(Ex-)Users and Survivors of Psychiatry," 7.
————, 1999a, "European Network of(Ex-)Users and Survivors of Psychiatry: Third Conference, Reading, England, 1997, January 3-6,"（2019 年 12 月 20 日 取 得，http://enusp.org/wp-content/uploads/2016/03/reading.pdf）.
————, 1999b, "The European Newsletter of(Ex-)Users and Survivors of Psychiatry with World News," 8.
European Network of Users and Ex-Users in Mental Health, 1991, "First European Conference of Users and Ex-Users in Mental Health,"（2018 年 9 月 17 日取得，http://enusp.org/wp-content/uploads/2016/03/zandvoort.pdf）.
————, 1994a, "The Second European Conference of Users and Ex-Users in Mental health,"（2016 年 4 月 9 日 取 得，http://www.enusp.org/index.php/events-dates/144-second-european-conference-of-users-and-ex-users-in-mental-health）.
————, 1994b, "Our Own Understanding of Ourselves,"（2016 年 4 月 16 日取得，http://www.enusp.org/enusp-events-dates/congresses/kolding.pdf?phpMyAdmin=f62c3a4496df92b2798ee4de97870d4d）.
————, 1994c, "Board Meeting: Kolding, Dec. 15-19 Agenda."
————, 1995a, "The European Newsletter of Users and Ex-Users in Mental Health," 1.
————, 1995b, "The European Newsletter of Users and Ex-Users in Mental Health," 2.
————, 1995c, "The European Newsletter of Users and Ex-Users in Mental Health," 3.
————, 1995d, "The European Newsletter of Users and Ex-Users in Mental Health," 4.
————, 1996, "The European Newsletter of Users and Ex-Users in Mental Health," 5.
————, 1997, "Conference Program."
EuroPsy, 2019, "About Us,"（2020 年 1 月 6 日取得，https://www.europsy.eu/about-us）.
Finkler, Lilith, 1997, "Psychiatric Survivor Pride Day: Community Organizing with Psychiatric Survivors," *Osgoode Hall Law Journal*, 35(3, 4): 763-772.
Finn, Lizzie D., Brian J. Bishop and Neville Sparrow, 2009, "Capturing Dynamic Process of Change in GROW Mutual Help Groups for Mental Health," *American Journal of Community Psychology*, 44: 302-315.
Gatsby Charitable Foundation, 2019, "About Gatsby,"（2019 年 12 月 31 日 取 得，https://

www.gatsby.org.uk/about-gatsby）.
Global Alliance of Mental Illness Advocacy Networks Europe, 2020, “Our History,”（2020年7月10日取得，https://www.gamian.eu/about-us/history/）.
Goffman, Erving, 1961, *Asylums: Essays on the Social Situation of Mental Patients and Other Inmates,* Doubleday.（= 1984，石黒毅（訳）『ゴッフマンの社会学3――アサイラム』誠信書房.）
Gorman, Rachel, 2013, “Mad Nation?: Thinking through Race, Class, and Mad Identity Politics,” Brenda A. LeFrançois, Robert Menzies, and Geoffrey Reaume eds. *Mad Matters: A Critical Reader in Canadian Mad Studies,* Ontario: Canadian Scholars Press, 269-280.
Gourevitch, Raphaël, Clara Brichant-Petijean, Marc-Antoine Crocq, and François Petijean, 2013, “The Evolution of Laws Regulating Psychiatric Commitment in France,” *Psychiatric Services,* 64(7): 609-612.
Gravy, Steve, 2015, “Neurodiversity: Bridging the Gap between the Disabled People's Movement and the Mental Health System Survivors' Movement?,” Helen Spandler, Jill Anderson, and Bob Sapey eds. *Madness, Distress and the Politics of Disablement,* Bristol: Policy Press, 231-243.
濱西栄司，2016，『トゥレーヌ社会学と新しい社会運動理論』新泉社.
Hamlet Trust, 2019, “About Hamlet Trust,”（2019年12月22日取得，http://www.hamlettrust.plus.com/about.html）.
Hansen, Eva, 2000a, “Monthly Report for IDF: September 2000.”
————, 2000b, “Monthly Report for IDF: October 2000.”
————, 2000c, “Monthly Report for IDF: November 2000.”
————, 2000d, “Meeting Nils Gussing 12.12.00 in Copenhagen,” 12 November 2000.
————, 2000e, “Final Report for IDF: 2000.”
————, 2003, “To Whom It May Concern,” 10 March 2003.
橋本明（編），2010，『治療の場所と精神医療史』日本評論社.
Hervey, Nicholas, 1986, “Advocacy or Folly: The Alleged Lunatics' Friend Society,” *Medical History,* 30: 245-275.
細田満和子，2008，「障害調整生存年数（DALY）についての概要と批判」『ノーマライゼーション――障害者の福祉』28(10): 46-49.
Huitink, Clemens, 1996a, “To All Members of the Board: Progress Report.”
————, 1996b, “To: All Board Members,” 11 November 1996.
————, 1996c, “Board Meeting Berlin Germany November 22-24: Proposed Agenda.”
————, 1996d, “Enclosure 2: Progress Report.”
————, 1996e, “To: Addressee,” 16 December 1996.

————, 1996f, "Report from the European Desk," 16 December 1996.
————, 1998, "Board Meeting Berlin 11-13 September 1998," 2 July 1998.
————, 2001, "Conference Slovenia," 19 October 2001.
Human Rights Watch, 2014, *Treated Worse than Animals: Abuses against Women and Girls with Psychosocial or Intellectual Disabilities in Institutions in India,* Human Rights Watch.
————, 2016, *Living in Hell: Abuses against People with Psychosocial Disabilities in Indonesia,* Human Rights Watch.
————, 2018, *"I Needed Help, Instead I Was Punished": Abuse and Neglect of Prisoners with Disabilities in Australia,* Human Rights Watch.
Human Rights Watch and Geneva Initiative on Psychiatry, 2002, *Dangerous Minds: Political Psychiatry in China Today and Its Origins in the Mao Era,* New York: Human Rights Watch.
Hurst, Rachel, 1995, "Choice and Empowerment: Lessons from Europe," *Disability and Society,* 10(4): 529-534.
————, 2005, "Disabled People's International: Europe and the Social Model of Disability," Colin Barnes and Geoffrey Mercer eds. *The Social Model of Disability: Europe and the Majority World,* Leeds: The Disability Press, 65-79.
稲葉小太郎, 1995, 「サイエントロジー教会――〈ほんとうの自分〉を探すこころの分析」清水雅人（編）『新宗教時代』大蔵出版, 171-209.
Inlander, Charles B., Lowell S. Levin, and Ed Weiner, 1988, *Medicine on Trial: The Appalling Story of Medical Ineptitude and the Arrogance That Overlooks It,* People's Medical Society.（= 1997, 佐久間充（監訳）・木之下徹・八藤後忠夫・木之下明美（訳）『アメリカの医療告発――市民による医療改革案』勁草書房.）
International Disability Alliance's Forum for the Convention on the Rights of Persons with Disabilities, 2008, "Contribution to the Office of the United Nations High Commissioner for Human Rights' Thematic Study to Enhance Awareness and Understanding of the Convention on the Rights of Persons with Disabilities, Focusing on Legal Measures Key for the Ratification and Effective Implementation of the Convention,"（2016 年 10 月 11 日取得, http://www.internationaldisabilityalliance.org/en/ida-position-papers-and-statements）.
石原孝二, 2013, 『当事者研究の研究』医学書院.
Jesperson, Maths, 2016, "The Personal Ombudsman: An Example of Supported Decision-Making," Jasna Russo and Angela Sweeney eds. *Searching for a Rose Garden: Challenging Psychiatry, Fostering Mad Studies,* Monmouth: PCCS Books, 134-141.
Kastrup, Marianne, 2013, "Mental Health in the City of Copenhagen, Denmark," David Goldberg and Thornicroft Graham eds. *Mental Health in Our Future Cities,* Hove and New York: Psychology Press, 101-123.

加藤一夫，1991，『東欧革命の社会学——市民社会と民衆運動』作品社.
加藤伸勝，1992，「『世界精神保健連盟 WFMH 世界会議』印象記」『精神医学』34（1）：108-110.
川口マーン惠美，2010，『ベルリン物語——都市の記憶をたどる』平凡社.
Kempker, Kerstin, 2000, "The Runaway-house in Berlin, " Lecture, held in Oslo, August 2000,（2021 年 3 月 11 日取得，http://www.peter-lehmann-publishing.com/articles/others/oslo1999.htm）.
Kempker, Kerstin and Peter Lehmann, 1993, *Statt Psychiatrie,* Berlin: Antipsychiatrieverlag.
————, 2019, "Instead of Psychiatry: English Information," Peter Lehmann Antipsychiatrieverlag & Versandbuchhandel,（2019 年 12 月 25 日取得，http://www.antipsychiatrieverlag.de/verlag/titel1/sp-1993.htm）.
Kleinman, Arthur, 1988, *The Illness Narratives: Suffering, Healing, and the Human Condition,* Basic Books.（= 1996，江口重幸・五木田紳・上野豪（訳）『病いの語り——慢性の病いをめぐる臨床人類学』誠信書房.）
————, 1988, *Rethinking Psychiatry: From Cultural Category to Personal Experience,* Free Press.（= 2012，江口重幸・下地明友・松澤和正・堀有伸・五木田紳（訳）『精神医学を再考する——疾患カテゴリーから個人的経験へ』みすず書房.）
桐原尚之・長谷川唯，2013，「全国『精神病』者集団の結成前後——大阪・名古屋・京都・東京の患者会の歴史」，『立命館人間科学研究』28：27-40.
KI Media, 2011, "Speak Truth to Power in KI-Media Series: Gabor Gombos (Hungary) "Mental Disability Rights","（2019 年 11 月 29 日 取 得，http://ki-media.blogspot.com/2011/07/speak-truth-to-power-in-ki-media-series.html）.
小泉義之，2013，「精神衛生の体制の精神史——1969 年をめぐって」天田城介・角崎洋平・櫻井悟史（編）『体制の歴史——時代の線を引きなおす』洛北出版，205-262.
栗生沢猛夫，2014，『増補新装版　図説ロシアの歴史』河出書房新社.
Lehmann, Peter, 2007, "What Helps Me If I Go Mad? With Contributions by Ludger Bruckmann, Chris Hansen, Andy Smith, Sarah Carr, Alfred Hausotter, Merinda Epstein, Harold A. Maio, Agnes Beier, Peter Lehmann, Zoran Solomun, Ursula Zingler, David Webb, Tina Coldham and Constance Dollwet," Peter Stastny and Peter Lehmenn eds. *Alternatives beyond Psychiatry,* Berlin: Peter Lehmann Publishing, 44-75.
Lehmann, Peter and Maths Jesperson, 2007, "Self-help, Difference in Opinion and User Control in the Age of the Internet," Peter Stastny and Peter Lehmenn eds. *Alternatives beyond Psychiatry,* Berlin: Peter Lehmann Publishing, 366-380.
Lehmann, Peter and translated by Christine Holzhausen, 2009, "A Snapshot of Users and Survivors of Psychiatry on the International Stage," *Journal of Critical Psychology,*

Counselling and Psychotherapy, 9(1): 32-42.

Mahone, Sloan and Megan Vaughan, 2007, *Psychiatry and Empire,* New York: Palgrave Macmillan.

丸山千賀子，2015,「アメリカの消費者運動と消費者団体の現況（1)」『国民生活研究』55(2): 113-130.

正垣親一，1983,「一九七七年以降――あとがきに代えて」Bloch, Sidney, and Peter Reddaway, 1977, *Russia's Political Hospitals: The Abuse of Psychiatry in the Soviet Union,* London: Victor Gollancz.（= 1983，秋元波留夫・加藤一夫・正垣親一（訳）『政治と精神医学――ソヴィエトの場合』みすず書房.），348-361.

松嶋健，2014，『プシコナウティカ――イタリア精神医療の人類学』世界思想社.

McDonald, Kevin, 2006, *Global Movements: Action and Culture,* Victoria: Blackwell Publishing.

McLean, Athena Helen, 1995, "Empowerment and the Psychiatric Consumer/ Ex-patient/ Movement in the United States: Contradictions, Crisis and Change," *Social Science and Medicine,* 40(8): 1053-1071.

————, 2000, "From Ex-patient Alternatives to Consumer Options: Consequence of Consumerism for Psychiatric Consumers and the Ex-patient Movement," *International Journal of Health Services,* 30(4): 821-847.

Medvedev, Zhores A. and Roy A. Medvedev, 1971, *A Question of Madness: Repression by Psychiatry in the Soviet Union,* London: Macmillan.（= 1977，石堂清倫（訳）『告発する！狂人は誰か――顛狂院の内と外から』三一書房.）

Mental Disability Advocacy Center, 2018, "Maths Jesperson,"（2018年9月17日取得，http://mdac.info/en/maths_jesperson）.

Menzies, Robert, Brenda A. LeFrançois, and Geoffrey Reaume, 2013, "Introducing Mad Studies," Brenda A. LeFrançois, Robert Menzies, and Geoffrey Reaume eds. *Mad Matters: A Critical Reader in Canadian Mad Studies,* Ontario: Canadian Scholars Press, 1-22.

美馬達哉，2016a,「脱精神医学化の二つのエッジ――RDoC（研究領域基準）とマッドネス『現代思想』44(17): 73-89.

————，2016b,「精神医学のバイオポリティクス」石原孝二・河野哲也・向谷地生良（編）『精神医学と当事者』東京大学出版会，34-61.

皆川尚史，1989,「メディケアとメディケイド」，社会保障研究所（編）『アメリカの社会保障』東京大学出版会，209-262.

Mind, 1985, "Charter Mental Health 2000: Brighton Declarations on the Rights of Mentally Ill People the Promotion of Mental Health," Mind.

————, 2017, "A History of Mind,"（2017年9月2日取得，https://www.mind.org.uk/about-us/what-we-do/our-mission/a-history-of-mind/）.

Ministry of Welfare, Health Care and Sports, 1997, "Subsidy 1997 of European Desk," 15 April 1997.
三野宏治, 2012,「脱精神科病院『アメリカの脱精神科病院（1)』」『対人援助学マガジン』9：153-64.
Molina, Juan D., Manuel Durán-Cutilla, Yolanda Pérez-Ros, Gabriel Rubio, and Francisco López-Muñoz, 2018, "Mental Health Care in Spain: From Psychiatric Reform to Community-based Care within the "State of Autonomies"," *Taiwanese Journal of Psychiatry,* 32(3): 173-187.
Montenegro, Cristian R., 2018, "Beyond Participation: Politics, Incommensurability and the Emergence of Mental Health Service Users' Activism in Chile," *Culture, Medicine, and Psychiatry,* 42: 605-626.
Montgomery News, 2009, "Obituaries: Hilda Haynes Robbins,"（2016 年 11 月 2 日取得 http://www.montgomerynews.com/articles/2009/05/11/obituaries/）.
Morrison, Linda J., 2005, *Talking Back to Psychiatry: The Psychiatric Consumer/ Survivor/ Ex-Patient Movement,* New York and Oxon: Routledge.
Mosher, Loren R., 1995, "The Soteria Project: The First-Generation American Alternatives to Psychiatric Hospitalization," Richard Warner ed. *Alternatives to the Hospital for Acute Psychiatric Treatment,* Washington: American Psychiatric Press, 111-129.
村上満子, 2004,「デンマークで開催された WNUSP に参加して感じたこと」, 全国「精神病」者集団『絆 No. 12——特集：2004 年世界精神医療ユーザー・サバイバーネットワーク総会報告』障害者団体定期刊行物協会, 41-42.
村上靖彦・斉藤環, 2016,「討議——オープンダイアローグがひらく新しい生のプラットフォーム」『現代思想』44(17): 28-58.
永守伸年, 2012,「障害者の自己決定論——自律と合理性の観点から」『Contemporary and Applied Philosophy』3: 28-45.
長瀬修, 1994,「国連障害者政策の潮流——機会均等・障害者自身・全員参加の社会」『厚生』12: 28-29.
————, 1999,「障害学に向けて」石川准・長瀬修編『障害学への招待』明石書店, 11-39.
————, 2000,「障害者の国際条約——国連での動きを中心に」『働く広場』275: 4-9.
長瀬修・川島聡, 2004,『障害者の権利条約——国連作業部会草案』明石書店.
中山宏太郎, 1988,「『精神病者の保護及び精神保健サービス改革のための原則及び保障』草案（パリー草案）について—国連人権小委員会 40 会期（ジュネーブ, 国連欧州本部, 1988 年 8 月 6 日 - 9 月 2 日）の討議経過」『精神神経学雑誌』90（10）：920-932.
O' Hagan, Mary, 1999a, "Fax Message: 13 July 1999: To Peter Lehman," 13 July 1999.
————, 1999b, "Fax Message; 19 July 1999: To Iris Holling," 19 July 1999.

———, 2014, *Madness Made Me*, Wellington: OpenBox.
O' Hagan, Mary and Paolo del Vecchio, 1995, "World Federation of Psychiatric Users (WFPU) Co-chairpersons Report 1993-95."
岡田靖雄，2002，『日本精神医療史』医学書院．
岡村堯，2010，『新ヨーロッパ法——リスボン条約体制下の法構造』三省堂．
大野萠子・山本眞理，1996，「共同声明——私たちは今こそ反保安処分思想を掲げて闘い続ける」（2017 年 1 月 30 日取得，http://nagano.dee.cc/kyodou.htm）．
大谷康夫，2002，『アメリカの黒人と公民権法の歴史』明石書店．
Patel, Vikram, Shekhar Saxena, Crick Lund, Graham Thornicroft, Florence Baingana, Paul Bolton, Dan Chisholm, Pamela Y Collins, Janice L Cooper, Julian Eaton, Helen Herrman, Mohammad M Herzallah, Yueqin Huang, Mark J D Jordans, Arthur Kleinman, Maria Elena Medina-Mora, Ellen Morgan, Unaiza Niaz, Olayinka Omigbodun, Martin Prince, Atif Rahman, Benedetto Saraceno, Bidyut K Sarkar, Mary De Silva, Ilina Singh, Dan J Stein, Charlene Sunkel, and JÜrgen UnÜtzer, 2018, "The Lancet Commission on Global Mental Health and Sustainable Development," *The Lancet*, 392(10157): 1553-1598.
Plumb, Anna, 2015, "UN Convention on the Rights of Persons with Disabilities: Out of the Flying Pan into the Fire? Mental Health Service Users and Survivors Aligning with the Disability Movement," Helen Spandler, Jill Anderson, and Bob Sapey eds. *Madness, Distress and the Politics of Disablement,* Bristol: Policy Press, 183-198.
Porter, Roy, 2002, *Madness: A Brief History,* Oxford University Press.（= 2006，田中裕介・鈴木瑞実・内藤あかね（訳）『一冊でわかる狂気』岩波書店．）
Provost, Dominique and Andrée Bauer, 2001, "Trends and Developments in Public Psychiatry in France since 1975," *Acta Psychiatrica Scandinavia,* 104(410): 63-68.
Reaume, Geoffrey, 2008, "A History of Psychiatric Survivor Pride Day during the 1990s," *Bulletin,* 374: 2-3（2015 年 5 月 15 日取得，http://www.csinfo.ca/bulletin/Bulletin_374.pdf）．
Reeve, Dona, 2004, "Psycho-emotional Dimensions of Disability and the Social Model," Colin Barnes and Geof Mercer eds. *Implementing the Social Model of Disability: Theory and Research,* Leeds: The Disability Press, 83-100.
———, 2015, "Psycho-emotional Disablism in the Lives of People Experiencing Mental Distress," Helen Spandler, Jill Anderson, and Bob Sapey eds. *Madness, Distress and the Politics of Disablement,* Bristol: Policy Press, 99-112.
Reville, David, 2013, "Is Mad Studies Emerging as a New Field of Inquiry?," Brenda A Lefrançois, Robert Menzies, and Geoffrey Reaume eds. *Mad Matters: A Critical Reader in Canadian Mad Studies,* Toronto: Canadian Scholars Press, 170-180.

Roberts, Andrew, 2010, "Survivors Speak Out and the National Self Harm Network: Background Notes Compiled by Andrew Roberts on the Basis of Other People's Accounts for Birmingham Seminar on 14. 7. 2010,"（2017 年 1 月 13 日 取 得, http://studymore.org.uk/ssohist.doc）.

Rodwin, Marc A.,1994, "Patient Accountability and Quality of Care; Lessons from Medical Consumerism and the Patients' Rights, Women's Health and Disability Rights Movements," *American Journal of Law and Medicine,* 20(1&2): 147-167.

Ronald, George H. and Peter Lehman, 1997, "Resolution," World Network of Users and Survivors of Psychiatry

Ronan, Charles E., 1964, "Observations on the Word Gringo," *Arizona and the West,* 6(1): 23-29.

Rose, Diana and Jo Lucas, 2007, "The User and Survivor Movement in Europe," Martin Knapp, David McDaid, Elias Mossialos and Graham Thornicroft eds. *Mental Health Policy and Prectice across Europe: The Future Derection of Mental Health Care,* Berkshire: Open University Press, 336-355.

Russo, Jasna and Debra Shulkes, 2015, "What We Talk about When We Talk about Disability: Making Sense of Debates in the European User/ Survivor Movement," Helen Spandler, Jill Anderson, and Bob Sapey eds. *Madness, Distress and the Politics of Disablement,* Bristol: Policy Press, 27-41.

Sainsbury Centre for Mental Health, 2019, "Our History,"（2019 年 12 月 31 日取得, https://www.centreformentalhealth.org.uk/about-us/our-history）.

Salie, Moosa, 2004, "Networking for Human Rights and Dignity: From an African Perspective,"（2018 年 6 月 22 日 取 得, http://www.wnusp.net/documents/vejle04_keynote_moosa.pdf）.

————, 2013, "The Voice of the User/ Survivor," Samuel O. Okpaku ed. *Essentials of Global Mental Health,* Cambridge: Cambridge University Press, 63-71.

Salzer, Mark, Edward Schwenk and Eugene Brusilovskiy, 2010, "Certified Peer Specialist Roles and Activities: Results from a National Survey," *Psychiatric Services,* 61(5): 520-523.

Schene, Aart H., Eric Hoffmann and Ad L. J. Goethals, 2013, "Mental Health Services in Amsterdam," David Goldberg and Thornicroft Graham eds. *Mental Health in Our Future Cities,* Hove and New York: Psychology Press, 33-56.

Science Shop for Drugs, 1995, "Position Paper Clozapine," Universiteit Utrecht, 20 April 1995.

Scull, Andrew, 2016, *Madness in Civilization,* Thames & Hudson.（= 2019, 三谷武司（訳）『狂気――文明の中の系譜』東洋書林.）

Senon, Jean Louis, Carol Jonas, and Michel Botbol, 2016, "The New French Mental Health

Law Regarding Psychiatric Involuntaty Treatment," *British Journal of Psychiatry International*, 13(1): 13-15.

Sharfstein, Steven S. and Faith B. Dickerson, 2006, "Psychiatry and the Consumer Movement," *Mental Affairs*, 25(3): 734-736.

Sherry, Hirsch ed., 1974, *Madness Network News Reader*, San Francisco: Glide Publications.

白田幸治，2014，「障害の社会モデルは解放の思想か？――精神障害のとらえがたさをめぐって」『Core Ethics』10: 121-130.

Shorter, Edward, 1997, *A History of Psychiatry: From the Era of the Asylum to the Age of Prozac*, New York: John Wiley & Sons.（= 1999，木村定（訳）『精神医学の歴史――隔離の時代から薬物療法の時代まで』青土社.）

Sozialistisches Patientenkollektiv, 1987, *SPK: Aus der Krankheit eine Waffe machen*, Mannheim: KRRIM. (=1993, Wolfgang Huber transl., *SPK: Turn Illness into a Weapon*, Mannheim: KRRIM.)

Spandler, Helen, 1992, "To Make an Army out of Illness: The History of the Socialist Patients' Collective (SPK)," *Asylum: A Magazine for Democratic Psychiatry*, 6(4): 4-16.

Stettin, Brian, Jeffrey Geller, Kristina Ragosta, Kathryn Cohen, and Jennay Ghowrwal, 2014, *Mental Health Commitment Laws: A Survey of the States*, Treatment Advocacy Center,（2021年3月16日取得，https://www.treatmentadvocacycenter.org/storage/documents/2014-state-survey-abridged.pdf）.

杉野昭博，2007，『障害学――理論形成と射程』東京大学出版会.

Suzuki Akihito, 2003, "The State, Family, and the Insane in Japan, 1900-1945," Roy Porter and David Wright eds. *The Confinement of the Insane: International Perspective*, 1800-1965, New York: Cambridge University Press, 193-225.

Szasz, Thomas, 1961, *The Myth of Mental Illness*, New York: Harper and Row.（= 1975，河合洋・野口昌也・畑俊治・高瀬守一朗・佐藤一守・尾崎新（訳）『精神医学の神話』岩崎学術出版社.）

――――, 1982, "The Psychiatric Will: A New Mechanism for Protecting Persons against 'Psychosis' and Psychiatry," *American Psychologist*, 37(7): 762-770.

高田英一，2000，「国際障害同盟（IDA）が発足」日本障害者リハビリテーション協会（2019年12月12日取得，https://www.dinf.ne.jp/doc/japanese/prdl/jsrd/norma/n227/n227_11-01.html）

田中耕一郎，2003，「英国障害者運動と消費者運動――ダイレクト・ペイメントをめぐる議論を中心に」『人間福祉研究』6: 1-14.

――――，2017，『英国「隔離に反対する身体障害者連盟（UPIAS）」の軌跡――〈障害〉の社会モデルをめぐる「起源の物語」』現代書館.

田中素香，2014，「世界の地域経済統合と EU 統合の独自性」『現代ヨーロッパ経済』有斐閣アルマ，8-40.

立岩真也，2013，『造反有理――精神医療現代史へ』青土社.

Tew, Jerry, 2005, “Core Themes of Social Perspectives,” Jerry Tew ed. *Social Perspectives in Mental Health: Developing Social Models to Understanding and Work with Mental Distress*, London: Jessica Kingsley Publishers, 13-31.

————, 2015, “Towards a Socially Situated Model of Mental Distress,” Helen Spandler, Jill Anderson, and Bob Sapey eds. *Madness, Distress and the Politics of Disablement*, Bristol: Policy Press, 69-81.

戸田美佳子，2015，『越境する障害者――アフリカ熱帯林に暮らす障害者の民族誌』明石書店.

Tomes, Nancy, 2006, “The Patient as a Policy Factor: A Historical Case Study of the Consumer/ Survivor Movement in Mental Health,” *Health Affairs*, 25(3): 720-736.

富永京子，2016，『社会運動のサブカルチャー化――G8 サミット抗議行動の経験分析』せりか書房.

Tomov, Toma, Robert Van Voren, Rob Keukens, and Dainius Puras, 2007, “Mental Health Policy in Former Eastern Bloc Countries,” Martin Knapp, David McDaid, Elias Mossialos, and Graham Thornicroft eds. *Mental Health Policy and Prectice across Europe: The Future Derection of Mental Health Care*, Berkshire: Open University Press, 397-425.

Turner, Judith C. and William J. TenHoor, 1978, “The NIMH Community Support Program: Pilot Approach to a Needed Social Reform,” *Schizophrenia Bulletin*, 4(3): 319-349.

Underhill, Chris, Sarah Kippen Wood, Jordan Pfau, and Shoba Raja, 2014, “Grassroots Movements in Mental Health,” Samuel O. Okpaku ed. *Essentials of Global Mental Health*, Cambridge: Cambridge University Press, 93-201.

Union of International Associations, 2020, “Open Yearbook,”（2020 年 2 月 18 日取得，https://uia.org/s/or/en/1100025751）.

United Nations General Assembly, 1991, “The Protection of Person with Mental Illness and the Improvement of Mental Health Care,” UN Doc. A/Res/46/119.

————, 1993, “Standard Rules on the Equalization of Opportunities for Persons with Disabilities,” UN Doc. A/Res/48/96.

Van Abshoven, Jan Dirk, 1994, “History of Common Interests of the European Network of Users and Ex-Users in Mental Health.”

Van der Male, René, no date, “Task group European Desk 1991-1994.”

Van Voren, Robert, 2010, *Cold War in Psychiatry: Human Factors, Secret Actors*, Amsterdam and New York: Rodopi.

Vardaman, James M., no date, 原題不詳.（= 2007，水谷八也（訳）『黒人差別とアメリカ

公民権運動――名もなき人々の戦いの記録』集英社新書.）
Verdoux, Hélène, 2007, "The Current State of Adult Mental Health Care in France," *European Archives of Psychiatry and Crinical Neuroscience,* 257: 64-70.
Votruba, Nicole, Julian Eaton, Martin Prince, and Graham Thornicroft, 2014, "The Importance of Global Mental Health for the Sustainable Development Goals," *Journal of Mental Health,* 23(6): 283-286.
Walder, Anna R, Roxanne Keynejad, Stania Kamara, and Helen Hopwood, 2019, "Global Mental Health," *The Lancet,* 394(10193): 118.
Wallcraft, Jan, Jim Read, and Angela Sweeney, 2003, *On Our Own Terms: Users and Survivors of Mental Health Services Working Together for Support and Change,* London: The Sainbury Centre for Mental Health.
Warne, Colston E. and Richard L. D. Morse, 1993, *Consumer Movement,* Manhattan: Family Economics Trust Press.（=1996，小野信夸（監訳）『アメリカ消費者運動の 50 年――コルストン・E. ウォーン博士の講義』批評社.）
Weitz, David, 2003, "Call Me Antipsychiatry Activist: Not "Consumer"," *Ethical Human Sciences and Services: An International Journal of Critical Inquiry,* 5(1):71-72.
Whitaker, Robert, 2010, *Anatomy of an Epidemic: Magic Bullets, Psychiatric Drugs, and the Astonishing Rise of Mental Illness in America,* New York: Crown Publishing.（= 2012，小野善郎（監訳）・門脇陽子・森田由美（訳）『心の病の「流行」と精神科治療薬の真実』福村出版.）
World Federation for Mental Health, 1993, "Proceedings: WFMH '93 Japan,"（2019 年 12 月 10 日取得，http://www.npo-jam.org/en/pdf/en_asai_017.pdf）.
World Federation of Psychiatric Users, 1991, "WFPU First Committee Meeting, Mexico City,"（2017 年 11 月 29 日取得，http://wnusp.rafus.dk/wfpufirst-committee-meeting-mexico-city.html）.
――――, 1993a, "WFPU News: The Newsletter of the World Federation of Psychiatric Users," 2.（= 1993，安沢洋明・大畑清・山本深雪（訳）「WFPU ニュースレター No. 2」藤枝友の会.）
――――, 1993b, "Minutes of WFPU Meetings, Japan,"（2019 年 8 月 26 日取得，http://wnusp.rafus.dk/minutes-of-wfpu-meetings-japan.html）.
――――, 1994, "WFPU News," Number 3, May 1994.
――――, 1995, "WFPU News," Number 4, July 1995.
――――, no date, "International Psychiatric User/ Survivor Position Paper,"（= 1994，全国「精神病」者集団（訳）「国際的精神科ユーザー／サヴァイヴァーの見解（草案）」『全国「精神病」者集団ニュース』1994 年 7 月，27-32.）
World Federation of Psychiatric Users and Survivors, 1997, "1997 Resolution from WFPSU

to WFMH Congress Board."
World Federation of the Deaf, 2020, "Our Members,"（2020 年 2 月 16 日 取 得，https://wfdeaf.org/who-we-are/members/）.
World Health Organization, 2010, "Mental Health and Development: Targeting People with Mental Health Conditions as a Vulnerable Group,"（2018 年 7 月 14 日取得，http://apps.who.int/iris/bitstream/handle/10665/44257/9789241563949_eng.pdf?sequence=1）.
———, 2020, "WHO Mental Health Gap Action Programme (mhGAP),"（2020 年 2 月 9 日取得，https://www.who.int/mental_health/mhgap/en/）.
World Network of Users and Survivors of Psychiatry, 1997, "The Members of the 1997 - 1999 Panel,"（2017 年 7 月 16 日取得，http://wnusp.rafus.dk/the-members-of-the-1997-1999-panel.html）.
———, 1999a, "Minutes of Meetings, 6-10 September 1999, Chile,"（2017 年 7 月 15 日取得，http://wnusp.rafus.dk/minutes-ofmeetings-6-10-september-1999-chile.html）.
———, 1999b, "Resolutions, Santiago 1999,"（ 2017 年 7 月 15 日取得，http://wnusp.rafus.dk/resolutions-santiago-1999.html）.
———, 2000a, "Draft: WNUSP Action Plan 2001-2004."
———, 2000b, "Report on Meetings: International Disability Alliance and UN Panel of Experts."
———, 2000c, "Proposal for Establishment Costs."
———, 2000d, "Teleconference 26th July 2000: Minutes," 27 July 2000.
———, 2000e, "Working Group Teleconference 30th August 2000: Minutes," 30 August 2000.
———, 2000f, "Working Group Teleconference 19th September 2000: Minutes," 19 September 2000.
———, 2000g, "Working Group Teleconference 16th October 2000: Minutes," 16 October 2000.
———, 2000h, "Interim Committee Meeting Odense, 2nd and 3rd November 2000,"（2017 年 7 月 16 日取得，http://wnusp.rafus.dk/interim-committee-meeting-odense-2nd-and-3rd-november-2000.html）.
———, 2000i, "Action Plan 2001-2003: Approved by the Interim Committee on 2nd and 3rd November 2000, Attached Draft WNUSP Action Plan."
———, 2000j, "Accounts November 2000 in US Dollars."
———, 2000k, "Costs November 2000."
———, 2000l, "Working Group Teleconference 13th December 2000: Minutes," 13 December 2000.

――――, 2000m, “Application,” 18 December 2000.
――――, 2001a, “Working Group Teleconference 6th February 2001: Minutes,” 06 February 2001.
――――, 2001b, “Working Group Teleconference 22 March 2001: Minutes,” 22 March 2001.
――――, 2001c, “Working Group Meeting Odense 26th and 27th April 2000: Minutes,” 26 and 27 April 2001.
――――, 2001d, “Dear Organization,” 21 May 2001.
――――, 2001e, “Working Group Teleconference 25th June 2001: Minutes,” 25 June 2001.
――――, 2001f, “Minutes: Initial Congres of WNUSP, 20th and 21st July 2001 in Vancouver,”（2017 年 7 月 15 日取得，http://www.wnusp.net/documents/GeneralAssembly2001.pdf）.
――――, 2001g, “Position Paper on Principles for the Protection of Persons with Mental Illness,”（2017 年 11 月 29 日取得，http://wnusp.rafus.dk/pdf/positionpaper-on-principles-for-the-protection-of-personswith-mental-illness.pdf）.
――――, 2001h, “Minutes: Board Meeting 21st July 2001 in Vancouver (After General Assembly).”
――――, 2001i, “Minutes: Telephone Conference of the Board,” 18 September 2001.
――――, 2001j, “Accounts 2001 (January - October).”
――――, 2001k, “Minutes: Telephone Conference of the Board,” 26 November 2001.
――――, 2002a, “Minutes: Telephone Conference of the Board,” 14 January 2002.
――――, 2002b, “Minutes: Telephone Conference of the Board,” 04 March 2002.
――――, 2002c, “Minutes: Telephone Conference of the Board,” 28 June 2002.
――――, 2002d, “Minutes: Telephone Conference of the Board,” 20 August 2002.
――――, 2002e, “Minutes: Telephone Conference of the Board,” 06 November 2002.
――――, 2003a, “Minutes: Telephone Conference of the Board,” 04 April 2003.
――――, 2003b, “Statement on Japanese Bill,” 07 April 2003.
――――, 2003c, “Minutes: Telephone Conference of the Board,” 04 June 2003.
――――, 2003d, “Minutes: Telephone Conference of the Board,” 08 August 2003.
――――, 2003e, “WNUSP Board Minutes,” 18 September 2003.
――――, 2003f, “Minutes: Telephone Conference of the Board,” 28 November 2003.
――――, 2003g, “1st Announcement: Jointed European and World Conference: Networking for our Human Right and Dignity,” 19 December 2003.
――――, 2004a, “Board Meetings,”（2020 年 1 月 31 日取得，http://www.wnusp.net/index.php/minutes-of-board-meetings/）.
――――, 2004b, “Conference Program,”（2020 年 1 月 31 日取得，http://www.wnusp.net/

documents/vejle04_invitation.pdf）.
———, 2004c, "Participants,"（2018 年 6 月 30 日取得, http://www.wnusp.net/documents/vejle04_participants.pdf）.
———, 2004d, "Minutes: General Assembly of WNUSP 17th-21st July 2004 in Vejle, Denmark,"（2018 年 6 月 20 日取得, http://www.wnusp.net/documents/vejle04_assembly_minutes.pdf）.
———, 2004e, "Resolution on the Disability Convention,"（2020 年 1 月 31 日取得, http://www.wnusp.net/documents/vejle04_resolution.pdf）.
———, 2004f, "Verdenskonference 2004: Foreløbigt Regnskab Pr. 13. 10. 04," 13 October 2004.
———, 2007, "WNUSP Newsletter, June 2007,"（2018 年 6 月 17 日取得, http://www.wnusp.net/index.php/wnusp-newsletter-june-2007.html）.
———, 2019, "Membership,"（2019 年 8 月 14 日取得, http://www.wnusp.net/index.php/membership-information.html）.
———, 2020, "Membership Fee,"（2020 年 2 月 19 日取得, https://wnusp.wordpress.com/membership/membership-application/membership-fee/）.
———, no date a, "World Network of Users and Survivors of Psychiatry."
———, no date b, "Statutes."
山崎佳代子, 1993,『解体ユーゴスラビア』朝日選書.
Zimmerman, Doris P., 1997, *Robert's Rules in Plain English,* New York: Harper Perennial.（= [2002] 2014, 立木茂雄（監訳）『民主主義の文法［新装版］――市民社会組織のためのロバート議事規則入門』萌書房.

本書のテキストデータを提供いたします

本書をご購入いただいた方のうち、視覚障害、肢体不自由などの理由で書字へのアクセスが困難な方に本書のテキストデータを提供いたします。希望される方は、以下の方法にしたがってお申し込みください。

◎データの提供形式＝CD-R、フロッピーディスク、メールによるファイル添付（メールアドレスをお知らせください）。

◎データの提供形式・お名前・ご住所を明記した用紙、返信用封筒、下の引換券（コピー不可）および200円切手（メールによるファイル添付をご希望の場合不要）を同封のうえ弊社までお送りください。

●本書内容の複製は点訳・音訳データなど視覚障害の方のための利用に限り認めます。内容の改変や流用、転載、その他営利を目的とした利用はお断りします。

◎あて先
〒160-0008
東京都新宿区四谷三栄町6-5 木原ビル303
生活書院編集部　テキストデータ係

キリトリ線

【引換券】
精神障害者の
グローバルな草の根運動

著者紹介

伊東香純
（いとう・かすみ）

立命館大学先端総合学術研究科修了（博士学術）
日本学術振興会特別研究員（PD）／中央大学

［主な論文］

伊東香純，2021，「異なる状況における連帯――欧州の精神障害者の組織の東欧における活動に注目して」『立命館生存学研究』5：33-42.

伊東香純，2019，「アジア・アフリカ・南米地域の参加を巡って――精神障害者の世界組織の現代史」『医学史研究』100：101-116.

精神障害者のグローバルな草の根運動
――連帯の中の多様性

発　行―――― 2021年8月20日　初版第1刷発行
著　者―――― 伊東香純
発行者―――― 髙橋　淳
発行所―――― 株式会社　生活書院
〒160-0008
東京都新宿区四谷三栄町6-5 木原ビル303
ＴＥＬ 03-3226-1203
ＦＡＸ 03-3226-1204
振替 00170-0-649766
http://www.seikatsushoin.com
印刷・製本―― 株式会社シナノ

Printed in Japan

ISBN 978-4-86500-130-3

定価はカバーに表示してあります。
乱丁・落丁本はお取り替えいたします。